创业生态系统形成机理

蔡莉 郭润萍 等◎著

中国社会科学出版社

图书在版编目（CIP）数据

创业生态系统形成机理/蔡莉等著.—北京：中国社会科学出版社，2022.7
ISBN 978 - 7 - 5203 - 9771 - 1

Ⅰ.①创… Ⅱ.①蔡… Ⅲ.①创业—研究 Ⅳ.①F241.4

中国版本图书馆 CIP 数据核字（2022）第 031018 号

出 版 人	赵剑英
责任编辑	黄　晗
责任校对	郝阳洋
责任印制	王　超

出　　　版	中国社会科学出版社
社　　　址	北京鼓楼西大街甲 158 号
邮　　　编	100720
网　　　址	http://www.csspw.cn
发 行 部	010 - 84083685
门 市 部	010 - 84029450
经　　　销	新华书店及其他书店

印　　　刷	北京明恒达印务有限公司
装　　　订	廊坊市广阳区广增装订厂
版　　　次	2022 年 7 月第 1 版
印　　　次	2022 年 7 月第 1 次印刷

开　　　本	710 × 1000　1/16
印　　　张	17.5
字　　　数	278 千字
定　　　价	96.00 元

前　　言

经验研究表明，创业在实现充分就业、促进经济增长方面发挥着日益重要的作用，鼓励创业已成为各国政府的普遍共识。美国、日本、德国等发达国家极为重视创业，特别是鼓励创新型创业。中国、印度等人口众多的发展中国家也高度重视创业活动，通过各种政策激发广大创业者的积极性，以带动就业并实现经济增长。创业活动正成为一个国家（地区）经济发展的强劲驱动力。创业与创新是催生经济发展新动力、解决就业、激发全社会创业与创新潜力的关键途径。然而，创业，尤其是创新型创业是需要创业生态系统支持的。一个良好的创业生态系统不仅为创业者提供更多的创业机会，而且还会鼓励创新、减少风险，提升创业者的创业技能，激发创业者的创业热情，同时还为新创企业的发展提供各方面有利的支撑。

以美国硅谷为例，该地区聚集了大量的天使投资者、创业投资机构、大学和科研机构、技术人才以及众多创业者和创业企业，不仅形成了良好的创业环境，更为重要的是建立了各个参与主体彼此紧密联系的创业生态系统，给予广大的创业者和创业企业足够的成长空间，成为推动美国产业结构升级的重要力量。近年来，中国的北京、上海、深圳、杭州等创业活跃区域极其重视创业创新活动，这些地区拥有众多的孵化器、国家级高新区及其他产业园区，科研机构众多、创业氛围浓厚、配套的政策环境和金融环境完善、中介服务健全，集聚了众多的创业企业，形成了以创新型创业企业为核心，投资机构、大学和科研机构、政府、中介机构等共同参与的创业生态系统。以深圳湾创业广场为例，其依托深圳市较为完善的市场环境和宽松的政策环境，基于深圳市投资控股有限公司所成立的深圳湾科技发展有限公司做出的战略规划，在短时间内聚集了百度、阿里巴巴、腾讯等互联网巨头以及大量的创业投资机构，专注于不同行业领域的孵化器，服务创业企业的媒体、律师公馆、创业培训等中介机构，周边汇集了各大著名高校的产学研基地，吸引了大量创业者和创业企业，并且各类参与主体密切合作，使其成为中国最有活力和发展潜力的创业生态系统。在良好的创业生态系统内，各主体能有机联系在一起，形成错综复杂的、庞大的网络体系。此时的机会开发不再是单一企业的行为，孵化器内的创业企业间以及创业企业与其他参与者间也不是简单的竞争或合作关系，而是深深嵌入复杂的网络结构中，形成相互依赖的共生关系，共同参与机会开发。

创业生态系统的重要特征之一在于其共生性（Isenberg，2011；Zahra and Nambisan，2012）。因此，创业生态系统的核心问题是如何建立各参与主体间的共生关系，而共生关系的基础是系统内主体间能通过互动、共同参与机会开发和资源整合以创造大量新机会。显然，这一关键问题被现有研究所忽视。目前关于创业生态系统的研究尚处于初级阶段，多关注创业生态系统的内涵、参与主体及特征，极其缺乏对创业生态系统内在形成机理和动态演化机理的研究，如何从创业的本质属性来解释创业生态系统各参与主体间共生关系的创建和发展，进而揭示其形成机理，迫切需要系统的理论研究。

本书在对创业生态系统国内外研究从不同视角进行全面综述的基础上，对创业生态系统的内涵、特征、构成、分类及绩效指标进行界定，并围绕创业生态系统形成的核心构念，即机会集和共生关系进行深入系统的研究，拓展了对过往单一主体的机会开发研究成果。该研究基于多主体互动视角探究机会开发过程，在此基础上明晰机会集的概念内涵以及基于机会集的创造型与发现型机会转化机理。此外，从成员关系、治理机制和共享逻辑等角度揭示创业生态系统背景下共生关系的内涵及维度划分，深入揭示创业生态系统共生关系的特征及其影响因素。本书提出构建共生关系是建立创业生态系统的核心，探索如何建立多主体间的共生关系从而共同开发机会集的机理，进而构建创业生态系统的形成机理模型，并结合中国电动汽车案例深入分析创业生态系统的机会集形成机理。最后，在上述研究的基础上，本书通过计算机仿真方法深入分析创业生态系统的演化机制。

本书深入探讨在创业生态系统内创业者（创业企业）与其他参与主体如何互动以共同开发创业机会的机理，丰富创业机会理论，为研究者从多主体互动角度探索机会开发问题提供启发；揭示创业企业在机会开发过程中与其他参与主体建立并拓展共生关系的机理，弥补已有创业生态系统形成机理研究的不足，激发研究者从共生关系和机会视角对创业生态系统内在机理展开深入的研究；揭示创业生态系统的动态演化逻辑，弥补已有创业生态系统演化规律研究的不足，为研究者理解和深入探讨创业生态系统的动态机制具有启示作用。

此外，本书可为各创业主体，特别是创业企业融入当地的创业生态系统中，通过与其他企业、投资机构、中介机构、大学和科研机构、政府等主体共同参与机会开发，建立稳定的共生关系，以实现快速成长提供实践指导；对孵化器、高新区及其他产业园区等创业社区合理地利用各参与主体的信息及其他资源，通过建立多主体互动的结构关系，帮助不同参与主体形成稳定的共生关系的实践活动具有启示意义；对政府部门制定创业政策，营造良好的创业环境有启发价值。

参与本书写作的主要人员如下：第一章，蔡莉、陈娟艺、彭秀青；第二章，蔡莉、蔡义茹、蒲怡、彭秀青；第三章，蔡莉、卢珊、鲁喜凤；第四章，郭润萍、赵杰、费宇鹏、于海晶、韩梦圆；第五章，陈海涛、朱秀梅、高钰莉、蔡莉、宋姗姗、林晓玥。对本书的撰写做出贡献的还有 Garry Bruton、Satish Nambisan、单标安、王玲、杨亚倩、詹天悦、冯子晴、盛乃珩、王天东、邵婷婷、李建佳。此外，陈姿颖、王琦智、陆鹏、龚蓉和杨森参与了本书的资料梳理工作。本书由蔡莉教授和郭润萍副教授统编定稿。

本书的公开出版得益于国家自然科学基金重点国际（地区）合作研究项目（71620107001）的资助和中国社会科学出版社的大力支持，在此表示衷心的感谢。

蔡莉　郭润萍
2021 年 11 月于吉林大学南岭校区

目　　录

第 一 章

创业生态系统研究综述*

为了系统把握创业生态系统的研究现状，本章首先对创业生态系统的研究进行全面回顾，以从整体上掌握创业生态系统的研究脉络；其次，为了系统、深入地对创业生态系统文献进行梳理与分析，本章一方面从宏观视角对创业生态系统研究主题进行回顾；另一方面从微观视角对创业生态系统的机会和资源研究进行综述。

第一节　创业生态系统研究回顾

已有创业生态系统研究尚处于起步阶段（Spigel，2015），从国内外相关文献的梳理来看，创业生态系统相关研究主要包括以下五部分：创业生态系统的内涵、特征；创业生态系统的构成；创业生态系统的分类；创业生态系统的演化；创业生态系统的绩效和测量。

一　创业生态系统内涵及特征的相关研究

（一）创业生态系统内涵

创业生态系统起源于生物学中生态系统的研究。生态系统最早由Tansley 提出，认为其不仅包括各种有机生物体，也包含无机环境，是通过生物体之间以及生物体与无机环境之间的复杂交互作用所形成的统一整体（Tansley，1935）。而后，Moore 首次将生态系统引入企业管理领域并提出商业生态系统的概念，将其定义为"一种基于组织互动的经济联合体"（Moore，1993）。为了进一步明确商业生态系统的内在结构特征，Moore 将其扩展为"一种由客户、供应商、主要生产商、投资商、贸易合

_____

＊ 本章部分内容已发表于《吉林大学社会科学学报》2016 年第 1 期；*Entrepreneurship & Regional Development*，Vol. 5 – 6，2020。

作伙伴、标准制定机构、政府、社会公共服务机构和其他利益相关者等具有利益关系的组织或群体所构成的动态系统"（Moore，1996）。之后，国内外许多学者对商业生态系统的内部结构、特征、评价指标、内部交互机制及演化过程等展开了研究（Zahra and Nambisan，2012；李海舰、郭树民，2008；刘刚、熊立峰，2013）。随着商业生态系统研究的日益成熟，以 Adner 和 Kapoor 为代表的学者关注于协同创新的创新生态系统（Adner and Kapoor，2010；朱桂龙等，2018；赵放、曾国屏，2014），而以 Isenberg 为代表的学者们则致力于提高区域创业活动水平的创业生态系统研究（Isenberg，2010；滕堂伟，2017）。

创业生态系统的概念最早出现于 2005 年，Dunn 关注如何构建基于大学的创业生态系统，提出了创业生态系统的基本轮廓，但并没有进行明确定义（Dunn，2005）。之后，其他学者也开始致力于创业生态系统研究（Doblinger et al.，2019；Elia et al.，2020）。归纳而言，主要分两类对创业生态系统的内涵进行了界定。一类是将创业生态系统视为创业企业（含新创企业和进行内创业的成熟企业）的外部环境，以 Cohen 和 Isenberg 等学者为代表。Cohen 提出创业生态系统是特定区域内相互作用的主体形成的群落，通过支持和促进新企业的创建和成长来实现可持续发展，创造社会和经济价值（Cohen，2006）。而 Isenberg 则从政府角度提出了百森创业生态系统项目，通过形成具有区域特色的创业生态系统来改善创业环境，从而提高当地的创业水平。Isenberg 指出，当创业者/创业企业处于一个容易获得资金和人才、政府提供政策支持、当地有鼓励创新和容忍失败的文化、具备一定的基础设施和其他支持要素的环境中时，创业最容易获得成功（Isenberg，2010；Isenberg，2011）。

另一类以林嵩、Vogel、Mason 和 Brown 为代表的学者则将创业企业纳入创业生态系统中，认为创业生态系统是由创业主体和所处的外部环境共同构成的统一整体。林嵩将创业生态系统定义为"由新创企业及其赖以存在和发展的创业生态环境所构成的，彼此依存、相互影响、共同发展的动态平衡系统"（林嵩，2011）。Vogel 提出创业生态系统是一个地理区域内的交互群落，由多种互相依赖的创业主体和环境要素（市场、监管体系等）构成并随着时间而演化，主体和环境共存并相互作用来促进新企业的建立（Vogel，2013）。Mason 和 Brown 则认为创业生态系统是一系列互相联系的创业主体（创业企业、投资机构、大学等）和创业环境（政策、文化等），通过正式和非正式的联系来提升绩效（Mason and Brown，2014）。

（二）创业生态系统特征

对于创业生态系统的特征，学者们从不同视角进行分析，侧重点也各不相同。通过文献梳理发现，创业生态系统具有六个重要特征，即多样性、网络性、共生性、竞争性、自我维持性及区域性（蔡莉等，2016）。

1. 多样性

创业生态系统具有多样性。一方面，它是由多种类型的参与主体所构成，如创业企业、提供技术和人才等支撑的大型企业、政府、大学及科研机构、投资机构及中介机构。这些主体发挥不同的作用，通过主体间的合作以及资源、能力的互补驱动创业生态系统的发展（Thomas and Autio，2014；Spigel and Harrison，2018）。如投资机构为企业获得资金提供便利，降低了创业门槛，是生态系统成功的基石；大学也在充满活力的生态系统中发挥着积极作用，许多一流大学具备重要的创业和创新文化（如斯坦福大学），这是成功生态系统必不可少的成分（Graham，2014；Cunningham et al.，2019；Belitski et al.，2019）。另一方面，即使同一类型的主体，如新创企业，在系统中的角色也有很大区别（Zahra and Nambisan，2011）。由于技术、产品和服务所需知识的多样化，形成了大量的机会，产生不同类型的新企业。这些企业在资源优势上有很大差异，在生态系统中也占据不同的市场空间和位置。如一些新创企业注重对新技术的研发，对市场的关注度较弱；而另一些新创企业则关注产品或服务的商业化，致力于占据更多的市场空间（Zahra and Nambisan，2011）。随着创业生态系统的演化，主体间的差异性会更加明显。一般来说，一个生态系统的多样性越高，表示其拥有的主体种类越丰富，或系统内的企业类型越多，这些企业处于不同的产业或者是产业链上的不同位置，其发挥的功能各异，有利于维持生态系统的健康发展。

2. 网络性

创业生态系统包含多种参与主体，各主体嵌入在网络中，主体之间是相互联系、相互依存的（Cunningham et al.，2019）。对一个完善的创业生态系统而言，当一个主体离开网络，系统对其他主体的价值会下降；当一个新的主体成功进入系统时，系统对其他主体的价值会上升（Hartigh et al.，2006）。在生态系统内，主体通过交互和整合来创造价值并共同承担系统的命运（Thomas and Autio，2014）。Galateanu 和 Avasilcai 也揭示了主体间的双向关系，体现出主体的互联性及生态系统的网络复杂性（Galateanu and Avasilcai，2014）。此外，在生态系统中，主体间网络的不断扩展还有助于网络效应的出现，形成一种正向反馈环，使主体不断增加，并伴随着系统的发展实现进化或者慢慢消亡，这有利于维持系统的长期稳定和健康（Thomas and Autio，2014；Pierce，2009）。

在参与主体的网络结构下，主体间存在着复杂的交互作用，能够影响创业环境（Acs et al.，2014）；同时，改善的创业环境会吸引更多主体的进入，进一步扩展主体间的网络，最终形成一个良性循环。创业生态系统的主体包括创业企业、政府、相关企业和机构等。分析前人研究发现，学者们主要从创业企业之间的交互作用、政府对创业企业的影响和相关机构对创业企业的影响三方面研究了创业生态系统主体间的互动机制。首先，在创业企业中，新创企业间以及新创企业和成熟企业之间均存在互动。一方面，各企业基于各自的技术和知识进行合作，共同开发新产品/服务或开拓新市场（Zahra and Nambisan，2011）。成熟企业是新创企业的重要合作者，新创企业通过为成熟企业提供互补产品而成长。另一方面，成熟企业为新创企业的创建和发展提供机会。创业者和创业机会不会在真空中出现，成熟企业内部的一些员工会进一步成为创业者，企业的发展也会衍生出机会（Isenberg，2014）。其次，有学者分析了政府对创业企业的影响。建立一个可持续的创业生态系统必须有良好的政策环境和财政、教育等的支持，能够持续地吸引企业参与系统中（Nadgrodkiewicz，2013；Soto-Rodríguez，2014）；同时，政府提供的各种政策也有利于企业识别机会并配置资源，从而促进企业的创建和发展（Li and Garnsey，2014）。而随着创业生态系统及其内部企业的发展壮大，可以在一定程度上参与政府的政策制定，帮助营造良好的创业氛围，同时有助于政府解决就业和经济发展问题（Isenberg，2010）。最后，现有研究还关注了创业生态系统中相关机构对创业企业的影响，包括投资机构、中介机构、大学及科研机构，它们为创业企业的发展营造了有利的支撑体系。创业生态系统中，投资机构的参与有助于创业企业获得资金，降低创业壁垒，进一步提升创业成功率（Arruda et al.，2015）；而且，先进入的投资机构获得成功会引发资本的扩张，有助于金融市场的成熟，并间接影响整个投资价值链，形成创业的良性循环（Isenberg，2014）。此外，大学和研究机构的参与为创业提供必要的知识和人才，显著地促进新企业的形成。而中介机构则了解创业企业的需求，能帮助其专注于自己的核心业务（Vogel，2013）。

通过参与主体之间的网络关系，各主体能够相互作用、共同努力，促进创业生态系统的构建和发展，使得创业生态系统成为智慧进化的结果——市场看不见的手和政府看得见的手的交互作用过程，真正实现"自上而下"和"自下而上"模式的有机结合（Isenberg，2011；Vogel，2013；Mason and Brown，2014）。

3. 共生性

创业生态系统的参与主体间具有共生的特征，反映了系统的内部动态性。生态系统由于主体共同创造价值的愿景而聚集在一起（Moore，1993），其共同目标和愿景是由系统层面聚焦于独特的价值主张而形成的（Nambisan and Baron，2013）。通过嵌入在一个复杂的网络关系中（Afuah，2000），每一位参与主体都与其他主体共生并共同演化，致力于将其自己的产品/服务整合成一致的、面向客户的解决方案（Bhagavatula et al.，2019；Khanagha et al.，2020）。通过相互依赖，生态系统的各参与主体捆绑在一起，共同追寻机会以实现价值（Thomas and Autio，2014；Hughes et al.，2007）。因此，创业生态系统主体之间的联系源于对各自机会的集聚，基于追逐机会的共同目标而互相依赖，不同的主体聚集起来构建了创业生态系统。

实现参与主体之间的共生需要具备三个基础：专业化、互补性（Zahra and Nambisan，2012）及共同逻辑（Thomas and Autio，2014；Theodoraki et al.，2018）。首先，创业生态系统的专业化源于各主体需要提供特定的产品或服务整合到系统中，最终共同实现价值的创造（Thomas and Autio, 2014）。从资源视角来看，专业化能使绩效提升，因为主体间基于各自核心能力的合作驱动网络中的价值创造能力（Zahra and Nambisan, 2012）。其次，互补性是主体间共生关系存在的一个重要基础。因为参与主体是多样的（Zahra and Nambisan, 2012），互补性确保了主体的能力是累积的、协同的，没有互补性则无法实现主体间的相互依存和协同创造（Adner and Kapoor, 2010；Thomas and Autio, 2014；Jacobides et al., 2018）。互补性不仅是指主体在功能上互补，它们对于系统的责任也是互补的，基于生命周期视角的产品或服务也是互补的。最后，主体间存在着共同逻辑，包括信任和共同意识，这些属性使主体能紧密结合在一起，有助于实现其共生。信任促使生态系统各主体坚持共同的行为规范，有助于系统成员间的协调。而主体间的共同意识并不仅仅是简单的合作意识，也是对协作目标和价值逻辑的共同理解（Thomas and Autio, 2014）。共同意识导致了嵌入在共同逻辑中的集体认同（Gawer and Phillips, 2013），从而促进创业生态系统主体间的共生。

此外，治理机制为共生关系的持续运行提供保证（Colombelli et al., 2019），包括权力结构和任务协调（Thomas and Autio, 2014）。一方面，生态系统中有效的决策需要其具备权力结构。系统中主体间的关系反映了其网络位置（Zahra and Nambisan, 2011），也影响了其在系统中的权力。另一方面，生态系统的平稳运作还需要任务协调。系统中的规则和标准规范了主体间的相互作用（Thomas and Autio, 2014；Gawer and Phillips, 2013），这些协调过程使系统能够存活并正常运转。通过这些治理属性，为生态系统的共同价值创造和自我维持性提供了保障。

4. 竞争性

除了共生性，创业生态系统中另一个值得关注的内部动态性是主体间的竞争性。在创业生态系统内，为了获取有价值的资源，参与主体之间相互竞争，特别是在同一类型之间（Li, 2009；Pan et al., 2019）。Moore 指出，商业生态系统中，主体间既合作又竞争，共同支撑着新产品以满足客户需求，同时通过良性竞争维持系统的长期发展（Moore, 1993）。竞争性包含生态位重叠和新生态位产生两方面，其中生态位重叠是指多主体在生态系统内所占市场位置或资源空间的重合，这是竞争性存在的前提；而新生态位产生是指在竞争压力下，多主体为避免彼此间的直接竞争会努力追求差异化，即联合其他主体开发新机会，进而促进生态系统内新市场空间的产生（Kapoor and Furr，2015）。

5. 自我维持性

为了实现长期生存，创业生态系统必须能够实现动态的自我维持和自我强化。生态系统的演化具有自发性，知识流动和能力积累都会引起系统的结构变动（Acs et al.，2014）。系统内部主体和要素通过自发的组织来进行自我维持和强化，使系统内部变得有序，从而解决内部矛盾和由于环境刺激造成的非平衡状态。自我维持性主要包含自适性和结构性两方面，其中自适性是指创业生态系统在应对外部环境变化时保持稳定的能力，一方面表现为生态系统发展到一定阶段时达到的一种较为稳定的均衡状态（Shepherd and Zacharakis，2001），从而不易受外界环境的影响；另一方面表现为生态系统能够针对外界环境的变化及时做出相应的协调与改变（如产品供应变化），具备一定的恢复力（Leong et al.，2016）。结构性是指创业生态系统内各类构成要素之间的组成结构，其是要素间互动的基础，良好的结构促进了生态系统内各要素间的相互促进，进而维持了生态系统的可持续发展（Theodoraki et al.，2018）。

6. 区域性

创业生态系统具有区域环境依赖性，通常出现在具有特殊资源的地方，需要肥沃的创业土壤、对创业的高度认同、雄厚的知识基础和大量的相关人才（Mason and Brown，2014），创业过程受到复杂的经济、社会和制度环境的交互作用影响（Acs et al.，2014；Espinoza et al.，2019）。因此，可以根据当地资源、地理位置、文化等构建适合本地的创业生态系统（Isenberg，2010）。而且，创业生态系统在区域上的构建具有独特性，尽管每个创业生态系统的持续发展都需要有利的制度、市场、文化和其他支持环境要素，但要素的组合是独一无二的，具有不可复制性，因为其均是在一个独特环境下形成且要素的交互作用极其复杂。因此，不同区域的创业生态系统可能在资源基础、文化和制度要素上存在差异。丰富的资源基础便于创业企业对资源的获取和整合，浓厚的创业文化氛围以及有利的政策支持则有利于创业者对机会的识别和利用，促进创业生态系统的形成和发展，从而推动区域创业活动的进行。区域性是创业生态系统区别于商业生态系统的本质特征。但是，随着互联网的不断发展，主体之间可以通过互联网进行合作（Autio et al.，2018；Chalmers et al.，2021），因此创业生态系统的区域性特征会逐渐弱化，而且由于互联网的存在还可能出现跨区域的生态系统。

二 创业生态系统构成的相关研究

作为一个有机整体，创业生态系统的构成包括多种创业参与主体及创业环境要素，其中创业参与主体包含创业企业及间接参与创业过程中的企业和相关机构，而创业环境是指主体创业过程中外部影响因素的集合，体现在环境要素上。表1.1对相关文献进行了归纳整理。与创业生态系统的内涵界定相类似，其构成研究也分为两类。Cohen 和 Isenberg 等学者将创业生态系统作为创业企业的外部创业环境，既包含环境要素，也包含相对应的环境主体。而以 Vogel、Mason 和 Brown 为代表的另一些学者则将创业企业涵盖在内，认为创业生态系统是由创业企业与其所处环境组成的整体系统。

表1.1　　　　　　　　关于创业生态系统构成的研究文献

研究视角	作者（年份）	构成	
		创业参与主体	创业环境要素
将创业生态系统作为创业企业的外部创业环境	Cohen（2006）	政府、科技园、大学、社会网络、投资机构、支持服务机构（咨询公司等）、提供技术和人才等支撑的大型企业	政策优惠、人才库、资金支持、专业性服务（咨询服务等）、基础设施、文化（社会规范等）和自然环境（地理位置等）
	Isenberg（2010；2011）	政府、客户、社会网络、投资机构、教育机构、专业机构和公共机构	政策、市场、资金、人力资本、文化和支持环境
	Suresh and Ramraj（2012）	投资机构、政府、中介机构、社会网络等	道德、金融、技术、市场、社会、网络、政策和环境支持系统

续表

研究视角	作者（年份）	构成	
		创业参与主体	创业环境要素
创业生态系统是包含创业企业和外部创业环境在内的整体系统	Vogel (2013)	创业企业 政府、相关机构和企业等	创业特定的环境要素：创业教育、投资、文化、网络和支持体系 一般环境要素：基础设施、制度、市场和地理位置
	Mason and Brown (2014)	创业企业 资源提供者（如投资机构、科研机构等）、联结创业企业和环境的中介机构（企业家俱乐部、专业协会等）	生态系统内的创业支持因素（培育和支持创业主体的公共政策、文化等）

资料来源：根据文献整理。

三　创业生态系统分类的相关研究

通过对生态系统（如商业生态系统、创新生态系统和创业生态系统等）分类研究的相关文献梳理发现，目前相关研究比较匮乏，仅有少数学者对此进行了分析。一方面，由于生态系统内存在多种参与主体且各自发挥不同的作用（Isenberg，2011），学者们多从参与主体的角度对生态系统进行类型划分，但划分方式呈现多样性，如 Bernardez 和 Mead（2009）基于生态系统的主要构建者，认为创业生态系统可划分为寡头垄断型生态系统、政府引导型生态系统、大企业构建型生态系统和创业企业联合型生态系统。Nambisan 和 Sawhney（2009）则根据系统内部企业网络的集中度，将创业生态系统划分为集中型和分散型。其中，企业网络集中的生态系统通常是以一个成熟企业为核心，新创企业和相关机构围绕核心企业运作和发展。企业网络分散的生态系统并不围绕着核心企业运行，而仅仅是一系列创业企业的集聚，共同承担领导和协调责任。企业网络分散的创业生态系统在具体结构上也体现为两种不同的类型。一种创业生态系统是由规模较均质的创业企业所构成，这些企业均匀地分散在网络中。如 Zahra 和 Nambisan（2012）提出，在最初的药物开发时，小型生物医药企业可能是创新知识的关键来源，通过它们的合作实现不同类型知识的集聚和整合，共同进行基础发现和创新并构建市场空间。另一种创业生态系统中的创业企业则并不完全是均质的，由于先入优势导致先动企业较跟随型企业规模更大，能实现更快速的发展。如 Overholm（2015）关注太阳能服务行业，五个创业企业率先发现了机会，联合相关企业和机构一起为最终客户提供一个全面解决方案，构建了一个新生态系统。之后，一些跟随型创业企业开始进入，并引入新的合作伙伴以提供互补资源及扩展市场，最终创造了一个完善的创业生态系统。

在以上研究的基础上，蔡莉等（2016）考虑到创业生态系统中政府的重要作用，从企业网络集中度和政府参与程度这两个视角将创业生态系统划分为政府强参与—核心企业主导型、政府强参与—企业网络分散型、政府弱参与—核心企业主导型、政府弱参与—企业网络分散型四种类型。

另一方面，还有一些学者从区域的角度剖析不同类型的创业生态系统，如 Acs 等（2014）研究国家创业系统，认为其通过配置资源驱动创业者对机会的追寻及新企业的创建，进而分析了系统内主体间的交互作用。而 Mason 和 Brown（2014）则将创业生态系统视为培养和鼓励新企业的形成并帮助新企业解决问题的创业社区，将研究对象聚焦于孵化机构，如孵化器、创业中心和科技园等。

四　创业生态系统演化的相关研究

创业生态系统演化的相关研究分为创业生态系统的演化过程及演化过程的影响因素两部分。

首先，针对创业生态系统的演化过程，学者们持有多样化的观点。一些学者认为创业生态系统是复杂的、适应性的、突现的系统（Szerb et al.，2015）。另一些学者认为创业生态系统不是固定的，而是一个不断演进的、动态平衡的发展过程（Auerswald，2014），随着内外部环境变化而逐渐成长、演化（Hechavarria and Ingram，2014）。此外，还有一些学者提出生态系统的形成过程是指系统从无到有，从创建、发展，直到系统达到一个能够自我维持的稳定状态（Garnsey and Leong，2008；Thompson et al.，2018），是一个不断演进的、多主体在环境中的"变异—选择—保留"的过程（Aldrich and Martinez，2010）。

其次，针对创业生态系统演化过程的影响因素，学者们认为创业生态系统的演化受到多种外部因素的影响，包括制度环境、市场环境、区域文化及地理条件等（Isenberg，2010；Spigel，2015；Auerswald，2014；Lorenzen，2019）。政府通过一系列行动来培育创业精神，加快企业的创建和成长，并吸引公共机构和私营部门的参与，从而推进创业生态系统的形成（Sheriff and Muffatto，2015）。区域市场环境也积极地驱动创业生态系统的形成，为新创企业带来大量机会，吸引人才及资金进入该区域（Spigel，2015）。同时，成功的企业家会将资本和专业知识等再投资到新的创业活动中，形成良性的创业循环，促进创业生态系统的形成和成长（Mason and Brown，2014）。此外，创业生态系统也受潜在的创业文化所驱动（Spigel，2015）。

五 创业生态系统的绩效及测量相关研究

（一）创业生态系统的绩效

创业生态系统的构建是为了促进新企业的形成和区域创业活动的发展（Isenberg，2011），即增加创业企业的数量和提升创业企业的质量，进而导致社会新价值的创造（Stam，2015）。在微观层面上，创业生态系统有助于企业创业活动的开展（Pilinkienė and Mačiulis，2014）。一方面，它为创业者和创业企业提供有价值的资源，并通过资源的有效分配提高系统的全要素生产率（Szerb et al.，2015）；另一方面，创业生态系统培养创业者的创业精神并持续产生创业机会，促进潜在创业者发现、创造和利用机会（Overholm，2015）。在宏观层面上，创业生态系统有助于推动区域经济发展。具有增长活力的创业企业促进当地成熟企业的发展并逐渐形成人才池和知识池，能够源源不断地衍生新企业并提高区域创业水平，进而促进当地就业和增加税收，同时也给投资者带来回报，进一步推动创业的发展，形成良性的创业循环（Rice et al.，2014；Mason and Brown，2014）。

（二）生态系统的测量

创业生态系统是一个不断演化的系统，具有不确定性（Peltoniemi，2006）。关于创业生态系统测量的研究比较匮乏，需要借鉴商业生态系统等的相关研究成果。一些学者构建了生态系统的健康程度指标以测量系统的整体性能和发展趋势（Iansiti and Levien，2004）。由于生态系统是多种要素的复杂组合（Isenberg，2010），其所创造的价值不仅是创业企业所产生价值的简单加总，也包括复杂的、多要素互相影响带来的系统层面的绩效（Szerb et al.，2015）。因此，生态系统的健康程度测量包括系统和企业两个层面。从系统层面来说，张玉利（2010）依据种群生态理论提出新企业注册数是衡量一个区域创业活跃程度的重要指标；此外，Iansiti 和 Levien（2004）研究指出测量生态系统整体的稳健性、生产率和创新性，主要采用新创企业数量、企业存活率、资产累积情况、多样性及创新性等指标进行测量。从企业层面来说，主要测量其合作伙伴和网络的健康程度，主要采用资产收益率等财务指标以及合作关系数量、合作伙伴多样性等指标进行测量（Hartigh et al.，2006；潘剑英、王重鸣，2012）。

六　总结

现有创业生态系统的研究处于起步阶段，尚未形成概念体系。多数文献通过案例来分析创业生态系统的概念、构成、特征及其形成过程等，但仅是一系列碎片化观点的概念集合（Spigel，2015）。现有研究存在以下不足（蔡莉等，2016）：①创业生态系统的研究缺乏系统的概念体系，对创业生态系统的内涵和构成研究不足。相比较而言，商业生态系统的研究较为成熟，而创业生态系统的研究尚存在观点多样性和片面性，需要进一步的规范研究。②基于过程视角的创业生态系统演化研究仍然不足。现有研究多数从横截面进行分析，少有研究从纵向过程来长期跟踪、深入剖析创业生态系统，揭示系统内外部因素变化导致创业生态系统的变化规律。③缺乏对于创业生态系统的评价和测量及相关的实证研究。创业生态系统的评价和测量研究尚处于概念探索阶段，现有研究成果的普适性尚待验证。

第二节　创业生态系统研究主题综述

以上仅从整体上对创业生态系统研究进行了回顾，为了更加深入地了解国内外创业生态系统的研究主题，本部分通过对英文期刊和中文期刊上相关文献的系统搜索、筛选及分析，对创业生态系统的研究主题进行回顾，并在此基础上，提出中国创业生态系统研究的未来方向。

一　研究方法

（一）文献的搜索与筛选

1. 英文期刊

为搜索与创业生态系统内容相关的英文文献，本部分重点关注了2000—2017 年，*Financial Times*（*FT*）列出的商学院 50 个重要期刊。此外，本部分还添加了四个与创业生态系统相关的重要期刊，包括 *Entrepreneurship and Regional Development*（*ERD*）、*Word Development*（*WD*）、*Management Organization Review*（*MOR*）和 *Asia Pacific Journal of Management*（*APJM*）。因此，我们共关注了 18 年间 54 个重要英文期刊的相关文献。之所以选择这个时间段，是因为它代表学术界对这一课题研究最热烈的一段时期。

为了从目标期刊中检索相关文章，我们首先在 EBSCO 数据库中检索"entrepreneur"和"ecosystem"出现在文章中任何位置的文献。另外，由于科技园、孵化器和区域创业等研究与创业生态系统主题高度相关，我们还添加了"entrepreneur"和"science park"，"entrepreneur"和"incubator"，以及"entrepreneur"和"regional entrepreneurship"这些关键词。通过初步搜索，我们识别了 121 篇英文文献。然后，我们仔细阅读并检查每篇文献与创业生态系统研究的相关性，删除了那些与生态系统相关的概念不是该研究核心关注点的文章，进而得到 46 篇与创业生态系统相关的文献。为了提高综述的严谨性，我们邀请了 3 位研究创业生态系统的国外专家检查文章列表，并验证我们没有遗漏任何重要文章。这些学者确定了另外 4 篇文章，我们将这些文章也添加到综述中。因此，我们共综述 50 篇英文文献（Bruton et al. , 2008；Chen et al. , 2017）。

2. 中文期刊

为了将英文文献与中文文献联系起来，我们还关注了中国国家自然科学基金委员会认定的 23 个管理学重要期刊。自从创业生态系统作为支持经济发展的有效手段以来，其在经济学领域也受到越来越多的关注，通过与中国权威学者讨论，我们又加入顶级经济学杂志——《经济研究》。因此，我们共关注 24 个中文重要期刊的相关文献。我们使用中国重要的搜索引擎 CNKI，搜索标准与英文期刊相同。通过检索，初步搜索出中文文献 1090 篇。然后，与英文文献筛选的方法一致，我们共筛选出与生态系统相关的 35 篇文献。生态系统的概念引起了中国学者的极大兴趣，但目前为止，对这一主题的研究还没有取得很大进展。因此，最终我们的综述共收录了 85 篇来自国际和国内重要期刊的文献。

3. 文献的描述性统计

在 85 篇文献中，44 篇采用了定量方法，22 篇采用了定性方法（尤其是案例研究），其余 18 篇是关于生态系统的概念性文献，只有 1 篇文献同时采用定性和定量的方法。中文文献在概念类文献中的代表性更强（具体而言，在 18 篇概念性文献中，有 10 篇是中文文献，而 8 篇是英文文献）。这些文献描述了与生态系统相关实践和研究的潜在问题。表 1.2 简要概述了综述样本中的文章。

表1.2   **英文文献和中文文献中用到的方法**   单位：篇

方法	中文期刊和英文期刊篇数		具体方法
定量	44	国际 24	回归分析：OLS、最大对数似然估计、内容分析、层次回归分析、多元分析、泊松多层模型、三阶段最小二乘法、结构方程建模、二元逻辑回归、DID、组合加权法、REM 和 AHP
		中文 20	
定性	22	国际 17	案例
		中文 5	
概念类	18	国际 8	理论驱动文章
		中文 10	现象驱动文章（有现实意义）；只有两篇是理论驱动文章
定量和定性	1	中文 1	半结构化访谈与多元分析
总计			85

资料来源：根据文献整理。

同时，我们还统计了 67 篇定量和定性文章样本的国家和地点（见表 1.3）。值得注意的是，在 42 篇英文期刊文献中，34 篇文章的样本来自发达国家，6 篇文章的样本来自新兴经济体，2 篇文章的样本同时来自发达经济体和新兴经济体的国家。从表 1.3 中可以看出，美国是研究频率最高的国家，其次分别是英国和加拿大。在英文文献中，只有 2 篇是关于新兴经济体（包括中国和越南）的文章。中文期刊上所有实证文章的样本都来自中国。

表 1.3　　　　　　　　　样本中定量文章的国家和地点数

样本	样本位置	样本总计
英文期刊		
新兴经济体	中国（2）、南非（1）、越南（2）、多个国家（1）	6
发达经济体	美国（14）、英国（3）、加拿大（3）、德国（2）、瑞士（2）、澳大利亚（2）、丹麦（1）、法国（1）、爱尔兰（1）、意大利（1）、挪威（1）、西班牙（1）、瑞士（1）、瑞典（1）	34
混合国家	新加坡（1）、中国（1）和印度尼西亚（1），多个国家（1）	2
中文期刊		
中国	城市：北京、大连、上海、西安、武汉、宁波、苏州、无锡、南京、广州、珠海、深圳、沈阳、德州，283 个城市，15 个城市　省份：浙江、湖南、广西、云南、广东、湖北、福建、甘肃、湖北、湖南、江苏、青海、13 个省份、31 个省份、台湾	25
总计		67

资料来源：根据文献整理。

（二）文献分析

我们采用开放式编码的方法，按主题对每篇文献进行分类（Corbin and Strauss，2014）。具体而言，两位作者分别阅读每篇文章的内容，然后针对以下几方面内容进行编码，包括生态系统的定义、构成、特征、影响因素和创建机制，方法论、数据来源、理论框架、结论和贡献，以及对生态系统和创业的启示。在开放编码阶段，我们尽量减少文献分析的偏差（Ahlstrom et al.，2008）。在此过程中，如果出现分歧，则邀请第三位作者评估出现问题的文章。此外，两位中国作者分别独立对中文文献进行编码。然后，通过两位作者之间的多轮讨论，分歧得以解决。最终，我们将 85 篇文献划分为四个主题，即创业生态系统研究中的本质、网络、制度和动态性（见表1.4）。接下来，我们将详细讨论每个主题。

表1.4   **创业生态系统研究涵盖的主题**

主题	方法	举例
本质	概念类	Laukkanen, 2000；Sabeti, 2011；Kanter, 2012；Isenberg, 2010；申明浩、隋广军, 2005；林嵩、姜彦福, 2012；钱平凡、李志能, 2000；毛蕴诗、周燕, 2002
	定性	Seidl et al., 2003；Isaksen, 2016；Kasabov, 2015；Feldman and Lowe, 2015；Spigel, 2017；Adner, 2017
	定量	Naude et al., 2008；Huggins and Thompson, 2014；Farzanegan, 2014；Carree et al., 2015；Shearmur and Doloreux, 2016；Habersetzer, 2016；Audretsch and Keilbach, 2004；Cumming and Johan, 2010；Samila and Sorenson, 2010；张帏, 2007；周方涛, 2013；鲁钊阳、廖杉杉, 2016；邢蕊等, 2015；赵向阳等, 2012
网络	概念类	Hansen et al., 2000；Venkataraman, 2004；Nambisan and Baron, 2013；瞿群臻, 2005；王大洲, 2004
	定性	Davis, 2016；Brekke, 2015；Motoyama and Knowlton, 2016；Bøllingtoft and Ulhøi, 2005；Parker, 2008；Fu, 2010
	定量	Yin et al., 2014；Amezcua et al., 2013；Dutt et al., 2016；Mazzanti, Montresor and Pini, 2011；del-Corte-Lora et al., 2015；Zacharakis et al., 2003；Molina-Morales and Martínez-Fernández, 2009；Skilton and Bernardes, 2015；Fini et al., 2011；Kim et al., 2012；李宇、张雁鸣, 2012；张力等, 2014；刘成梅、蔡建峰, 2016；原长弘、贾一伟, 2005；李梅芳等, 2016
	混合	张帏、邢潇, 2007
制度	概念类	牛仁亮、高天光, 2006；罗峰, 2014
	定性	Heidenreich, 2005；Huggins and Williams, 2011；Pereira, 2004；Zhu et al., 2011
	定量	Pergelova and Angulo-Ruiz, 2014；Nguyen et al., 2015；Mueller and Jungwirth, 2016；Armanios et al., 2017；程郁、崔静静, 2016；崔静静、程郁, 2016；项国鹏、黄玮, 2016；刘瑞明、赵仁杰, 2015

主题	方法	举例
动态性	概念类	刘友金、罗发友，2005
	定性	Tang and Xi，2006；Blundel and Thatcher，2005；Ansari et al.，2016；何科方、钟书华，2012；侯杰等，2011
	定量	Sarmaand Sun，2017；张维迎等，2003

资料来源：根据文献整理。

二　研究主题

如前所述，我们在 85 篇文献中确定了创业生态系统的本质、网络、制度和动态性四个主题。以下我们将详细回顾这四个主题中的现有文献。

（一）本质

创业生态系统本质的文献来自创业生态系统定义和构成的文章。这部分文献借鉴了多样化的理论，包括社会资本理论、经济发展理论等。涉及本质主题的文章共 32 篇。这一主题的研究比其他主题的研究更加集中。我们将此主题的文献分为三部分：定义（Isenberg，2010；Adner，2017；Spigel，2017）、构成（Seidl et al.，2003；Audretsch and Keilbach，2004；Samila and Sorenson，2010）以及地理位置。定义类文献能够影响学者所提出的生态系统构成，以及影响生态系统的地理分布。由于本章 1.1 部分已详细论述创业生态系统的定义和构成，故此部分只介绍地理位置的相关文献。

对地理位置的关注源于英文文章中的一种认识，即地理位置可以决定区域创业。不同的地理位置因为技术差异和位置条件创造了不同的环境，这些环境可能使一个国家或世界的不同地区有价值和多样化的资源变得可用（Zacharakis et al.，2003；Cumming and Johan，2010；Huggins and Williams，2011；Shearmur and Doloreux，2016）。因此，支撑创业生态系统的要素可能并不同时存在，在一个国家或世界的不同地区，可能存在对生态系统有价值的不同要素组合（邢蕊等，2015；Habersetzer，2016；Shearmur and Doloreux，2016）。有证据表明，地理位置偏远或接近会影响公司的创新速度和新市场进入，因为来自市场的技术信息价值和互动频率取决于地理位置（Habersetzer，2016；Shearmur and Doloreux，

2016）。

然而，这种观点在中文文献中似乎并不重要。在某种程度上，这是因为"中国某些地区的政府通常在构建生态系统方面发挥积极作用，甚至起到主导作用"（Bruton et al.，2018）。这导致了一种假设，即创业生态系统将通过组成成分的存在而自动产生。在实践中，其结果是在中国各地都可以看到科技园、孵化器和工业园区的大量增长。

（二）网络

创业生态系统文献的第二个主题关注生态系统内主体的互动（Molina-Morales and Martínez-Fernández，2009；Skilton and Bernardes，2015）；生态系统各组成部分之间存在互动（Hansen et al.，2000；Bøllingtoft and Ulhøi，2005）。我们将这组文献标记为网络，因为这是互动发生的典型方式。为避免混淆，我们认为本质主题中的构成研究主要集中于组成成分是否存在于生态系统中。这类文献通常借鉴社会网络理论和社会资本理论来研究互动。网络主题有29篇文章。接下来，我们将从创新/绩效、互动两方面来研究网络主题的文献。

1. 创新/绩效

在该类研究中，国外和中国学者都强调网络连接与创新/绩效之间的正相关关系。较强的业务关系网络不仅能够使新企业从合作伙伴那里获取知识等关键资源快速创新（Fu，2010；Brekke，2015；Davis，2016），而且使网络参与者能够在竞争对手之前发现和利用未来的新商机（Hansen et al.，2000；Parker；2008）。此外，生态系统的网络优势使企业通过外部来源获取新想法和知识，更快地开展创新（del-Corte-Lora et al.，2015；Davis，2016），因为网络带来信息和资源在生态系统内部或外部成员之间流动（Ahuja，2000；Tang and Xi，2006；Nambisan and Baron，2013）。

为了进一步深入分析生态系统中的网络，国外学者就组织依赖网络关系提高绩效的程度展开了对话（Molina-Morales and Martínez-Fernández，2009；Zhu et al.，2011；Brekke，2015；Skilton and Bernardes，2015）。有证据表明，过度依赖网络会损害企业的价值创造（Molina-Morales and Martínez-Fernández，2009；del-Corte-Lora et al.，2015；Skilton and Bernardes，2015）。因此，国外学者通常认为网络和企业绩效之间存在倒

"U"形关系，网络提供不断增长的价值，而超过临界点后，过多网络会导致价值的下降（Molina-Morales and Martínez-Fernández，2009；del-Corte-Lora et al.，2015）。然而，学者们对中国创业生态系统中网络的了解仍然相对有限，因为中国的文献通常讨论现有的概念（如科技园或孵化器中的网络特征），并且基本上是利用中国的样本增加新的中介或调节，或验证现有理论。例如，中国学者在中国情境下应用一些特征作为调节或中介，发现创业者的创业导向和整合资源的能力可能会影响他们获取在生态系统内成长所需的资源（李宇、张雁鸣，2012）。将现有理论应用于新情境可能会增加"在中国情境中遗漏真正重要的管理或组织问题的可能性"（Tsui，2006）。

2. 互动

为了避免混淆，这里的互动不同于本质主题研究的构成，因为与网络概念一致，我们这里关注不同参与者之间发生的关系，而本质主题关注组成成分是否存在。该类研究特别关注参与者如何联系到核心参与者或平台，通过核心参与者或平台可能会解锁新的互动和组合，从而增加系统的整体价值创造（Adner，2017）。研究这一主题的学者探索了多个参与者互动的作用及其对生态系统的影响。参与者通常包括企业、大学、政府和非政府组织（Isenberg，2010；Amezcua et al.，2013；Dutt et al.，2016；Adner，2017；Spigel，2017），参与者互动的不同组合对生态系统产生不同的影响。中国学者特别关注生态系统中企业与风险投资或私募股权等金融机构的互动（瞿群臻，2005；傅首清，2010），因为在中国，私营企业的资金相对有限（Armanios et al.，2017）。企业的努力和筹集资金的来源不仅被认为是建立和升级生态系统的重要因素（Zacharakis et al.，2003；Venkataraman，2004；Dutt et al.，2016），而且通过提供资本、物理空间等外部资源为生态系统的创建做出贡献（Kim et al.，2012；Dutt et al.，2016；Motoyama and Watkins，2017）。总而言之，互动的研究表明需要让更广泛的利益相关者进入系统，如政府、企业、中介机构等，以确保生态系统的创建和发展。

（三）制度

第三个主题主要是从制度理论出发，探索制度及其在塑造创业生态系统中的核心作用。与本质和网络两大主题相比，制度主题的文献更为有限，共 15 篇。制度研究的核心论点是，创业生态系统和创业活动可以从支持创业的有效正式制度和非正式制度中受益（Armanios et al.，2017）。正如 North（1990）和 Williamson（1991）所说，制度有限制的环境将会在支持创业企业形成和成长的能力上出现局限，从而抑制当地生态系统的发展。这一观点导致了对政府的关注（Dutt et al.，2016）。因此，制度主题研究的主要关注点是创业生态系统中政府的作用。

学者们通常认为，如果政府要为创业生态系统创造有利的环境，就需要发挥全面性和整体性的作用（Parker，2008；Huggins and Williams，2011）。因此，政府可以将政策或法规作为一种手段，将创业者与充足的有形资源和无形资源联系起来，提高法律法规的稳定性以及确保必要的金融支持，以增强创业生态系统的可持续性（Samila and Sorenson，2010）。政府还可以为创业企业提供无形的支持资源，为创业生态系统营造宽松的环境，如在新加坡，非正式的政府支持有助于创造这样的环境（Bruton et al.，2002；Lerner，2009）。来自发达经济体的证据显示，政府有能力为生态系统提供有形和无形支持（Heidenreich，2005；Huggins and Williams，2011；Pergelova and Angulo-Ruiz，2014；Mueller and Jungwirth，2016）。

也有一些学者研究非西方情境的生态系统制度（Armanios et al.，2017）。制度真空在新兴经济体生态系统中很常见（Naude et al.，2008；Dutt et al.，2016），政府通常在解决创业生态系统中制度失灵问题上发挥积极作用（Amezcua et al.，2013；Dutt et al.，2016）。例如，大多数中国学者通常认为，政府通过为孵化器和科技园提供税收优惠或土地等措施来创建创业生态系统。这项研究背后的逻辑是新兴国家新企业的最大障碍是缺乏基础设施和资本等有形资源。然而，有证据表明新兴经济体政府纠正此类问题的能力有限（Heidenreich，2005；Naude et al.，2008），如建立网络联系并为创业企业提供必要的资源（如创业培训、风险投资资金、建议和指导）（程郁、崔静静，2016；崔静静、程郁，2016；项国鹏、黄玮，2016）。因此，政府强有力的干预产生的积极作用会随着时间的推移而逐渐减弱（牛仁亮、高天光，2006；刘瑞明、赵仁杰，2015；牛仁亮、高天光，2016），这一认识尚未应用于更广泛的生态系统研究中。

（四）动态性

创业生态系统研究的最后一个主题涉及生态系统的动态性，特别关注结构如何支持和加强生态系统的创建。该主题文献来源于多种理论视角，包括生态系统理论、经济发展理论和组织间关系理论。动态性主题中只有 9 篇文章，我们将从结构因素和竞合战略两方面来探讨动态性主题。

1. 结构因素

在英文文献中，Spigel（2017）等学者借鉴生态系统理论，并以加拿大滑铁卢和卡尔加里的生态系统为例，展示了生态系统可以采取的各种不同要素的配置。同样，Adner（2017）也借鉴生态系统理论，并以米其林公司创建的生态系统为例，强调了可能影响创业生态系统的四个结构要素，包括活动、参与者、位置和联系。Adner（2017）还认为，要素配置的变化可以重置创业生态系统的结构。要素配置的变化能够导致网络成员之间共生关系的变化。因此，许多学者认为需要对生态系统产生的过程、生态系统成员如何确定或改变其角色，及其对参与者创业活动的影响有更深入的理解（Adner，2017）。对于中国学者来说，同样认识到需要了解在中国特定情境下影响生态系统的因素（张维迎等，2003；侯杰等，2011），但他们在这方面做的工作还不够。

以创业生态系统的动态性为例，这一领域的最新研究还深入探讨了生态系统中各方如何改变各自立场和破坏性力量影响之间的关系。特别地，由于破坏性力量能够导致相互依赖关系的变化，因此生态系统可以共同演化。生态系统本质上是多边的（Adner，2017），因此这种力量不仅会导致与现有企业的关系发生变化，还会导致与整个生态系统的关系发生变化（Blundel and Thatcher，2005；Tang and Xi，2006；侯杰等，2011；Ansari et al.，2016；Davis，2016）。高科技行业技术创新（Ansari et al.，2016）、传统产业压力（Blundel and Thatcher，2005）等颠覆性力量可以被那些试图从边缘位置走向核心位置的生态系统内部或外部主体所遏制（侯杰等，2011；Ansari et al.，2016）。

2. 竞合战略

竞合战略主题仅出现在英文文献，在中文文献中很少受到关注。竞合战略对于企业产品市场进入以及企业与其竞争对手之间竞合关系的平衡至关重要（Skilton and Bernardes，2015）。该研究的逻辑是，生态系统内的企业不是孤立运作的，而是相互依存的关系，因此价值网络还可能包括具有潜在利益冲突的生态系统已有企业，尤其是在多边市场中（Ansari et al.，2016）。一些研究表明，竞合战略可能导致生态系统的共同演化，正如 Sarma 和 Sun（2017）所说："生态系统参与者在自身所处领域具有专业化能力，并且相互之间共同进化，通过累积和协同创造价值并维持生态系统的稳定性。"鉴于竞合战略能够平衡竞争与合作之间同时存在的冲突力量，并能够随着关系位置的变化促进生态系统的共同演化，因此，需要更加深入地理解竞合战略与竞争网络之间的联系以及已有企业与核心企业之间的关系。

三　研究展望

现有研究极大地促进了我们对创业生态系统的理解。然而，仍有一些领域需要进行更深入的研究，主要因为现有文献主要集中于在英文期刊上探究发达国家的创业生态系统问题。因此，有必要推动对新兴经济体生态系统的研究，因为迄今为止，我们对新兴经济体的生态系统知之甚少，现有的中文文献通常是现象描述，而不是由理论驱动的。基于此，我们讨论了中国创业生态系统研究的未来方向。

（一）地理位置的作用

第一个研究主题是创业生态系统的本质。来自该主题的未来研究涉及地理位置，因为不同的地理位置可以拥有不同的制度设置，有利于提高创业率（Zacharakis et al.，2003；Spigel，2017）。但地理区域不仅仅体现在法律或文化制度方面的差异性，如学者们认为在发达经济体中，创业生态系统的地理位置优势来自制度，包括获得稀缺资源、社会网络、基础设施、风险资本等（Zacharakis et al.，2003；Feld，2012）。由于中国不同地理区域发展的分散程度较大，因此这种现象会更明显。因此，我们需要了解地理区域在其制度、资源、网络等方面的差异，以及这些因素如何影响创业生态系统。同样，关于创业生态系统的文献通常将政府政策、文化、人力资本、金融资本等要素的存在视为创业生态系统萌芽的形成。然而，不同地理位置创业生态系统的要素配置可能会不同，这导致不同类型的创业生态系统具有不同的模式。因此，未来研究也可以从配置视角考虑创业生态系统的类型，以推动我们理解为什么一些创业生态系统可以很好地相互连接和可持续，而另一些则不能。

（二）政府的作用

第二个主题是政府的作用。政府的作用被视为中国创业生态系统的一个主要特征。在西方情境下，政府在提供创业服务方面发挥着应有的作用，如建立基础设施，以及鼓励风险承担的创业文化（Spigel，2017）。然而，在中国，政府扮演的角色不同。学者们通常将政府视为中国企业的合作伙伴，部分原因是政府在整体经济中起着关键作用（Buckley et al.，2006；Dong and Glaister，2006；Lau and Bruton，2008；Ahlstrom et al.，2014）。虽然中国政府并不期望从企业中获得直接回报，但在促进创业企业成功方面，中国政府比西方政府积极得多。因此，政府不仅仅是提供基础设施支持，更准确地说，它被视为决定创业生态系统成败的重要力量。因此，未来学者们应该从政府扮演核心作用的视角来研究创业生态系统。

（三）创业生态系统中的互动关系

研究的第三个主题是网络，因为创业生态系统主体之间的互动至关重要（Cumming and Johan，2010；Amezcua et al.，2013）。然而，这种互动增加了协调困难的可能性，因为创业生态系统中不同参与者往往有相互冲突的利益和目标（Nambisan and Baron，2013）。在中国等新兴经济体中，由于不良竞争的存在，相互冲突的目标可能性更大（Amezcua et al.，2013）。不良竞争迫使企业制定独特的战略以获得竞争优势（Nambisan and Baron，2013）。然而，独特的战略可能会使企业远离创业生态系统，从而引发冲突并限制企业与创业生态系统之间的互动。未来研究应该从动态的角度扩展对多重互动的理解，以了解在中国情境下利益和目标的冲突是如何协调的。

该主题研究为中国情境下的政策制定者提供指导，因为政策制定者通常会采取行动建立创业生态系统，并连接多样化利益相关主体相互支持。事实表明，任何创业生态系统内的相互依存关系都不是静态的，而是有规律的演化过程，可以受到外部情境和内部情境的影响（Hechavaria and Ingram，2014；Spigel，2017）。此类情境因素可能包括行业变量，如监管制度等正式制度以及创业文化等非正式制度等（Isenberg，2010；

Spigel, 2017)。因此，未来研究可以考虑情境对关系变化的影响，以更好地理解创业生态系统产生的不同方式，以及在应对外部和内部情境变革过程中所产生的变化。

（四）创业生态系统的动态性

最后一个主题是创业生态系统的动态性。未来研究应该更大限度地研究网络中的互动关系。Nambisan 和 Baron（2013）认为创业生态系统创业者经常面临其自身目标与生态系统领导者设定的目标不一致的挑战。考虑到这一点，领先型企业的作用及其在创业生态系统中的关联关系值得关注（Acquier et al.，2017），因为创业生态系统中的创业者和领先型企业可能有着相似但不同的利益，需要相互协调。然而，企业在创业生态系统中的行为又受到所嵌入关系的影响（Mazzanti et al.，2011）。未来应该研究在创业生态系统中，不同主体如何通过发展合作与竞争关系共同创造价值。

另外，未来还应该关注关系依赖在创业生态系统中的作用，应该关注作为合作伙伴一起工作的长期性的影响（Davis，2016；Meuleman et al.，2017）。长期合作的主体能够建立信任关系（Molina-Morales and Martínez-Fernández，2009）。但是如果信任对于创业生态系统的发展是必要的，那么这就意味着创业生态系统的发展需要大量的时间，而不是能够过快发展的。因此，未来研究应该关注参与主体之间的先前关系、关系的时间长度，以及这些关系如何影响创业生态系统中的相互依赖关系。

（五）中国情境与本土理论

结合这四个主题，还有许多其他潜在的有价值的领域需要研究。例如，现有研究在很大程度上借鉴了已有的西方理论。过去 30 年，学者们很少使用本土理论来解释与中国相关的商业和管理实践（Barkema et al.，2015；Bruton et al.，2018；Redding and Witt，2015）。因此，未来可以通过本土理论的开发，进一步丰富我们对创业生态系统的理解。

本土理论要求学者们积极挖掘嵌入在社会环境中的管理问题，这可能导致管理学中丰富多样的概念、理论和范式。因此，中国学者的当务之急是必须关注非常独特的中国管理现象（Barney and Zhang，2009），包括什么、谁、何时、何地、如何以及为什么（Whetten，1989）。在这里，学者要识别已有理论没有解释的独特中国现象（Barney and Zhang，

2009）。本土视角要求学者们开发研究创业生态系统的新视角，以确保该模型是真正的中国模型。

中国在制度（如强有力的政府控制）、哲学（如儒家、道家）、文化（如集体主义、高权力距离价值观）和相关的管理实践（海归创业者）等方面与世界其他国家存在巨大的差异，这为识别与西方环境不同的独特现象提供了非常坚实的基础（Ahlstrom et al.，2015；Bruton et al.，2018）。因此，未来要鼓励本土研究，或许能够产生对创业生态系统理解的新观点（Bruton et al.，2018）。

第三节　基于机会—资源视角的创业生态系统综述

以上两节均侧重于从宏观视角对创业生态系统文献进行分析。为了打开创业生态系统创建和成长过程的"黑箱"，还需要从微观视角进行研究。从微观要素来看，创业围绕机会和资源展开，机会是创业过程的核心，资源为其提供保障（葛宝山等，2013）。而对于创业生态系统来说，其核心在于多样化的参与主体基于互补性资源高效协同，实现一系列关联性机会的共同开发（蔡莉等，2018）。因此，有必要基于机会—资源视角对创业生态系统运行的微观机制进行分析。基于此，本部分从机会—资源视角对已有创业生态系统研究进行系统梳理和深入分析，并基于现有研究局限提出未来的研究方向。

一　研究方法

首先，本部分选取 EBSCO、Google Scholar 两个英文数据库，以"entrepreneur ecosystem"为关键词，在商业及管理学领域 263 个 SSCI 期刊中不限时间进行搜索，其中限定关键词出现在全文位置。经过搜索，我们初步在 EBSCO 数据库中搜索出 150 篇英文文献，在 Google Scholar 数据库中搜索出 263 篇英文文献。

其次，由两位团队成员对初步搜索出的 263 篇文献进行背对背地筛选，删除非学术论文（报道）、特刊介绍、书评、非创业生态系统主题（如仅在文章中某句话、未来研究中或参考文献中提到创业生态系统）的文献，以及删除两个数据库重复的 17 篇文献，最终筛选出 76 篇文献。

最后，为了更加严谨地对文献进行整理和分析，由两位团队成员背对背地基于机会—资源视角对每篇文章进行梳理。对于不确定或有分歧的内容，由两位团队成员讨论并与创业领域专家讨论，最终达成一致。

二　基于机会—资源视角的创业生态系统研究回顾

（一）机会视角下的创业生态系统研究

机会视角下创业生态系统的研究可以分为单一主体研究和多主体研究两类。

1. 单一主体研究

本部分研究主要从机会开发与动态能力、机会开发与战略选择、机会开发与创业者认知三方面展开。首先，针对机会开发与动态能力的关系，如 Teece（2007）探究了创业生态系统内已有企业在机会感知（sensing）和机会抓取（seizing）两阶段所需动态能力的特征及微观基础（microfoundations）。其次，针对机会开发与战略选择的关系，如 Fisher 等（2017）研究创业生态系统内新企业不同类型机会开发所对应的战略选择，即新企业采用现有技术进入现有市场时，应采取一致型战略（conformance strategy）；采用新技术进入现有市场时，应采取选择型战略（selection strategy）；采用现有技术进入新市场时，应采取操纵型战略（manipulation strategy）；采用新技术进入新市场时，应采取创造型战略（creation strategy）。最后，针对机会开发与创业者认知的关系，如 Qiu 等（2017）研究平台型创业生态系统内创业者的两种对立逻辑——专业化逻辑（professional logic）和市场化逻辑（market logic）在其机会开发不同阶段发挥的作用及二者之间的协同效应，并进一步探索了创业生态系统内的创业压力、创业学习、创业者地位等因素对两种逻辑协同效应的影响。

2. 多主体研究

多主体研究主要集中于生态系统内多主体共同机会开发进而促进创业生态系统演化的过程研究。

一部分学者关注机会开发者与已有企业之间潜在利益冲突的协调，如 Ihrig 和 Macmillan（2017）以制药行业为例，探究制药企业如何为新机会开发方案获得生态系统内其他利益相关者认同，以提升企业机会开发成功率的问题。通过案例分析提出要对所有可能的机会开发方案进行评估，从中选择能够使所有关键利益相关者接受的方案；Ansari 等（2016）以美国电视业为例，对新企业 TiVo 在创新性技术机会开发中不断调节自身与多方利益相关者之间冲突以获得合法性的过程展开研究，表明在创新性技术机会开发前期，创业企业需要做出妥协以获得已有企业的资源支持，在被生态系统接纳后，其机会开发行为可以变得更有针对性；Sar-ma 和 Sun（2016）表明，创业企业还可以通过联合其他新主体的方式实现机会成功开发。具体来说，他们的研究对象是开发新商业模式——无工厂模式（fabless model）的创业企业，在无工厂模式实施之初，已有企业对采取新商业模式的创业企业表示排斥，因此创业企业与中国台湾地区、日本政府联合成立加工厂，从而实现商业模式的成功开发。随着无工厂模式企业效率的提升，以及无工厂模式企业数量的日益增加，之前排斥该商业模式的已有企业也逐步采取这一新商业模式，整个生态系统也随之做出了适应性改变。

另一部分学者主要关注机会驱动下创业生态系统的演化过程。如Garnsey 等（2008）以 Acorn 计算机公司及其子公司 ARM 为例，提出连续性新技术在新领域应用可以促进新技术物种（technological speciation）的产生，即新子生态系统的形成；Overholm（2015）探究了商业生态系统内机会在不同主体间来回传递的过程。他将商业生态系统定义为共同创造价值的主体所形成的网络，将其内部主体分为开拓型企业和跟随型企业，商业生态系统的开拓型企业从认知和实践两个层面向跟随型企业传递机会，这一过程促进了创业生态系统的形成和演化。

（二）资源视角下的创业生态系统研究

资源视角下创业生态系统的研究主要从生态系统层面和主体层面展开。

1. 生态系统层面

生态系统层面的研究可以分为生态系统内各类资源的综合研究和生态系统内某一类资源的研究。

关于生态系统内各类资源的综合研究，一部分学者探究生态系统的资源构成，如 Cohen（2006）提出一个可持续性的创业生态系统主要包括正式网络资源（家人、朋友、同事）、非正式网络资源（与政府、大学及企业之间的正式合作）、专业化服务（税收和立法支持、咨询）、资本服务（风险投资和天使投资）和人才池等资源；Berger 和 Kuckertz（2016）提出创业生态系统的微观要素包括市场资源、资金及管理技能等资源。

　　还有一部分学者对创业生态系统内资源的作用展开研究，如 Sohns 和 Diez（2017）以越南农村创业为例，探讨创业生态系统内资源对新企业创建的影响，认为创业生态系统所在区域的市场资源、政府所提供的支持性资源等会对新企业创建产生影响。Andrew（2011）研究了美国通用集团创新平台内创业者与通用集团以及其他创业者之间的资源相互依赖性，并认为资源的依赖性是通用集团构建该生态系统以及创业者加入生态系统的主要因素。Homa 和 Stuart（1995）认为在硅谷这一成熟的创业生态系统内资源会伴随企业"产生—死亡—产生"这一循环过程实现重新配置，从而促进新企业不断产生。

　　关于生态系统内某一类资源的研究，学者们主要对创业生态系统内资金、人才、网络等资源进行探究。首先，在资金方面，Kim 等（2012）探究了大学、政府及行业的研发费用对企业出生率和死亡率的影响，得出大学研发费用以及行业研发费用积极影响企业出生率及企业死亡率；政府研发费用积极影响企业出生率，消极影响企业死亡率等研究结论。Sampsa（2010）探究了风险资本在政府授权科研项目数对区域专利授权数及新企业诞生数影响关系中的调节作用，结果表明当区域创业生态系统内风险资本量上升时，政府向大学和科研机构授权的研究项目与区域专利授权数及新企业诞生数的正向关系更为显著。Motoyama 和 Knowlton（2016）研究了美国圣路易斯地区政府资助项目对生态系统发展的影响，认为公私联合政府资助的方式不仅能够为企业提供资金，还能够在创业者之间创造学习效应，促进创业企业与其他企业之间的互动以及创业者网络的整合与拓展，促进提供支持性服务企业之间的协调。

　　其次，在人才资源方面，Kenney 等（2013）以中国台湾、中国大陆和印度的通信技术行业生态系统为例，就海归人才对创业生态系统绩效的影响进行探索，结果表明海归人才在生态系统发展初期发挥的作用并不明显，而在本土创业者（indigenous entrepreneurs）和政策制定者奠定一定基础后，才对整个生态系统的发展起重要作用。

最后，在网络资源方面，学者们认为建立及增强创业生态系统内主体间的网络关系，是构建及促进创业生态系统发展的重要方面。Rosabeth 等（2012）提出促进区域创业生态系统发展需要强化核心主体之间的联系，如强化大企业与小企业之间的联系，促进小企业成长及大企业创新；建立教育机构与行业之间的联系，促进教育与就业机会（employment opportunities）之间的匹配。Yasuyuki 和 Karren（2017）认为构建创业生态系统不仅要为其注入"缺失要素"，更为重要的是要促进创业生态系统内创业者之间、支持性组织之间、创业者和支持性组织之间及支持性组织之间的紧密联系，从而促进创业生态系统的成长及演化。

2. 主体层面

主体层面的研究主要从创业生态系统内资源获得者和资源提供者两个视角展开。从资源获得者的视角看，学者们主要探究创业企业的资源获取以及创业企业的资源开发全过程。在资源获取研究方面，如 Hobdari 等（2017）认为中小型创业企业可以通过与创业生态系统内大型成熟跨国企业合作的方式获取资源，进而实现国际化。Benghozi 和 Salvador（2014）提出与创业生态系统外企业相比，创业生态系统内新企业处在人才、知识资源池中，可以通过合作关系获得所需的战略性资产和互补性资源。在资源开发过程研究方面，如 Habbershon（2006）探讨了以家族企业为核心所构建的创业生态系统内，核心企业如何通过与环境互动进行资源的开发。

从资源提供者的角度看，学者们围绕孵化器、风险投资机构等主体展开。如 Fernández 等（2015）等对创业生态系统内孵化器进行研究，认为孵化器能够为创业生态系统内创业者提供资金及业务支持，且可以在一定程度上对企业间关系的建立起到连接作用。Zhang 等（2016）对硅谷生态系统内不同类型风险投资机构的投资偏好展开研究，认为由于亚洲风投在本地较少的社会关系及其较低的社会地位，亚洲风投比本土风投更愿意投资亚洲移民创业者。

（三）机会—资源一体化视角下的创业生态系统研究

少部分学者将机会和资源结合起来从生态系统层面以及创业企业层面对创业生态系统内机会与资源的互动关系展开研究。

1. 生态系统层面

在生态系统层面，学者们通过理论研究对创业生态系统内资源与机会的交互过程展开了深入的阐述。如 Auerswald 和 Dani（2017）通过与生物生态系统类比，将创业生态系统的演化分为开发（exploitation）、保持（conservation）、释放（release）和重组（reorganize）4 个阶段，认为在开发阶段，生态系统充斥着定义新机会窗口的商业活动，且最先拥有新释放能量和资源的开拓者最早投入创业行动。经过长期的资源积累和转化，系统成熟后进入保持阶段，企业间的联合会建立新的系统层面标准，从而促进更专业化的创新活动，生态系统结构更为密集，不同规模经济活动之间的联系更多，但网络密集度和嵌入性的提升会使生态系统更易受到干扰，如一旦制度变革，便可以解开结构内的许多网络从而向环境释放充足的能量及资源，创业者将会在这种干扰下寻找新机会，并开始建立新生态系统。Zahra 和 Nambisan（2012）认为生态系统中已有企业和新企业起着互补的作用，各自开发生态系统内特定的市场空间，这一过程可以促进主体间的共同专业化，也丰富了生态系统内创业活动的多样性。随着各类创业活动的进行，已有企业与新企业之间资源的交互决定了生态系统演化的速度，维持生态系统的活力进而为其成员提供大量机会。

2. 创业企业层面

在创业企业层面，一部分学者围绕创业生态系统内创业企业为实现机会开发所进行的资源获取、资源整合及资源利用过程展开研究。如 Letaifa（2016）研究社会创业者在某一社会需求驱动下，整合其他主体资源共创价值，进而构建和维持社会创业生态系统的过程。Najmaei（2016）研究澳大利亚云计算生态系统内创业企业新商业模式的开发过程，表明创业企业在确定商业模式构想之后，通过尝试多种方式整合管理、市场、技术三方面资源将商业模式构想转化为组织流程和惯例，并通过资源编排实现价值传递和创造，进而实现商业模式的成功开发。

此外，还有一部分学者探究创业生态系统内创业企业与其他主体间资源的交互对新机会产生的影响。如 Abdelgawad 等（2013）提出核心企业通过与生态系统内已有成员合作或积极寻找新生态成员可以促进生态系统的转型，如 PandG 通过发起"连接与开发"项目，与生态系统内1000 多个成员达成协议，共同进行新市场及新技术开发，这一过程促进了 PandG 的新机会识别。

三　研究展望

目前创业生态系统的研究大多基于机会或资源单一视角，仅有极少部分学者从机会—资源一体化这一整合视角对创业生态系统创建及成长机理深入探讨。

创业生态系统以创业者为核心（Stam，2015），由相互依赖的多主体构成（Cohen，2016；Vogel，2013；Auerswald and Dani，2017），创业生态系统内多主体间通过机会集相互连接。在机会集的牵引下，创业生态系统内多主体间通过互补性资源的高效配置促进价值的共同创造。因此，针对创业生态系统，未来应该从机会集视角进行机会—资源一体化研究。具体地，首先，未来可以探究机会集的创建及拓展机制。其次，针对影响因素，可以研究创业情境和创业生态系统内各类主体对机会集创建和拓展的作用及不同主体间的作用关系（如开拓型和跟随型企业之间）。再次，针对作用机制，未来一方面可以探究机会集创建、拓展与机会—资源一体化之间的作用关系，另一方面可以探究机会集的创建与拓展对创业生态系统形成及成长的影响机制。最后，针对系统评价，未来可以从投入与产出的角度对创业生态系统功能进行评价研究。

第 二 章

创业生态系统的内涵、
构成与评价[*]

前文对创业生态系统相关文献进行了回顾，本部分主要从创业生态系统的内涵、构成与评价体系三个方面进行研究，以明晰创业生态系统的本质。首先，基于前文对于文献的梳理，本部分对创业生态系统的内涵进行界定，在此基础上，对创业生态系统的构成进行分析，并且特别阐述创业生态系统与其重要组成部分大学、金融机构间的关系。其次，基于对代表性区域创业生态系统特性的分析，选取部分特性进行评价指标体系设计，并以此评价指标体系对中关村国家自主创新示范区（下文简称中关村）生态系统形成进行评价。

第一节　创业生态系统的内涵与构成

一　创业生态系统的内涵

如前文对于相关研究的梳理所示，创业生态系统的概念是从生物学中生态系统的概念逐步演化而来，生态系统是有机体群落系统及其所处环境系统的共生体系。因此，本部分认为创业生态系统是由多种创业参与主体（包括创业企业及相关企业和机构）及其所处的创业环境所构成的有机整体，彼此间进行着复杂的交互作用，致力于提高整体创业活动水平（创业数量和创业成功率）。

二　创业生态系统的构成

基于创业生态系统构成的相关研究，本部分认为创业生态系统同时

＊　本章部分内容已发表于《吉林大学社会科学学报》2016 年第 1 期、《中国科技论坛》2018 年第 6 期。

涵盖创业参与主体和创业环境，其中创业参与主体包括直接参与主体和间接参与主体，直接参与主体是创业企业（含新创企业和进行创业的成熟企业）（Vogel，2013；Mason and Brown，2014），而间接参与主体包括提供技术和人才等支撑的大型企业、政府、大学、研究机构、金融机构（银行和风险投资机构等）、中介机构（会计和律师事务所等）（Cohen，2006；Suresh and Ramraj，2012）；创业环境包括自然环境（地理位置和景观等）、文化（集体精神和社会规范等）、市场（客户和社会网络等）、制度（政策法规等）、其他支持要素（基础设施和专业服务等）（Isenberg，2010，2011；Vogel，2013），如图 2.1 所示。

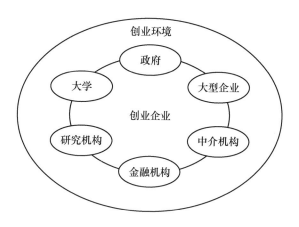

图 2.1　创业生态系统的构成

三　创业生态系统与大学的关系

在经济全球化背景下，创新创业成为提升各国国际竞争力的重要引擎，而美国硅谷这一创业生态系统的成功使全球各界更加关注创业生态系统在推动经济发展上的潜力并开始致力于构建创业生态系统，因而全球各地类似于硅谷的创业园区纷纷涌现，例如印度班加罗尔国际科技园、英国剑桥科技园、中国台湾新竹科技园区、中国中关村等。在中国，自国务院提出"双创"以来，相关政策密集出台。截至 2019 年年底，全国创业孵化机构总数已达到 13206 家，其中众创空间 8000 家、科技企业孵化器 5206 家；中国 169 家国家高新区 GDP 已达到国内生产总值的 12.3%，聚集了 8.1 万家高新技术企业，占全国高新技术企业的 35.9%。

从硅谷、硅溪等创业生态系统的实践来看，大学已成为创业生态系统重要组成部分。例如，硅谷的成功缘起斯坦福，斯坦福教授们的私人风险投资成就了惠普、英特尔、谷歌、雅虎等全球伟大的科技企业，并且斯坦福大学为硅谷提供了人才、智力和技术等诸多方面的强大支持，也孕育了硅谷鼎盛的学术研究、学术探索风气，这是硅谷成功的重要因素之一（薛虎圣，2015）；而以色列规模最大的特拉维夫大学以及被称为"以色列的麻省理工学院"的以色列理工学院为硅溪培养的创新创业人才是其良好创业生态环境形成所不可或缺的要素。

同样的，中国的中关村与深圳国家自主创新示范区的发展也脱离不了大学的重要作用。中国首个国家级自主创新示范区中关村内企业和高校密切合作，创新能力持续提升。例如 2017 年，百度"松果计划"联合北京大学开展了"基于深度学习的程序代码错误预测方法研究"项目的专项研究合作，双方发挥各自的优势（百度的数据优势与北京大学的科研能力），实现的技术产出成果也被整合进百度现有的工具链"百度效率云"中，供百度的开发人员使用；2017 年，中关村海淀园与清华大学发起设立了 5 只投资基金，总基金规模达 5.5 亿元，共投资 13 家企业、41 个项目。与此同时，相关政策陆续出台以鼓励企业和高校之间的合作，2011 年国务院批准中关村实行"1 + 6"政策；2013 年中关村新四条政策正式出台；2017 年，中关村管委会出台"1 + 4"政策，推动创新创业平台构建。

深圳国家自主创新示范区作为党的十八大后第一个以城市为基本单位的国家自主创新示范区，也关注大学在构建创业生态系统过程中的关键作用。自"十二五"规划以来，深圳市把发展高等教育作为极其紧迫的重大战略任务，先后设立香港中文大学深圳校区、深圳北理莫斯科大学等院所，并与清华大学、北京大学、中国人民大学等国内名校签署合作文件，共建深圳校区。2016 年深圳市出台的《关于加快高等教育发展的若干意见》指出争取到 2025 年，市内高校数达到 20 所左右，全日制在校生约 20 万人的目标，进而为整个城市的创新发展提供持续的动力。与此同时，《关于促进科技创新的若干措施》《关于支持企业提升竞争力的若干措施》等相关政策也陆续出台以鼓励企业和高校合作，进而促进企业创新能力提升。由此看来，随着中国掀起"大众创业、万众创新"热潮，国内大学作为人才摇篮和科技高地，在创新创业文化建设、创新创业平台搭建以及创新创业人才培养方面发挥着至关重要的作用。从研究型大学向创业型大学转变成为新经济时代的必然趋势。

随着全球研究型大学（例如，美国麻省理工学院、英国华威大学、以色列理工学院）纷纷向创业型大学转型，学者们对于创业型大学的研究逐渐深化。有学者对创业型大学进行了定义，指出其是大学从传统的教育提供者和科学知识创造者的角色转变为更复杂的"创业"大学模式，包含将知识商业化和对地方与区域经济中私营企业发展做出积极贡献的角色（Etzkowitz et al.，2000；Wong et al.，2007），而创业型大学的特征包括强有力的驾驭核心（A strengthened steering core）、拓宽的发展边界（The expanded developmental periphery）、多元化的经费来源（The diversified funding base）、激活的学术中心地带（The stimulated academic heartland）、整合的创业文化（The integrated entrepreneurial culture）。其中强有力的驾驭核心指随着大学复杂性的增强和改革步伐的加快，迫切需要更为有效的管理能力，对于创业型大学来说，高效率的行政领导力和控制力不可或缺；拓宽的发展边界指在大学周围建立许多更复杂的运行单位，这些单位使大学与外部利益主体相结合，如建立技术转移办公室、大学科技园等；多元化的经费来源指大学财政来源多样，主要可以划分为两个渠道，一是来自政府对大学的拨款，二是除政府外所有其他来源的资金，包括从企业、知识财产的版税收入以及通过合同筹措的经费等，创业型大学应该不断拓宽第二种资金来源渠道；激活的学术中心地带指在"创业精神"的刺激下，传统学科要改变价值观，采取有效策略，加强合作意识，以满足市场需求；整合的创业文化指创业型大学应该开发一种追求创新的文化，使得管理人员和师生普遍存在创业精神（Clark，2004；Wong et al.，2007）。

从上述实践及相关文献来看，创业生态系统在大学的转型过程中起到了助力作用，而大学的转型为创业生态系统的构建与发展带来促进作用。创业生态系统内各类主体与大学密切合作，各主体在智慧校园建设、大数据库建设、人才培养等方面为大学提供支持，大学也能为创业生态系统输送更多优质的人才。此外，相关政策的出台促进了高校科研成果在示范区内转化，在为大学提供良好对接渠道的同时，也能提升创业生态系统的创新发展能力。

因此，本章认为大学与创业生态系统存在相互作用关系。

其一，大学对创业生态系统发挥重要作用，包括有形支持与无形支持两个方面。其中，有形支持包括资源、机会、原始创新能力的支持。在人才资源上，人才培养是大学最基本也是最重要的职责（Etzkowitz，2004），创业生态系统内的主体能够利用与大学地理邻近性的优势，通过雇用毕业生、科研导师等方式优先、快速获取人力资源，从而引致高校知识向企业的流动和转移。在这种意义上，大学的人才作为知识的载体，其流动有助于为大学与企业带来更多的技术转移、信息及资源共享（吴丹丹，2016）。

在机会上，一方面，大学与企业间的项目合作能够促进生态系统内发现型机会的产生。由于大学允许企业访问其巨大的人才和技术池，在企业的外部合作者中提供了高承诺（high promise），因此能使企业获得不同的知识并节约研发成本（Perkmann and Salter，2012），在这个意义上，企业可以根据市场需求，借助大学的研发能力完成对技术的开发，从而将技术开发所带来的机会应用到市场（Spigel，2015）。另一方面，大学与企业间的项目合作能够促进创业生态系统内创造型机会的产生。由于大学具有高度专业化的研究团队，能够从与供应商、投资机构等主体互动的不同视角提供对问题的新见解（Perkmann and Salter，2012），因此，通过项目合作，大学和企业不断进行认知互动及异质性知识的共享，促进初始创意的产生，此外，企业通过与系统内的投资者、客户、创业导师、供应商等合作伙伴互动，对创意进行质询、反馈、修改，促进了企业对创意的客观化和实施（Dimov，2007），进而实现对机会的创造。

在原始创新能力（指在对科学知识积累的基础上，对基础研究领域范式的重建和应用能力，包括基本理论概念和发展）上，根据资源基础观，知识是企业最有价值的战略性资源，是提升企业核心能力的重要因素（范钧等，2014），企业能够通过与大学的研发合作和密切互动，获取开展创新实践的显性知识和隐性知识，从而提升原始创新能力。

无形支持包括文化、网络、认知的支持。在文化上，大学的出现对于系统文化的形成具有重要的引领作用。大学作为创业生态系统的参与主体或良好的社区成员（good community player）深深嵌入当地经济中，塑造并支持当地网络和知识流动，这些网络和知识流动成为区域创业文化（如鼓励创新、尊重创业）坚实的基础（Bramwell and Wolfe，2008），同时，这一文化能够通过企业与创业生态系统内的其他主体（如新企业、投资机构、中介机构）的互动得以进一步扩散，并逐渐被规范化和合法化，进而加强和重塑创业生态系统文化（Spigel，2015）。

在网络上，由于大学的知识溢出具有明显的地理邻近性特征，尤其是隐性知识的扩散必须通过互动和沟通才能被有效接收（Adams and Jaffe，1996）。因此，这鼓励了企业为获取知识而与大学进行信息和知识的互动，增加了两者之间关系网络的邻近性。同时，企业与大学所形成的网络关系作为企业的信誉保障（Bowen and De Clercq，2008），促进了企业与中介机构和投资机构等其他主体的网络关系形成，这些围绕企业的支持性网络的建立强化了创业者、导师和投资者等主体之间的交流，从而加强了生态系统内网络的紧密程度（Spigel，2015）。

在认知上，大学开展有效的创业教育，如创业培训、创业讲座等，能够增加系统内主体的创业知识，改变其原有的认知观念，增强潜在创业者的创业动机以及对市场进入可取性和成功可能性的感知，使其相信不仅"可以"进入，而且"应该"利用创业机会，进而增强系统内创建新企业的可能性（Stenholm et al.，2013）。同时，创业生态系统内的创业者还被配备创业导师，这些经验丰富的导师可以为创业者提供多年积累的经验信息，引导他们关注重要的市场、技术以及政策的变化趋势，并为创业者提供解释复杂信息的认知框架，使创业者对新企业机会更为敏感。

其二，创业生态系统对大学也存在重要作用，可以从创业生态系统特性的角度进行剖析。

从创业生态系统的共生性来说，一方面，创业生态系统的共生性能够积极影响大学的科技创新。创业生态系统内形成的密集网络能够促进互补性资源的交互和信息的传递（Thomas and Autio，2014），使大学能够快速、准确地了解创业生态系统内各类主体的实践需求，从而指导其自身的创新方向，开展基于实践的应用创新。另一方面，创业生态系统的共生性也能够促进大学结合现实需求和未来发展趋势进行合理的学科设置。在创业生态系统中的大学能够通过与企业、投资机构和政府等其他主体的互动，进而获得对学科建设的不同见解，降低学科建设中的不确定性，从而更好地预测学科未来发展趋势，实现合理的学科设置。

从创业生态系统的多样性来说，创业生态系统的多样性能够助推大学的人才培养。多样性意味着创业生态系统中的不同主体对资源、技术和知识需求的多样化（蔡莉等，2016）。因此，创业生态系统中多种主体对不同知识的需求为大学中不同学科的学生提供了实践机会和就业机会，大学可以利用其与创业生态系统内多种主体的关系，将学生输送到与其专业相关的企业进行实习和就业，让学生能够在实践中提升操作能力，进而促进对实践型人才的培养。

从创业生态系统的区域性来说，政府创新创业政策对于大学的科技创新具有重要作用。政府能够通过对创新创业的扶持性政策，如给予大学生和教师创业资金补贴，激发他们积极参加创业活动的动机，从而为其自身科研成果的商业化付出努力；政府补贴降低了高校技术创新成本和创新失败风险，进而促进大学对自主创新的资金和研发人力资源的投入。

四　创业生态系统与金融机构的关系

随着全球产业结构的变革，我们正生活在一个由重大发明和创新推动的创业时代。科技成果的产生、转化和产业化离不开服务于科技创新的金融体系的支持（赵昌文等，2009），关于科技创新与金融支持结合的相关问题也逐渐引起了学者和企业家的广泛关注。1992 年，中国科技金融促进会正式成立，作为中国科技金融领域唯一的国家级社会团体，致力于建设有利于中国科技成果转化的金融环境，从而促进中国科技与金融的深度结合。之后，《国家"十二五"科学和技术发展规划》对科技金融做出了如下定义：科技金融是指通过创新财政科技投入方式，引导和促进银行业、证券业、保险业金融机构及创业投资等各类资本，创新金融产品，改进服务模式，搭建服务平台，实现科技创新链条与金融资本链条的有机结合，为初创期到成熟期各发展阶段的科技企业提供融资支持和金融服务的一系列政策和制度的系统安排。《"十三五"国家科技创新规划》更是将"形成各类金融工具协同耦合的科技金融生态"作为推动"大众创业、万众创新"的重要措施。总的来说，从结构视角讲，科技金融具体包括创业风险投资、科技贷款、科技资本市场、科技保险、科技金融环境等。

据中国人民银行 2020 年各城市运行报告显示，截至 2019 年年末，北京市共有含银行业、证券期货业、保险业等在内的金融机构 4661 个，境内上市公司 334 家；同样作为中国典型创新创业区域的上海市的金融机构数为 4399 个，境内上市公司 308 家；深圳市则拥有 2102 个金融机构，其境内上市公司也相对少于其他两个城市，仅有 299 家（如图 2.2 所示）。通过区域内金融机构数与境内上市公司数的对比可以发现，区域内金融机构越多，该区域的上市公司数量也会越多，区域内金融机构发展与上市公司发展之间可能存在一定的正相关关系。

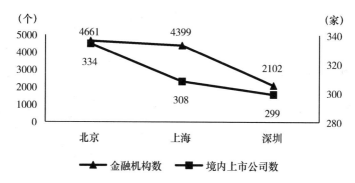

图 2.2　2019 年北京、上海、深圳三市金融机构与境内上市公司总量对比

资料来源：根据中国人民银行官网提供的北京、上海、深圳的金融运行报告整理。

创业加速器和风险投资基金网络公司 SparkLabs Group 公布的 2019 年全球十大创业中心（startup hub）排名中，硅谷稳居第一，北京第二，斯德哥尔摩第三，上海第六。硅谷对全球新创企业的吸引力有目共睹，这离不开其自身完善的风险投资机制和纳斯达克资本市场（赵昌文等，2009）。与之类似，排名第二的北京是中国的科技、商业、政治和文化中心，在金融政策支持和倾斜方面具有天然的优势。而排名第三的斯德哥尔摩作为北欧国家的金融中心，其在金融方面的优势也不容小觑。此外，深圳作为世界上唯一一个集世界一流的金融服务、制造、供应链和物流城市于一体的枢纽——亚洲新硅谷（大湾区）的心脏，也被评为未来极具潜力的创业中心之一。上述例子无一不反映出金融与区域创新创业能力之间的密切关联，也印证了金融机构在创业生态系统中的重要作用。

上述分析表明，随着全球创业生态系统的成熟以及金融市场的不断完善，金融机构在创业生态系统中发挥着越来越重要的作用。从要素来看，金融是现代经济的核心，创业生态系统、产业集群及科技创新的发展离不开金融的支持，良好的金融环境和发达的金融市场是实现创业生态系统蓬勃发展、大幅度提高科技创新能力的基础和保障，为创业生态系统提供了资源和新鲜的"血液"（颜永才，2015）。从主体来看，金融机构是创业生态系统的重要参与者之一，为创业企业注入必要的资金和资源。金融机构的参与降低了创新创业活动的门槛，促进风险转移并帮助组织应对日益复杂的法规、产品和市场（Scholtens，2017）。金融机构的参与也会带动整个金融行业的发展，促进金融市场规模的扩大，为各类企业在种子期、成长期、成熟期等不同发展阶段提供支持，是创业生态系统成功的基石（蔡莉等，2016）。

本部分将从创业生态系统的两个经典研究视角——共生关系和机会集，来对金融机构与创业生态系统的复杂关系展开分析。

从共生关系视角来看，创业生态系统与金融机构之间存在着相互协调、共创共赢的共生关系。一方面，金融机构在促进创业生态系统成熟与发展的过程中起到提供互补性资源等的重要作用；另一方面，创业生态系统在其发展过程中反馈给金融机构人脉及支持政策等，也促进金融机构的成长。

首先，金融机构对创业生态系统的作用主要体现在以下几个方面。

其一，金融机构是创业生态系统内共生关系的重要构建者，为系统内其他共生主体提供必要的互补性资源。共生关系是构成创业生态系统的核心要素，这要求系统内共生主体间具有互惠性、相互依存性和互补性等特征。金融机构拥有的异质性资源为共生关系的建立提供支撑。金融机构作为创业生态系统的参与者，与系统内各类创新主体（如企业、中介机构、政府、科研院所等）存在着极大的资源互补性，能够为其他共生主体带来更为丰富的资源，同时金融机构也可以利用其他主体的互补性资源，这有利于创造更具竞争力的资源组合和问题解决方案（卢珊等，2021）。具体的资源包括：

（1）资金。金融机构最直接的影响作用就是为创业生态系统内的其他共生主体提供资金支持，从而降低其他共生主体的融资约束（蔡莉等，2007；Benfratello et al.，2008）。这种资金支持可以通过金融机构筹集社会闲散资金（Brown et al.，2009）等功能加以实现。《中国科技金融生态年度观察（2017）》数据显示，截至2016年年底，全国4298家众创空间中有808家获得了社会资本的投资，仅北京市2016全年就累计获得了55亿元的创业投资。

（2）人才。除最直接的资金支持外，金融机构还可以通过促进科技人才开发（孙健、丁雪萌，2019）和为其他共生主体提供人员培训（高月姣，2017）等来为创业生态系统提供人才资源。这些人才资源能够吸收知识，从而为区域带来文化多样性，同时还能够为区域创新带来新知识，提供知识储备（张梁等，2021）。

（3）关系与人脉。金融机构还可以通过自己的关系网络为创业生态系统内的其他主体提供其需要的关系和人脉。一方面，金融机构可以帮助其他主体联系到更多知名创投机构、职业经理人、政府和其他公司的关键联系人以及其他具有适当技能和关系的人才等；另一方面，金融机构还能够帮助其合作者寻找并拓宽海外市场（戴亦舒等，2018；Ahlstrom et al.，2007），例如北京银行与包括中信建投、中科招商等200余家创投机构合作建立的客户互荐机制。

其二，金融机构的参与有助于实现多主体之间的价值共创，强化系统内的共生关系，从而维持创业生态系统的稳定和成长。具有互补性资源的金融机构的参与，以及其与其他主体的互动能使彼此间通过降低交易成本（Bouchard and Dion，2009）、节约信息传递成本（何剑等，2021）、共同开发新产品或服务、改善客户服务等方式来共同创造价值（Etemad et al.，2001），从而提升生态系统的整体价值与社会效益（Adner，2017；Bhawe and Zahra，2019）。如深圳商弈投资管理有限公司搭建弈投孵化器，通过"投资＋孵化"的形式向创业者提供专业孵化服务和平台资源对接，从而降低企业成本，促进企业价值创造。

其三，金融机构的参与有助于完善创业生态系统内共生关系的治理机制。首先，金融机构的参与帮助共生主体完善自身的组织结构和公司治理。例如，来自投资者及金融机构的压力使得创新主体以及其他共生主体要想谋求外部资金持续顺畅的支持，必须迎合金融机构及其他债权人的需求，设法完善组织结构并披露更多公司社会责任信息，以展示良好的公司形象与社会声誉，维持自身合法性（王倩倩，2013）。另外，金融机构还会抑制企业管理层的懒惰性，并为企业管理层提供担保（Aghion et al.，2013）。其次，金融机构的参与进一步推动了共生主体间的信任及共享逻辑的建立。金融机构通过尽职调查、提供管理人员协助、监控投资、分散共生主体的投资风险等方式（吴勇民等，2014；Acemoglu and Zilibotti，1997），有效降低了生态系统内各类主体间的信息不对称和资金使用风险（Comin and Nanda，2019），减少了资本市场中的逆向选择和道德风险等问题（Amit et al.，1998；Ahlstrom et al.，2007），并促进了系统内部价值观和文化的培养，如深圳交易所的强制退市、新三板分层管理等制度对于科技型初创企业公司治理提出了较高要求。

其四，金融机构的参与能够提高创业生态系统内共生主体的资源配置效率。金融机构与其他主体互动，参与企业的实际运营和管理（Ahlstrom et al.，2007），对企业生产经营活动进行监督和调查等（Comin and Nanda，2019），能够为共生主体提供更为合理的资产配置建议（Acemoglu and Zilibotti，1997）和丰富的经营管理经验（Ahlstrom et al.，2007），改善其他共生主体的融资结构和资产结构，从而有效地提升各主体内部和创业生态系统内的资源配置效率。

其五，金融机构的参与有助于培育适合企业成长的创新创业环境。一方面，金融机构通过收集、传播、存储和解译金融市场相关信息，使得企业的外部融资环境更为透明（何剑等，2021）。另一方面，金融机构与其他主体的结合将持续释放商业潜能，推动创业生态系统对外开放（郑万腾等，2021）。同时，创业生态系统内金融业的发展和金融机构的参与有助于促进系统的经济发展（何小三，2013），撼动传统银行业的霸主地位以优化市场环境（郑万腾等，2021），改善居民消费情况（徐子尧等，2020；何宗樾、宋旭光，2020）、带来新业态新模式以激发创新主体的创新意识和创新意愿，从而培育系统整体的创新文化（谢雪燕、朱晓阳，2021）。据《中国科技金融生态年度观察（2017）》报告显示，截至2016年年底，全国共有4298家众创空间，其中有400家是投资机构直接建立的，这4298家众创空间当年服务创业团队和初创企业近40万家，全年累计举办创新创业活动10.9万次，开展创业教育培训7.8万场，对塑造创新创业生态环境做出较大的贡献。

作为创业生态系统的重要参与主体，金融机构也将从创业生态系统的发展中获利，创业生态系统对金融机构的作用主要通过其属性予以体现。

其一，创业生态系统的共生性。共生性意味着金融机构作为创业生态系统的参与主体之一与其他主体相互依存并进行资源等的交互作用（Bøllingtoft and Ulhøi，2005）。金融机构为其他主体提供资金支持，而其他主体的发展也将带给金融机构高收益的回报（宋姗姗，2018），这种高额的投资回报还将进一步带来金融资产总量的增长和金融产业规模的扩张（吴勇民等，2014）。

其二，创业生态系统的多样性。创业生态系统本身拥有多种不同的参与主体，与这些参与主体的互动将为金融机构带来丰富且异质的资源，如为金融机构提供关系与人脉资源（Ahlstrom et al.，2007）以及促进实现互联网金融与数字金融等新型金融服务模式的技术支持（佟金萍等，2016）等。此外，多样化的主体使得金融机构能够结合不同主体提供的资源形成不同的资源组合，如创业生态系统内高新技术产业发展带来的不断创新的技术手段与金融手段的结合就能够提高金融部门交易的效率和准确性，加快金融资源的配置速度和金融产业的运作速度，从而有助于提高创业生态系统内金融产业的规模（吴勇民等，2014）。

其三，创业生态系统的区域性。一方面，创业生态系统的区域性带来的区域创新集聚将会引发区域对金融结构优化的需求，从而导致创业生态系统内部金融结构的升级并进一步丰富金融结构的构成（张世晓、王国华，2009），这种创新的集聚也将带来金融发展的深化并促进系统内部金融市场的创新（Schinckus，2008）。此外，这种区域性还将通过财富效应吸引更多的金融机构进入该生态系统，从而实现系统内金融规模的扩张和金融市场的成熟（Isenberg，2014）。另一方面，区域性带来的良好稳定的创新创业环境、诚信互利的创业文化、政府的政策支持以及系统内基础设施的建设等，都有利于创业生态系统内部金融文化的培养和金融产业的发展。例如，2017年京津冀等8个全面创新改革试验区和苏州工业园区试点对创业投资企业和天使投资个人给予所得税优惠激励，以引导更多金融机构与个人对初创企业进行长期投资；科技部与银监会及中国人民银行联合出台《关于支持银行业金融机构加大创新力度开展

科创企业投贷联动试点的指导意见》，允许包括国家开发银行在内的 10
家银行在中关村、武汉东湖等 5 个国家自主创新示范区内开展投贷联动
试点，以有效增加科创企业金融供给总量和优化金融供给结构，进而推
动金融机构业务创新。

其四，创业生态系统的竞争性和自我维持性。这种竞争性和自我维
持性使得创业生态系统在促进核心企业自身发展的同时，也会增强金融
机构等其他参与者适应行业无序竞争和外部环境不确定性的能力（卢珊
等，2021），从而促进金融机构的稳定与可持续发展。此外，创业生态系
统的成功也会为系统内部的金融机构积累经验，有助于金融机构业务和
金融市场的拓展。

从机会集视角来看，金融机构主要从支持创新主体的共同机会开发
和促进机会集的拓展和强化两个方面对创业生态系统产生作用，创业生
态系统的发展也会反过来为金融机构带来机会。

首先，金融机构的参与极大地促进了其他主体的机会开发过程，推
动对创业生态系统内机会集合的利用。一方面，金融机构提供信息和其
他大量的互补性资源，能够帮助其他主体更好地利用相应的机会（Vara-
darajan and Rajaratnam，1986；Agostini and Nosella，2017）。另一方面，
金融机构的审查筛选功能能够帮助其他主体筛选出系统内有潜力且运行
良好的项目（Amit et al.，1998）。同时，现代金融业的科技属性不断增
加（朱昱州，2020），金融机构还能够通过为研发活动融资、提高资金配
置效率（Comin and Nanda，2019）、改善系统运行效率（Chou and Chin，
2009）、促进成熟技术的推广（张世晓、王国华，2009）等方式推动技术
创新，从而帮助创业生态系统的参与者更好地利用机会。

其次，金融机构的参与将会进一步拓展创业生态系统内的机会集。
金融机构的参与将会为创业生态系统带来更为丰富和多样的信息与资源，
从而扩充系统的"信息/资源池"，不同主体间基于"信息/资源池"进行
互动能够激发创造性想法的产生，从而发现或创造大量的潜在机会，实
现对机会集的拓展（蔡莉等，2018；Gatignon and Capron，2020）。例如，
金融机构与创业生态系统内其他主体互动，可能创造出新的金融产品
（Chou and Chin，2009）。金融机构与创新型主体的互动可能带来新业态、
新模式，激发创新型主体的创新意识和创新意愿（谢雪燕、朱晓阳，

2021）。这种互动激发了创造性想法的产生，为实现新机会创造带来潜能（Khanagha et al.，2020），从而不断改变原有机会集，实现机会集的迭代，如大量活跃的金融机构的涌入在中关村催生了"车库咖啡""创新工场"等多种新型创业服务模式。

同样的，创业生态系统也会为金融机构带来新的机会。一方面，高新技术产业的发展以及高新技术产品的扩散与应用会带来新兴产业的建立，从而为金融机构创造更大的需求空间（吴勇民等，2014），而企业、高校、科研院所等创新生产单元的创新活动与产出也会为金融机构提供新的业务（林婷婷，2012），从而催生出创新的金融产品。如中国建设银行、交通银行等银行结合科创企业的轻资产、高成长、高风险等特点研发出适合科技型中小企业的知识产权质押贷款、股权质押贷款等产品。另一方面，当金融机构与其他共生主体合作，这些主体将基于其关系网络为金融机构提供更多的合作机会（Ahlstrom et al.，2007）。

第二节 不同区域创业生态系统的特性分析

根据前文对创业生态系统的特性及其子维度的梳理，本部分选取不同的代表性区域的创业生态系统并对其特性进行对比分析，以进一步验证前文所提出的特性及其子维度。

一 案例选择

在案例的选择上，鉴于 2017 年 12 月，创业加速器和风险投资基金网络公司 SparkLabs Group 公布了 2017 年全球十大创业生态系统的排名，其中硅谷（美国）稳居第一，北京（中国）从 2016 年的第八名上升至第二名，特拉维夫（以色列）也位居第二，与北京并列，最终本部分选取了硅谷、中关村（代替北京）、特拉维夫这三个具有代表性的区域创业生态系统。硅谷、中关村、特拉维夫到底是什么呢？它们有着一组人，如硅谷的拉里·埃里森、蒂姆·库克、拉里·佩奇、比尔·盖茨等，中关村的柳传志、李彦宏、雷军、刘强东等，特拉维夫的约西·瓦尔迪等；有着一群知名企业，如硅谷的甲骨文、苹果、英特尔、微软等，中关村的联想、百度、小米、京东等，特拉维夫的英特尔（以色列）、苹果（以色

列）、谷歌（以色列）、Amdocs；同时，有着一群新创企业，如硅谷的
Pinterest（图片分享）、Zenefits（云处理工具）、Slack（商务沟通）等，
中关村的美团网、滴滴打车等，特拉维夫的 YOWZA（3D 搜索）、Iron-
Source（数字分发）、NURO（信息安全）。硅谷、中关村、特拉维夫如何
实现持续发展并在众多创业生态系统中脱颖而出，它们的特性具体是什
么，又是否存在区别？下面将对此进行分析。

基于前文通过文献梳理得出的创业生态系统特性，即多样性、共生
性、竞争性、自我维持性、区域性，考虑到数据的可获得性与分析过程
的可操作性，本部分仅从多样性、竞争性、自我维持性和区域性四个特
性对三个不同区域的创业生态系统进行分析。

二 对比分析

（一）多样性

从多样性来说，在主体类型及数量上，公开数据显示，2015 年年底，
中关村共聚集了 24000 家新创企业、672 家投资机构、239 家大学及科研
机构、25 家独角兽企业、800 余家创业服务机构；2017 年年底，特拉维
夫共聚集了 2500 家新创企业、163 家投资机构（2016 年）、88 家大学及
科研机构、3 家独角兽企业、126 家创业服务机构；由于硅谷的相关数据
较难获取，仅就新创企业数量与之进行对比，硅谷在 2015 年的新创企业
数为 10 万家，远远超过中关村与特拉维夫的新创企业规模。

因此，在主体类型方面，中关村和特拉维夫目前均实现了各类创业
主体的聚集；在主体绝对数量方面，硅谷水平最高（由新创企业数对比
得出），中关村第二，特拉维夫第三（特拉维夫 2017 年各类主体的数量
低于中关村 2015 年的水平）。

（二）竞争性

从竞争性来说，具体可以从四个方面的对比数据来进行分析。第一，
在生态位重叠—主体密度横向对比上，公开数据显示，2015 年年底，中
关村的新创企业密度约为 49 家/平方千米，独角兽企业密度为 5.12 家/百
平方千米，科技人员数占从业人员总数的比例约为 26.2%，平均每家投
资机构服务企业数约为 25 家，平均每家创业服务机构服务企业数约为
21 家；2017 年年底，特拉维夫的新创企业密度约为 48 家/平方千米，

独角兽企业密度为 5.8 家/百平方千米，科技人员数占总人口的比例约为 15%，平均每家投资机构服务的新创企业数约为 15 家，平均每家创业服务机构服务的新创企业数约为 20 家；2015 年年底，硅谷的新创企业密度约为 21 家/平方千米，远低于中关村和特拉维夫（硅谷 4802 平方千米，中关村 488.26 平方千米，特拉维夫 51.76 平方千米）。

因此，在主体密度方面，硅谷的密度最低（由新创企业密度对比得出），中关村与特拉维夫的各类主体密度相差不大，如图 2.3 所示，由此得出硅谷主体间竞争程度较低，中关村和特拉维夫主体间竞争程度较高且程度相近。

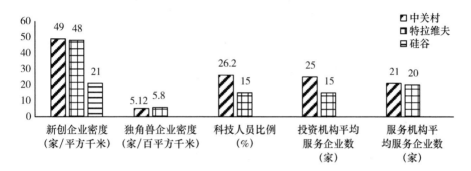

图 2.3 中关村（2015）、特拉维夫（2017）、硅谷（2015）多样性密度对比
资料来源：根据《中关村年鉴》《硅谷指数》及互联网公开数据等资料整理。

第二，在新创企业密度的纵向对比上，公开数据显示，中关村的新创企业密度在 2006—2013 年呈波动式上升，2013 年后增速明显提升；特拉维夫的新创企业密度在 2007—2013 年稳步上升，2013 年后增速显著提升，尤其是 2017 年，新创企业密度（48 家/平方千米）超过 2016 年（23家/平方千米）的 2 倍；硅谷的新创企业密度在 2008—2015 年缓慢上升，从 2008 年的 4 家/平方千米增长为 2015 年的 21 家/平方千米。

因此，2007—2014 年，中关村与特拉维夫均呈显著上升趋势，且同期密度相差不大，硅谷变化则较为平缓，如图 2.4 所示，由此得出，近年来，硅谷新创企业间竞争程度较为稳定，而中关村和特拉维夫的新创企业间竞争则日益激烈，且二者竞争程度相近。

第三，在新生态位产生—新企业诞生增长率的对比上，公开数据显

(家/平方千米)

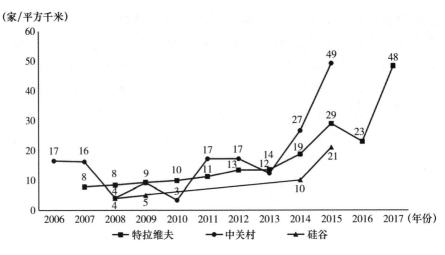

图2.4 新创企业密度对比

资料来源：根据《中关村年鉴》《硅谷指数》及互联网公开数据等资料整理。

示，中关村在2006—2015年新创企业数呈显著上升趋势（2015年的2.4万家约为2006年3841家的6.2倍），且增速呈波动式上升趋势；特拉维夫在2007—2017年新创企业数呈稳步上升趋势，2017年（2500家）约为2007年（404家）的6.2倍，增速缓慢提升；硅谷在2008—2015年新创企业数稳步上升，2014年（5万家）约为2008年（1.8万家）的2.8倍，除2015年外，其余年份增速变化不大。

因此，在历年新企业诞生的绝对数量上，硅谷远高于其他两者的同期水平，中关村显著高于同期特拉维夫的水平；在发展趋势上，硅谷新创企业增长率变化较为平缓（除2015年），中关村和特拉维夫新创企业增长率整体呈上升趋势，如图2.5、图2.6所示，由此可见，在竞争压力下三者均能不断产生新企业，且硅谷的发展较其余两者相对稳定。

第四，在企业流动率的对比上，公开数据显示，近几年中关村的企业流动率均维持在1左右，即进入数与退出数比例相当，企业流动性较强；2007—2015年，特拉维夫的企业流动率均高于1（平均值为2.0）；1995—2014年，硅谷的企业平均流动率为1.7。

因此，从平均流动率来看，特拉维夫略高于硅谷，中关村平均企业流动率为三者最小值，如图2.7所示，由此可见，三个生态系统内的竞争性能够促进企业的稳定更替，为良性竞争。

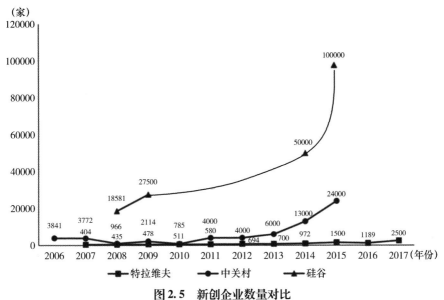

图2.5 新创企业数量对比

资料来源：根据《中关村年鉴》《硅谷指数》及互联网公开数据等资料整理。

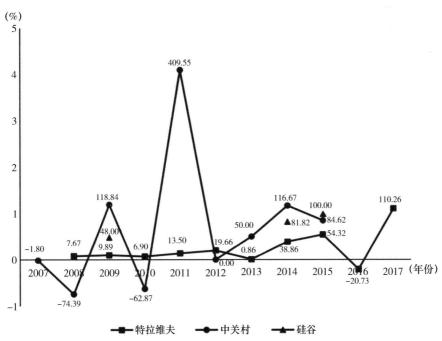

图2.6 新创企业增长率

资料来源：根据《中关村年鉴》《硅谷指数》及互联网公开数据等资料整理。

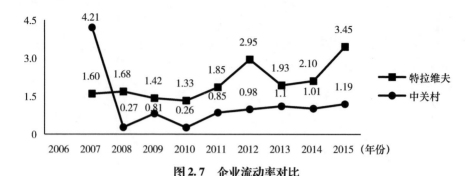

图 2.7 企业流动率对比

资料来源：根据《中关村年鉴》《硅谷指数》及互联网公开数据等资料整理。

（三）自我维持性

从自我维持性来说，20 世纪初，硅谷已经具备无线电技术和军事技术的基础；20 世纪 30 年代，电子产业开始在这里发展；"二战"期间，军工企业带动了硅谷地区科技型企业的快速发展；1951 年斯坦福大学成立工业园，硅谷形成了科学与产业相结合的高科技开发模式。历经近一个世纪的发展，硅谷聚集了约 10 万家新创企业，形成了全球领先的以电子产业、半导体产业、计算机、软件设计、移动通信、生物技术、国防工业、纳米技术和清洁能源技术等为优势的创业生态系统，并连续四年蝉联 SparkLabs Group 发布的全球创业生态系统第一名。

中关村源于 20 世纪 80 年代初期的中关村电子一条街，是中国第一个国家级高新技术产业开发区、中国体制机制创新的试验田。经过 20 多年的发展建设，中关村已经聚集了以联想、百度为代表的高新技术企业近 2 万家，形成了以下一代互联网、移动互联网和新一代移动通信、卫星应用、生物和健康、节能环保以及轨道交通六大优势产业集群，以及集成电路、新材料、高端装备与通用航空、新能源和新能源汽车四大潜力产业集群为代表的高新技术产业集群和高端发展的现代服务业，构建了"一区多园"各具特色的发展格局。

而特拉维夫的高科技企业从 20 世纪 60 年代起开始形成，特拉维夫是以色列第二大城市，被誉为欧洲的硅谷，2015 年更是被《华尔街日报》称为"永不停歇的创新之城"。历经 60 多年的发展，特拉维夫依靠基础知识和多元化的技术在信息和通信技术领域形成强大优势，并聚集了 2500 家新创企业，成为以信息和通信技术产业为核心的高科技企业创业中心。

（四）区域性

从区域性来说，本部分就其子维度创业文化进行对比。在中关村，有着"鼓励创新，宽容失败"的创业文化以及"勇于创新，不惧风险，志在领先"的中关村精神。在特拉维夫，受西方个人主义思想的影响，其一直推崇"个人英雄主义"式成就；犹太教经典《塔木德》教导人们要时刻去质疑与挑战权威，因而特拉维夫尊崇挑战权威的文化；特拉维夫的移民文化开放多元、对新事物的接受性强；此外，兵役制度让创业者们在军队中接触通信和计算机的知识和技术，帮助创业者打下知识基础。在硅谷，斯坦福大学等知名学府把学术传统带到了硅谷，为硅谷提供了人才、智力和技术等诸多方面的强大支持；硅谷创业者认为冒险与机会同在，他们对失败极为宽容；同时，硅谷创业者注重学习，乐于发表个人的意见和观点，并吸纳有价值的意见和建议。

综上所述，从多样性来看，硅谷、中关村和特拉维夫目前均实现了各类创业主体的聚集，仅从新创企业数量进行对比，硅谷水平最高，中关村第二，特拉维夫第三；从竞争性来看，硅谷主体间竞争程度较低，中关村和特拉维夫主体间竞争程度较高，且程度相近，在竞争压力下三者均能不断产生新企业（硅谷的发展较其余两者相对稳定），且三个创业生态系统内的竞争性均能够促进企业的稳定更替，为良性竞争；从自我维持性和区域性来看，三者均实现了持续稳定的发展，也形成了各具特色的创业文化，如图2.8所示。

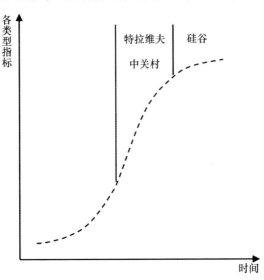

图2.8　各创业生态系统发展情况对比

第三节 创业生态系统的评价指标

本部分从创业生态系统的本质属性出发，选取部分特性作为一级指标进行评价指标体系设计，以弥补当前学术研究的不足。

一 创业生态系统评价研究综述

目前，关于商业生态系统和创新生态系统的评价已有一定的研究基础。Iansiti 和 Levien（2004）最早提出商业生态系统评价的三个方面，即生产力、稳健性和利基创造能力。Hartigh 等（2006）基于此，从合作伙伴健康和网络健康两个层面选取 9 项指标对商业生态系统进行评价。在创新生态系统评价方面，苗红和黄鲁成（2008）根据区域技术创新生态系统健康评价标准，从系统自组织健康程度、系统整体功能和系统外部胁迫三方面设计指标体系。覃荔荔（2004）从创新资源、创新效率、创新潜力及创新活力四个维度出发，对高科技企业创新生态系统可持续发展水平进行评价。关于创业生态系统的评价也有少量研究。Dane 和 Jordan（2015）将一个区域或国家视为创业生态系统，并提出评价创业生态系统活力的总体指标，即密度指标、流动性指标、连通性指标及多样性指标。刘文光（2012）从区域社会外部支撑环境和区域科技创业生态群落两个因素入手，对区域科技创业生态系统进行评价。

二 创业生态系统的评价指标体系

为了更好地抓住创业生态系统的本质属性，本部分以创业生态系统的五大特性为视角对其进行评价。然而，考虑到共生性与竞争性是创业生态系统的内在机制，其维度难以进行定量分析，因此共生性与竞争性拟进一步采取案例研究的方法对其进行定性分析。此外，区域性是创业生态系统所处环境的体现，也难以用量化指标来衡量，因此仅对创业生态系统的所处环境进行描述，而不涉及具体评价指标。综上所述，本部分创业生态系统的评价指标主要针对以下两个方面：

其一，多样性。多样性是系统发展过程中在某一时点上所呈现出的静态特征，因此多样性的评价指标均为静态指标，并分别用于系统和产业两个层面。首先，本部分用"参与主体类型及数量"这一指标来直接体现系统内主体类型的多样性，分别采用所处行业、企业年龄、收入规模及注册类型四个标准对主体类型进行划分，具体指标为：（1）参与主体所处行业及各行业主体数，系统层面的评价对象为创业生态系统的四类构成主体（不包括政府）；产业层面评价指标为企业所在行业数及各行业的企业数；投资机构的类型及各类型投资机构的数量，具体分为风险投资机构、天使投资人及其他；中介机构的类型及各类型中介机构的数量，如会计、评估，工商/税务代理咨询，专利/商标代理等。（2）参与主体年龄及各年龄阶段主体数。回顾前人对企业年龄划分的研究（蔡莉、尹苗苗，2009；蔡莉等，2014；Overholm，2015），本部分以 3 年和 8 年为界限，将指标划分为成立小于等于 3 年企业、成立 3—8 年企业及成立 8 年以上企业三类。（3）参与主体年收入规模及各收入规模主体数，具体评价指标为年收入一亿元以下、年收入一亿元以上十亿元以下、年收入十亿元以上百亿元以下，以及年收入百亿元以上企业数。（4）参与主体注册类型及各注册类型主体数，包括国有制企业数、集体制企业数、股份合作企业数、联营企业数、有限责任制企业数、股份有限制企业数、私营企业数、港澳台企业数和外商企业数。（2）、（3）、（4）中的指标同时用于系统层面和产业层面。其次，仅用种类、数量这些绝对数来评价，难以真实地反映系统内各类型主体的聚集现状，因此本部分进一步提出各类型参与主体密度及相对比例这一相对指标（Dane and Jordan，2015），来评价系统内各类型主体的聚集程度及相对比例，其中密度指标包括每平方千米新创企业数、每平方千米大企业数，相对比例指标包括高级知识分子（如教授、研究员等）占从业人员数的比例、企业总数与投资机构数的比例、企业总数与中介机构数的比例，用来体现系统内人才及创业服务资源的充足程度（仅系统层面）。

其二，自我维持性。自我维持性是对系统可持续发展状态的评价，因此均采用动态评价指标，包括以下两方面：（1）结构性，即对系统内投入要素之间结构及其变化趋势进行评价。本部分从人员投入要素和资金投入要素两个方面入手，选取的评价指标包括系统内历年从业人员数、历年总生产投入、历年从业人员数与企业数的比例、历年总生产投入与企业数的比例。前两项绝对指标用来评价要素投入总量，后两项相对指标用来评价要素投入力度。（2）动态性，包括技术和市场两方面。首先，本部分用授权专利数代表新技术机会的产生，选取历年授权专利数、历年每十万人所获授权专利数两个指标。此外，机会需要通过不同方式在主体间传递，以促进系统演化（Overholm，2015）。技术市场成交额体现了技术在系统内主体间以及系统内外主体间的流动，代表着技术机会的潜在价值，因此选取历年技术市场成交额作为衡量技术机会流动的指标。其次，一个可持续发展的系统必然是开放的，只有开放才能获取外部技术和市场信息，同时向系统外部输出产品和服务以交换系统赖以生存的经济资源（王秀丽，2007）。而作为开放的系统，新技术/市场机会的产生会吸引外部新主体/资本的加入（Overholm，2015），因此，用历年新创企业数、历年投资机构数、历年大型企业数、历年中介机构数来评价系统内机会的产生情况以及系统的对外开放程度（大学及科研机构数量一般不随系统的发展而产生大幅度变化）。除吸引新主体加入外，上市企业数在一定程度上反映了系统内企业对外部资本的开放，因此评价指标还包括历年上市企业数。不仅如此，动态性还体现在原有落后技术和市场的不断消亡，因此评价指标还包括历年死亡/退出企业数。最后，不论是内部要素间结构不断变化，还是技术/市场变革推动系统演化，其最终都反映在系统的产出水平上，因此评价还应包括系统产出的动态变化趋势，选取指标有系统内历年企业总资产数、历年企业总收入、历年企业利润总额、历年工业总产值、历年人均工业产值、历年上市公司的市值。

综上所述，最终形成的创业生态系统评价指标体系如表 2.1 所示。

表 2.1　　　　　　　　创业生态系统评价指标体系

一级指标	二级指标	三级指标	四级指标
多样性指标 A	系统层面 a（除 b1 外，b2－b4 下的指标分别与 a2－a4 重复，故不重复列举）	参与主体所处行业及各行业主体数 a1	新创企业数 a11
			大型企业数 a12
			投资机构数 a13
			中介机构数 a14
			大学及科研机构数 a15
		参与主体年龄及各年龄阶段主体数 a2	成立小于等于 3 年企业数 a21
			成立 3—8 年企业数 a22
			成立 8 年以上企业数 a23

续表

一级指标	二级指标	三级指标	四级指标		
多样性指标 A	系统层面 a（除 b1 外，b2－b4 下的指标分别与 a2－a4 重复，故不重复列举）	参与主体年收入规模及各收入规模主体数 a3	年收入一亿元以下企业数 a31		
			年收入一亿元以上十亿元以下企业数 a32		
			年收入十亿元以上百亿元以下企业数 a33		
			年收入百亿元以上企业数 a34		
		参与主体的注册类型及各注册类型主体数 a4	国有制企业数 a41		
			集体制企业数 a42		
			股份合作企业数 a43		
			联营企业数 a44		
			有限责任制企业数 a45		
			股份有限制企业数 a46		
			私营企业数 a47		
			港澳台企业数 a48		
			外商企业数 a49		
		各类型参与主体密度及相对比例 a5	每平方千米新创企业数		
			每平方千米大企业数		
			高级知识分子占从业人员数的比例		
			企业总数与投资机构数的比例		
			企业总数与中介机构数的比例		
	产业层面 b	参与主体所处行业及各行业主体数 b1	企业	企业所在行业及各行业企业数 b11	
			投资机构	风险投资机构数 b12	
				天使投资人数 b13	
				其他类型投资机构数 b14	
			中介机构	会计、评估类中介机构数 b15	
				工商/税务代理咨询类中介机构数 b16	
				专利/商标代理类中介机构数 b17	
				金融/保险/证券中介机构数 b18	
自我维持性指标 B	结构性 c	人员投入 c1	历年从业人员数 c11		
			历年从业人员数与企业数的比例 c12		
		资金投入 c2	历年总生产投入 c21		
			历年总生产投入与企业数的比例 c22		

续表

一级指标	二级指标	三级指标	四级指标
自我维持性指标 B	动态性 d	创业机会 d1（技术/市场）	历年新创企业数 d11
			历年投资机构数 d12
			历年大型企业数 d13
			历年中介机构数 d14
			历年死亡/退出企业数 d15
			历年授权专利数 d16
			历年每十万人授权专利数 d17
			历年技术市场成交额 d18
			历年上市公司数 d19
		产出水平 d2	历年企业总资产数 d21
			历年企业总收入 d22
			历年企业利润总额 d23
			历年工业总产值 d24
			历年人均工业产值 d25
			历年上市公司的市值 d26

三　创业生态系统形成及发展阶段评价方法

以上指标体系设计仅是对系统的发展情况进行评价，而要利用这些指标对系统所处发展阶段进行判定，还需要设立判断标准，即对生态系统发展阶段及各阶段特征进行研究。借鉴企业生命周期理论和商业生态系统相关研究，一个相对稳定、良性循环的创业生态系统的形成需要经历创建和成长两个阶段（Zahra and Nambisan，2011），其表现为一个简单线性结构向复杂网络的转变过程。

在生态系统的创建阶段，各类主体逐渐聚集，主体间网络初步建立，各项产出指标水平也逐渐上升。但由于该阶段主体及要素聚集是从无到有的过程，在完备程度上较为欠缺；新网络构建也面临较多障碍，所需成本高（Zahra and Nambisan，2011），因此，各项指标的上升趋势较为缓慢。在成长阶段初期，成功的创业模式得以推广，进而吸引更多主体进入生态系统（王兴元，2005）。随着各类型主体的快速聚集及主体间合作类型及数量的不断上升，生态系统的规模以较快速度扩大（Zahra and Nambisan，2011）。因此，该阶段各项指标呈上升趋势显著高于创建阶段。在成长阶段后期，生态系统内标准和规范逐渐确立（Zahra and Nambisan，2011），主体间形成稳定、复杂的网络关系，系统规模和结构趋向稳定。受空间或合法性等方面的限制，主体聚集速度下降。因此，该阶段各项指标增速逐渐减慢，指标水平较高且趋于稳定。综上所述，生态系统的各项评价指标发展趋势应大致呈"S"形。

在对生态系统发展阶段进行划分的基础上，一方面，采用对标分析法，即与公认良好的创业生态系统（如硅谷）进行对比，如评价对象的各项评价指标与之均处于同一水平，则说明评价对象也已经形成成熟的生态系统，反之亦然。另一方面，采用纵向对比法，基于评价对象自身指标发展趋势判断其所处的发展阶段。

四　案例分析——以中关村为例

（一）中关村创业环境简介

中关村历经几次扩建，目前已形成"一区十六园"的空间格局，该地区拥有以清华、北大为代表的一批高校和科研机构，具有得天独厚的人才和技术优势；聚集了一批行业领先企业，也涌现出大批新创企业及创业服务机构，且每年吸引的天使投资和创业投资在全国范围内占将近40%，具有良好的科技金融环境。此外，中关村还是国家先行先试政策的试验田，在"十二五"期间中关村率先实行了6条国家先行先试政策，"十三五"期间又引领全国70余项改革试点推进。不仅如此，"鼓励创业，宽容失败"的中关村文化更是为创业提供了一片沃土。因此，将中关村作为评价对象，不仅具有可靠性，还具有高度理论和现实意义。

（二）中关村创业生态系统形成及发展阶段评价——与硅谷对比

前文对于中关村、硅谷和特拉维夫做了较为简单的部分特性上的对比，而本部分更为具体地根据指标体系对中关村和硅谷的形成及发展阶段进行评价。

基于数据的可获得性，仅从多样性和自我维持性两个特性的指标体系进行评价，且指标有所删减。在多样性评价指标中，首先，企业划分仅采用行业、收入规模和注册类型三个标准，且除所处行业外，其余指标仅用于生态系统层面。其次，用年收入百亿元以上企业（下文称百亿以上企业）代表大型企业；仅以《中关村年鉴》中的创业服务机构统计中介机构，包括企业孵化基地、大学生科技园、众创空间、产业联盟、行业协会等，并以以上主体的数量作为其产业层面的评价指标；用科技人员数表示高级知识分子数。在自我维持性评价指标中，历年资金投入用历年集聚的风险投资额代替；历年死亡/退出企业数难以获得，故在此省略。本部分在查阅历年《中关村年鉴》《硅谷指数》等材料的基础上，根据所设计的指标体系，对2006—2015年中关村的发展情况及所处发展阶段进行评价。

1. 多样性评价

其一，所处行业。在生态系统层面，至2015年年底，中关村共聚集了2.4万家新创企业、68家百亿以上企业、672家投资机构、239家大学及科研机构、800余家创业服务机构。在产业层面，至2015年年底，园区内的16693家企业跨越十多个行业，即电子信息业9173家、生物医药业1140家、新材料行业946家、先进制造业1687家、航空航天业133家、现代农业198家、新能源行业1063家、环境保护业735家、海洋工程行业9家、核应用行业34家、其他行业1575家。除672家风险投资机构外，中关村聚集着近2万名天使投资人，并会集了众筹平台、P2P、互联网支付、大数据金融等近1000家各具特色的互联网金融机构。中关村的800余家创业服务机构中包含42家国家级科技企业孵化器、15家国家级大学科技园、125家通过科技部备案的众创空间及200余家产业联盟、行业协会等组织。以上足以体现出中关村内主体所处行业具有多样性。

其二，收入规模和注册类型。从收入规模看，2015年，中关村的16693家企业中，年收入在一亿元以下的企业有13726家，一亿元到十亿元之间的企业有2411家，十亿元到百亿元之间的企业有488家，百亿元以上的企业有68家，可见企业收入规模跨度较大。其次，从注册类型看，中关村拥有229家国有企业、46家集体企业、152家股份合作企业、

4 家联营企业、5463 家有限责任制企业、1004 家股份有限制企业、8330 家私营企业、465 家港澳台企业、997 家外商及 3 家其他注册类型企业，注册类型丰富。因此，中关村内企业在收入规模及注册类型方面也具有多样性。

其三，密度及相对比例。截至 2015 年年底，中关村新创企业密度约为 49 家/平方千米；百亿以上企业密度约为 14 家/十万平方千米；科技人员数占从业人员总数的比例约为 26.2%；平均每家投资机构服务企业数约为 25 家；平均每家创业服务机构服务企业数约为 21 家。根据《中关村年鉴》中的数据进一步分析得出，2006—2015 年，中关村企业数与投资机构/创业服务机构的比例呈下降趋势，平均每家投资机构服务企业数从 250 家下降为 25 家；平均每家创业服务机构服务企业数从 45 家下降到 21 家，表明中关村内创业服务资源日益丰富。

2. 自我维持性评价

其一，结构性。第一，人员投入。从中关村自身纵向对比来看，2006—2015 年，中关村从业人员数呈稳定上升趋势（如图 2.9 所示），从 79.24 万人上升至 230.81 万人，扩大近 3 倍。同期，中关村年末从业人数与企业数之比也快速上升，从 44 人/家上升至 138 人/家，扩大超过 3 倍，即人员投入规模与力度均呈快速上升趋势。将人员规模变动趋势与硅谷对比，中关村人员规模变动幅度较大，而硅谷则较为平缓，维持在 130 万—155 万人。可见在人员投入规模方面，中关村处于快速上升时期，硅谷则处于平稳期。第二，资金投入。从中关村自身纵向对比来看（基于 2006 年、2008 年、2014 年和 2015 年数据进行大致分析），2006—2015 年，中关村聚集的风险投资总额及平均每家企业聚集的风险投资额增长均超过 10 倍，呈显著上升趋势，其中 2015 年增幅尤为显著（如图 2.10 和图 2.11 所示）。与之相比，同期硅谷聚集风险投资额的变化幅度相对较小，在 68 亿—112 亿美元之间浮动。此外，除 2015 年外，其余年份中关村聚集风险投资总额均低于硅谷 2006—2015 年的最低水平（68 亿美元），与硅谷差距较大（按当年平均汇率计算）。

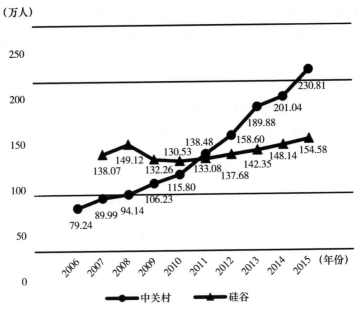

图 2.9　2006—2015 年中关村与硅谷年末从业人员数对比

资料来源：根据《中关村年鉴》《硅谷指数》等资料整理。

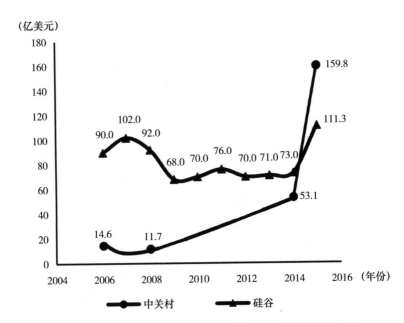

图 2.10　2006—2015 年中关村与硅谷聚集风险投资总额对比

资料来源：根据《中关村年鉴》《硅谷指数》等资料整理。

（万美元/家）

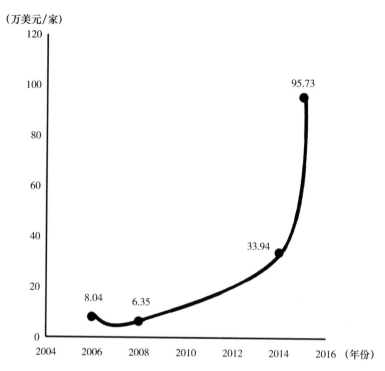

图2.11 2006—2015年中关村聚集风险投资额与企业数的比例

资料来源：根据《中关村年鉴》等资料整理。

综上所述，从结构性看，2006—2015年，中关村人员投入与资金投入的规模和强度均呈显著上升趋势，且变化幅度显著大于硅谷。

其二，动态性。第一，创业机会。从授权专利数来看，基于中关村自身纵向对比，2006—2015年，中关村所获授权专利数从4137项上升到33000项；每十万人拥有的授权专利数从522项/十万人上升到1516项/十万人，均呈显著上升趋势。由于中关村所获授权专利与硅谷所获授权专利的地区不同，无法做绝对数的比较，因此将两者增长率进行对比。与硅谷相比，除了2014年外，中关村历年授权专利数增长率的绝对值均高于硅谷（如图2.12所示）；除2010年、2014年外，其余年份中关村每十万人拥有授权专利数增长率绝对值均高于硅谷（如图2.13所示）。虽然从数值上看中关村所获授权专利数量较多，但中关村多为国内授权专利，而在PCT专利等国际授权专利方面，与硅谷尚存在较大差距。从技术市场成交额看，仅就中关村自身纵向对比得出，2009—2015 年，中关村技术市场成交额显著提升，从 921.9 亿元上升至 2905 亿元，表明系统内部及系统内外技术流动规模的不断提升。从新创企业和其他类型主体数量来看，由中关村自身纵向对比可得，2006—2015 年中关村各类型主体数量和上市企业数均呈显著递增趋势：新创企业从 3841 家上升到 24000 家；百亿以上企业从 5 家上升到 68 家；投资机构从 70 家上升到 672 家；创业服务机构从 2007 年的 400 家上升到 2015 年的 800 家；上市企业从 2008 年的 112 家上升到 2014 年的 252 家。此外，基于《中关村年鉴》历年数据，得出主体数量在增速上也呈递增趋势。将新创企业数与硅谷对比（如图 2.14 所示），中关村历年新创企业数均远低于同期硅谷的水平，且除了 2015 年外，硅谷新创企业数量增长趋势逐渐趋于平缓，而中关村则呈现增速逐渐加快的趋势，即在绝对数量上，中关村新创企业数均低于同期硅谷的水平；在变化趋势上，中关村新创企业数的上升趋势比硅谷显著。第二，产出水平。由中关村自身纵向对比来看，根据《中关村年鉴》中的数据，2006—2015 年，中关村企业总资产数从 9689 亿元上升至 76211 亿元；企业总收入从 6745 亿元上升至 40809 亿元；企业利润总额从 434 亿元上升至 3405 亿元；工业总产值由 3448 亿元上升至 9562 亿元，增幅显著；上市公司的市值除了在 2011 年、2012 年有所下降外，总体也呈稳定上升趋势（如图 2.15 所示）。与硅谷相比，在工业总产值方面（如图 2.16 所示），硅谷在 2007—2015 年的总产值均维持在 13000 亿—17000 亿元（均按当年平均汇率估算），增长较为缓慢，同期中关村总产值增长近 2 倍，因此其上升幅度高于硅谷，但其绝对数均远低于同期硅谷的水平；在人均产值方面（如图 2.17 所示），硅谷与中关村的人均产值变化幅度均较小，但在绝对数量上，硅谷人均产值为中关村的 2 倍以上。在上市公司市值方面，基于硅谷已有的 2010 年和 2015 年的数据可以粗略反映出，硅谷上市公司市值的水平远高于中关村，且变动幅度较小，而中关村上市公司市值从 2009 年的 0.93 万亿元增长至 2015 年的 4.89 万亿元，扩大超过 4 倍，增幅显著（如图 2.15 所示）。

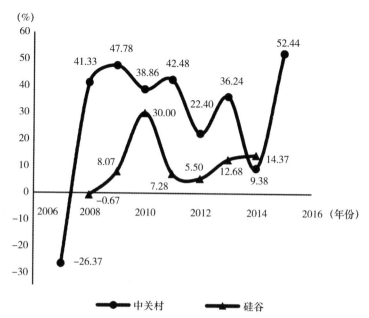

图2.12 2006—2015年中关村与硅谷所获授权专利数增长率对比

资料来源：根据《中关村年鉴》《硅谷指数》等资料整理。

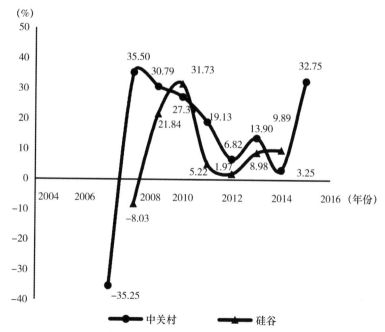

图2.13 2006—2015年中关村与硅谷每十万人拥有的授权专利数增长率对比

资料来源：根据《中关村年鉴》《硅谷指数》等资料整理。

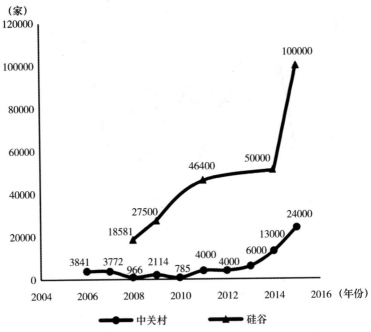

图2.14 2006—2015年中关村与硅谷新创企业数对比

资料来源：根据《中关村年鉴》《硅谷指数》等资料整理。

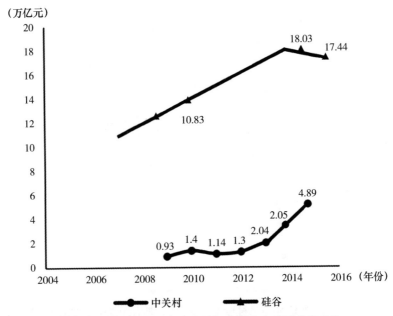

图2.15 2006—2015年中关村与硅谷上市公司市值对比

资料来源：根据《中关村年鉴》《硅谷指数》等资料整理。

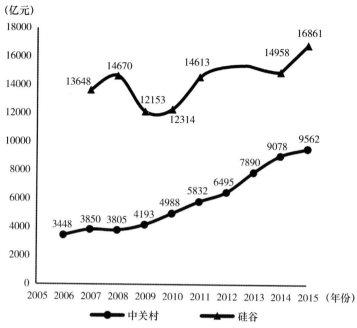

图 2.16　2006—2015 年中关村与硅谷工业总产值对比

资料来源：根据《中关村年鉴》《硅谷指数》等资料整理。

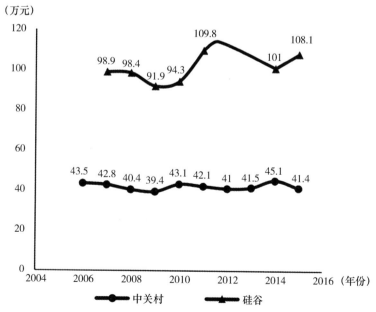

图 2.17　2006—2015 年中关村与硅谷人均产值对比

资料来源：根据《中关村年鉴》《硅谷指数》等资料整理。

综上所述，除人均工业产值外，中关村其余产出指标在 2006—2015 年均呈显著上升趋势，且增长速度大于硅谷，但各项产出指标的绝对水平远低于硅谷。

基于前文分析，目前中关村聚集了多种类型的创业主体，多样性显著。由纵向对比可得，2006—2015 年，中关村各项动态指标均呈上升趋势，且大多数指标增速也呈现递增趋势，体现出中关村良好的自我维持性。基于以上评价结果可以判断中关村初步形成了创业生态系统。此外，与成熟的创业生态系统——硅谷相比，虽然中关村各项指标的增长趋势均高于硅谷，但其绝对产出与相对产出水平，以及新企业创建数、专利授权数与硅谷尚存在较大差距，说明中关村尚未形成成熟的创业生态系统。结合其指标大幅上升的趋势，可以判断中关村处于创业生态系统的成长初期，并具有良好的发展态势。

第 三 章

创业生态系统的内核：
机会集与共生关系[*]

创业生态系统的重要特征之一在于其共生性（Zahra and Nambisan，2012）。因此，创业生态系统的核心问题是如何建立各参与主体间的共生关系，而共生关系的基础是系统内主体间通过互动，共同参与机会开发和资源整合并创造大量新机会，形成机会集。基于机会集和共生关系的研究有助于揭示创业生态系统背景下的创业行为规律。本章的结构安排如下：第一部分，系统回顾机会集的研究文献并提出机会集的概念；第二部分，提出发现型机会与创造型机会开发是多主体共同参与，进行信息、资源与认知互动的过程，并从多主体视角揭示发现型机会与创造型机会的转化机理；第三部分，基于对相关文献的系统性梳理，归纳共生关系研究的时间脉络、期刊分布、研究方法、应用理论、研究对象，总结共生关系的概念，探究共生关系的影响因素及其所产生的效应，深入揭示创业生态系统共生关系不同于一般二元组织间共生关系的独特性。

第一节　机会集

一　文献回顾

对于机会集的研究，我们从对机会的研究入手。创业机会的引入为创业领域的研究开辟了广阔的空间（Shane and Venkataraman，2000），其在创业研究领域的核心地位也得到了学者们的广泛认同。有关创业机会的研究，长期以来形成发现观和创造观两种解释创业行为的理论（Vaghe-

---

　*　本章部分内容已发表于《管理世界》2018 年第 12 期、《外国经济与管理》2021 年第 10期。

ly and Julien, 2010), 由此, 创业机会被划分为发现型机会和创造型机会。两种类型创业机会的理论背景、开发过程存在较大差异, 二者之间的内在关系及其转化也受到学者们的关注。

(一) 两种类型创业机会的理论研究背景

发现型机会的提出源自奥地利经济学派, 认为机会是由市场供求关系的不均衡带来的, 早期 Schumpeter 的观点认为技术创新会破坏市场均衡而产生机会, 而 Kirzner 认为市场经常存在供求关系的不均衡现象, 由于创业警觉性的不同导致个体对信息的认知存在差异, 因而只有一部分个体能够发现机会 (Shane and Venkataraman, 2000; Alvarez et al., 2013; Suddaby et al., 2015)。根据奥地利经济学派的观点, 个体所拥有的异质性信息使之可以识别他人无法发现的机会, 从而加以评估和利用 (Shane and Venkataraman, 2000)。

发现观将机会界定为产品或要素市场竞争不完善 (Alvarez et al., 2013; Eckhardt and Shane, 2003), 并将其归因于市场、技术及制度变革等外部冲击对已有市场或行业的影响 (Suddaby et al., 2015)。因此, 机会发现是创业者通过积极搜寻活动, 为市场需求寻求新的解决方案或者为已有供给方案寻求新需求的过程。该观点强调创业者对机会开发过程的重要作用, 认为在开发机会之前创业者与非创业者具有差异性特征 (Alvarez and Barney, 2007)。一些研究指出, 创业者的警觉性、先验知识、社会网络以及特质等个体特征差异导致创业者而非其他人可以识别这些创业机会 (Ardichvili et al., 2003)。

创造型机会的提出被认为是对发现型机会的补充, 一些学者的研究发现, 发现型机会的观点忽略了创业者的创造性、主观性、社会互动以及个体情感等因素的作用, 无法全面解释创业过程 (Korsgaard, 2013)。创造型机会源自社会建构理论 (Alvarez et al., 2013), 学者们基于该理论提出机会依赖于创业者的认知, 是社会建构的结果, 由创业者通过创造性想象和社交能力与环境中主体互动而内生创造出来 (Suddaby et al., 2015)。因此, 机会并不是由客观环境决定, 而是通过创业者与其他利益相关者在社会交互过程中逐渐构建的。

创造观认为机会的产生是一个社会建构的过程, 而创业者探索新产品或新服务过程中进行的行动、反应和实施是创造型机会形成的关键诱因（Alvarez and Barney，2007）。因此，创造型机会研究以创业者和环境为分析对象（Vaghely and Julien，2010）。与发现观强调创业者特征的重要作用不同，创造观认为创业者与非创业者之间并不一定具有明显差异，而是机会创造过程造就具有独特特征的创业者（Alvarez and Barney，2007）。机会的创造并不是一蹴而就的，而是一个不断迭代的过程。Wood和 Mckinley（2010）在其研究中指出，这一过程中创业者的机会创意并非从最初就是正确的，而是随着创造过程不断演进而发生变化，甚至最初的想法可能会被抛弃。因此，与发现观利用搜寻过程发现客观存在的机会不同，创造型机会需要通过不断迭代过程和持续的学习才能实现（Alvarez and Barney，2007；Mitchell et al.，2008）。对于机会的来源，创造观承认客观环境（如市场、技术及制度变革）有助于创业机会的产生，但创业机会最终是由创业者内生创造的（Suddaby et al.，2015）。

（二）两种类型创业机会开发过程及多主体的作用

目前学者广为认同发现型机会开发过程分为机会识别、机会评估和机会利用 3 个阶段（Shane and Venkataraman，2000）。识别有价值的机会是开发发现型机会的前提。机会识别首先需要感知市场需求或未充分开发的资源，而后识别或发现特定市场需求与特定资源间的"匹配"，最终形成商业概念以达到需求与资源之间的新匹配（Ardichvili et al.，2003）。机会评估是创业者根据自身资源禀赋、外部资源可获得性、成本、来源渠道等评估其是否具备相应的资源和能力，利用所识别的机会（蔡莉、鲁喜凤，2016）。机会利用是创业者获取资源并加以整合创造价值的过程（Shane and Venkataraman，2000），该阶段意味着创业者开始实质性创建新企业，其结果是成功创建新企业或创业失败（Wood and Williams，2014）。

创造型机会开发分为机会概念化（Opportunity Conceptualization）、机会客观化（Opportunity Objectifification）和机会实施（Opportunity Enactment）3 个阶段（Wood and Mckinley，2010）。创造型机会来自创业者的机会创意，机会创意在创业者脑海中形成即实现机会的概念化。从已有研究来看，机会概念化是创业者基于自身的社会经验所设想的未来创业想法（Tocher et al.，2015）；机会客观化是创业者通过与知识丰富群体的意会过程，将设想中的创业想法转变成其他相关主体可以观察到的客观现实，从而判定机会可行性的过程（Wood and McKinley，2010）；机会实施则是创业者征集利益相关者的支持，将客观化的机会构建为可运行组织的过程（Wood and McKinley，2010；王朝云，2014）。

创业活动是多个参与者共同利用新机会的过程，涉及网络结构中多个利益相关者。传统的创业机会研究将创业者/创业企业作为核心，并未考虑其他利益相关者的作用（Andresen et al.，2014）。基于此，一些学者开始关注其他主体在创业机会开发过程中的作用。如 Pinho 和 de Sá（2013）通过实证研究发现创业绩效高的企业通常与金融机构、研究中心和大学、供应商、顾客和亲戚朋友等具有密切关系。Shams 和 Kaufmann（2016）也关注到这一现象，提出过往研究多从创业者单一主体角度关注创业，忽略了多主体视角的研究。据此他们提出创业共创的概念，认为创业共创是创业者与利益相关主体进行互动，利用共同的资源和能力，相互依存地朝着互利的目标共同努力，开发机会从而为所有相关主体创造价值的过程。Sun 和 Im（2015）的研究也提出，机会是由创业者和利益相关者共同创造的，该过程中多个利益相关者通过相互选择构建资源组合，创造社会和经济价值。尽管学者们开始认识到利益相关者对于机会开发的重要性，但发现型机会和创造型机会开发过程中这些利益相关者的作用机制、作用效果等多主体视角下的关键创业问题仍需进一步探讨。

（三）两种类型创业机会的关系

发现型机会和创造型机会来自不同的理论体系，因此早期的研究将发现观和创造观视为彼此对立的，如 Ardichvili 等（2003）首先提出创业机会是创造出来的而非发现的。一些学者无法认同发现观对机会本质的假定，即机会是客观存在于外部环境中，等待警觉的创业者去发现。Fletcher（2006）提出，机会并非事先存在于外部环境中，而是创业者与其所处的外部环境相互作用共同构建、创造而来的，因而其认为利用社会建构理论从创造观的视角来描述创业过程更为恰当。Buenstorf（2007）也否定了机会是客观存在的这一假定，认为机会是由市场过程中先前活动的主体创造的。这些学者都将机会视为创业行为的结果，是通过社会建构产生的，其被创造之前并不存在。为了进一步揭示创造型机会开发过程，他们借鉴演化经济学、社会建构理论及效果逻辑创业等理论，逐步提出机会的创造观（Wood and Mckinley，2010；Alvarez and Barney，

2007；Buenstorf，2007）。

　　然而，近年来随着研究的深入，越来越多的学者开始反思这两种对立的观点。特别是对一些极为成功的创业活动进行观察和分析发现，这些企业往往会在不同时期开发不同类型的机会。如 Short 等（2009）通过对创业机会的研究进行综述后提出，有些机会是发现的，有些机会是创造出来的，即两种类型的创业机会可以并存。Wood 和 Mckinley（2010）也明确提出，创造观是对发现观的补充，而非替代，探讨二者孰优孰劣没有意义。Korsgaard（2013）认为，仅仅关注发现型机会是不完整的，其忽略了创业过程中社会关系的动态性、情绪元素及创业者的主观性和创造性等因素。斯晓夫等（2016）指出机会既可能是被发现的，也可能是被创造的，还有一些机会来自发现观和创造观逻辑的结合。因此，最新的研究显示，发现型机会与创造型机会相互兼容、互为补充这一观点逐渐得到学者们的认同，二者的转化问题开始成为新的研究关注点。

　　综上所述，从研究趋势以及文献的总结来看，关于发现型机会与创造型机会这两种类型创业机会的转化已经成为创业研究的前沿问题，对其进行研究具有重要的学术价值和实践意义，而目前关于二者的转化路径和机理研究尚存在较多不足。针对多主体视角的研究也处于起步阶段，缺乏深入的机理性研究。Zahra 和 Nambisan（2011）基于创新生态系统中多主体互动共同开发机会的行为研究，提出机会集（Set of Opportunities）的概念。他们的研究发现由于多主体互动将对企业产生众多机会并构成机会集。机会集是两种类型机会转化的重要诱因，创新生态系统内各主体基于机会集可创造或发现新机会。尽管 Zahra 和 Nambisan 提出这一观点后并未进行深入的理论研究，但其基于多主体互动视角提出企业的机会集概念为本部分从多主体视角来探讨两种类型创业机会的转化奠定了基础。

二　机会集的定义

　　作为创业生态系统的内核，机会集（Set of Opportunities）最早由 Zahra 在创新生态系统的背景下提出，并指出创新生态系统的成功取决于创新生态系统内存在的机会的丰富性。如前所述，理解机会集概念的重要基础是：一个组织的机会开发行为是在多主体互动下产生的。创业生态系统中存在着多种复杂关系，每种关系都影响着企业的机会识别、评估和利用，一个企业在生态系统中不可能孤立地存在，会受到来自互补企业的资源支持或者竞争企业的资源争夺，其对机会的开发行为是在与多主体互动下产生的。因此，本部分将机会集定义为以资源为基础多种参与主体之间互动所开发的一系列机会的有机集合。

机会集的概念有三层含义，首先，机会集的概念来源于创新生态系统中，是创业生态系统的机会体现。机会集不是机会的简单相加，而体现了多主体互动并相互影响的复杂过程，机会集更关注整个创新生态系统机会的形成和变化过程，其强调了机会开发行为与主体间关系密不可分，体现了机会开发主体在创业生态系统中的共生关系。

其次，机会集与资源不可分割，创业环境是创业生态系统中产业资源的承载者，产业资源是企业创业的资源来源，企业的创业活动同时影响着产业资源。创业企业在机会识别、评估和利用过程中离不开对资源的整合和利用，而多主体的机会开发行为构成了机会集合，所以机会集与资源不可分割。

最后，创业生态系统的多主体互动下的机会开发行为影响着机会集的动态变化，一个机会开发行为可能消灭一个机会，也可能创造出一个甚至更多的机会。机会集的存在不断吸引新主体的加入并带来信息和资源，从而进一步拓展机会集。这也为各主体提供更丰富的潜在机会，吸引它们进一步开发新的发现型或创造型机会，即机会集与机会开发是互相促进的"双螺旋"结构关系。

第二节　基于机会集的创造型与发现型机会转化

在先前学者研究的基础上，本部分利用利益相关者理论和资源基础观提出，发现型机会开发与创造型机会开发都是多主体互动、共同参与的过程；随后借鉴资源基础观、利益相关者理论和组织学习理论发现，多主体互动的发现型机会及创造型机会开发过程形成机会集，机会集是不同类型机会间实现转化的基础，其创建及拓展促进发现型机会与创造型机会间的转化。最终，本部分借鉴相关理论构建理论模型（如图3.1

所示),从多主体视角揭示两种类型机会的转化机理。

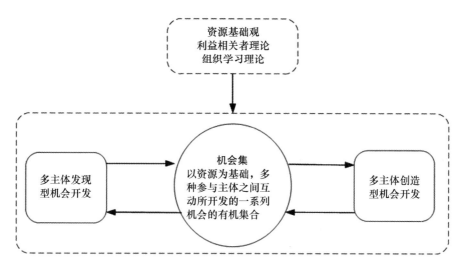

图3.1　多主体视角下两种类型创业机会转化模型

一　多主体视角下两种类型创业机会间的转化模型构建

(一) 多主体互动的创业机会开发

从资源基础观来看,发现型机会和创造型机会的开发均需要投入资源,包括财务资源、物质资源、人力资源、市场资源、技术资源等 (Barney,1991;朱秀梅、李明芳,2011)。作为新进入者,创业企业本身所具有的资源有限 (Cai et al.,2016),因此能否获得充裕的、低成本的资源是创业成功的基础。创业者需要积极地与资源所有者建立关系 (Choi and Shepherd,2005),如供应商、客户、投资者、亲戚朋友等,借助于这些资源所有者的支持弥补其资源不足 (Burns et al.,2015;Ozgen and Baron,2007;Tocher et al.,2015)。同时,资源基础观也强调了企业对所掌握的资源进行有效整合,包括稳定调整、丰富细化以及开拓创造等资源整合方式被认为是企业产生竞争优势、创造价值的关键 (Sirmon et al.,2007)。创业企业在机会开发过程中资源紧缺,更需对有限资源进行高效整合。在此背景下,外部资源所有者依然发挥重要作用,如 Tolstoy 和 Agndal (2010) 提出与外部其他组织进行合作有助于实现互补性资源的协调与配置,以帮助企业更好地开发机会并创造价值。

利益相关者理论也指出，能否从利益相关者获取战略资源与创业者成功开发机会密切相关（Harrison，2002）。创业企业所构建的利益相关群体是信息和知识的供应者，这些利益相关者包括顾客、供应商、政府机构、竞争者和其他特殊利益团队等（Freeman，2010；Alvarez and Barney，2014），同时它们也可为创业企业机会开发提供财务、人力和市场等资源（Shams and Kaufmann，2016；Choi and Shepherd，2004）。Greve和Salaff（2003）、Adner和Kapoor（2010）、Li和Garnsey（2014）等认为，利益相关者能为创业者提供市场和技术信息，帮助其识别机会，同时在机会评估和利用阶段，创业者与各参与主体间信息、知识的交换和资源整合影响其对机会的认知和开发。

利益相关者基于对机会或创意的认同加入创业过程（Saxton et al.，2016）。在初始机会或创意被提出后，利益相关者之间需进行频繁互动对其加以论证或质询（Wood and Mckinley，2010；Tocher et al.，2015）。利益相关者构成的创业网络使得信息和资源在不同主体间流动，并影响各主体对机会的认知，即产生信息、资源和认知互动（Vandekerckhove and Dentchev，2005；Wood and Mckinley，2010）。Wood和McKelvie（2015）指出，创业者进行机会评估时需要向所识别到的外部资源所有者解释该机会，并努力吸引它们提供资源以参与后续的机会开发过程。这些持有资源的相关主体也会基于自身的认知和利益需求，对机会的可行性和吸引力进行评估，并决定是否投入资源参与创业者的机会开发过程（Burns et al.，2015）。Alvarez和Barney（2007）认为，创造型机会开发的创业环境是不确定的，因为机会开发所需的信息和知识是创业者在不断试错中逐渐形成的，创业者无法预测其决策的结果及成功的概率。在这种高度不确定的创业环境下，创业者的重要任务便是与其他利益相关主体进行交流，通过认知与信息互动，对原始创意进行修改、重塑或放弃，直至整个群体对创意的可行性达成一致意见（Shepherd，2015），从而将机会创意客观化并降低不确定性（Wood and McKinley，2010；Tocher et al.，2015；王朝云，2014）。因此，发现型或创造型机会开发是多主体互动、共同参与的过程。

（二）基于多主体互动的机会集的形成

组织学习理论认为，不同主体间深层次的互动过程将促进学习的产生（Bergh et al.，2011），有助于各参与主体识别更多潜在机会。为顺利地开发不同类型机会，创业者需要了解市场营销、人力资源管理、财务管理等相关职能型知识（Swart and Henneberg，2007；单标安等，2015），并通过与创业导师、客户、供应商等外部知识来源主体的互动而学习相关知识（Foss et al.，2013）。Dutta 和 Crossan（2005）提出，为确保创业机会的成功实施，创业者需要与外部多个利益相关者形成合作关系，在机会的实施过程中主体间进行一系列组织学习过程，从而产生知识的共享与传播，实现机会的转移，带来更多的机会。因此，创业者/创业企业与其他参与主体交互的过程中会产生并传递知识（Cantù，2017），而各参与主体通过学习能降低认知局限，从而根据所掌握的信息和资源发现或创造更多的机会（Vandekerckhove and Dentchev，2005）。在这一过程中，参与机会实施的利益相关主体基于所学习的新知识可能会产生下游或分支机会，形成多个潜在机会的集合（Dutta and Crossan，2005）。

基于资源基础观，由于各参与主体所具有的信息和资源存在极大的差异性（Ozgen and Baron，2007；Shane and Venkataraman，2000），多主体间互动也将形成丰富的"信息/资源池"（Foss et al.，2013；Ramachandran and Ray，2006），含有大量的技术、政策和市场信息及其他有价值的资源（Dimov，2007）。处于不同网络位置的利益相关者根据其在"信息/资源池"所掌握的信息和资源可识别不同创业机会（Vandekerckhove and Dentchev，2005），从而围绕该"信息/资源池"形成大量潜在机会。

综上可知，机会开发过程中多主体参与及其互动将带来大量的潜在机会，形成由众多潜在机会构成的集合。因此，从多主体视角来看，围绕某一主体（或创业者）的机会开发（发现型机会或创造型机会），伴随着其他参与主体的机会开发，最终将实现多个主体开发多个机会。这些机会并不是孤立存在的，而是由某一主体初始机会或创意衍生而来，依附于深入互动的各个参与主体，共同构成了具有一定内在联系的一系列机会的集合，即机会集。

（三）机会集的创建、拓展与两种类型创业机会间的转化

新企业在机会开发不同阶段需要的资源存在差异（Pinho and de Sá，2013），因而创业者需与不同的利益相关者建立联系，由利益相关者构成的创业网络也会随之发生演化（Greve and Salaff，2003），这也将带来机

会集的变化。机会集的重要特征在于其并不是一成不变的，而会随着主体的机会开发及其他主体的不断加入发生变化。围绕着某一主体的初始机会开发，利益相关主体会逐渐被吸引，数量不断增多且主体类型也越来越多样化，从而衍生出更多机会，形成机会集的内核，这一过程称为机会集的创建。该机会集将进一步吸引各种类型新主体不断加入并开发潜在机会（Zahra and Nambisan，2011）。这也将伴随着主体间的信息、认知和资源的交互，从而产生更多有关联性及创新性的机会，这一过程为机会集的拓展。

不难看出，机会集会随着多主体的参与而逐步创建并演化，即多主体参与的初始机会开发创建了机会集，而机会集内蕴含的大量有机联系的潜在机会又吸引更多主体参与，带来更多的信息和资源，从而拓展了机会集。因此，多主体互动下的机会开发带来机会集的创建及拓展，而机会集又为参与主体提供丰富的潜在机会。一方面，机会集的创建与拓展，吸引参与主体通过组织学习深化其对机会集所带来知识的理解和整合，联合其他利益相关主体创造新的机会；另一方面，参与主体可根据机会集创建和拓展所带来的"信息/资源池"，基于自身经验、资源和认知能力，识别不同的机会。因此，机会集的创建、拓展会为两种类型创业机会间的转化提供基础。无论是发现型机会开发还是创造型机会开发，在多主体的参与下都能创建和拓展机会集，从而可能带来新的发现型机会或创造型机会。与发现型机会开发所形成的机会集不同，创造型机会开发强调对新知识和技术的利用（Zahra，2008），该过程形成的机会集内潜在机会的创新性更高，更具价值创造潜力，但不确定程度更大。此外，相较于发现型机会开发所形成的机会集，在多主体参与下的创造型机会开发形成机会集的过程中，各主体间应具有较好的信任基础，主体间联系更为密切。一方面，只有彼此信任且联系密切的主体才更愿意投入精力和资源参与不确定性较高的创造性机会的开发过程（Tocher et al.，2015）；另一方面，彼此信任且联系密切的主体更有利于知识和关键资源在主体之间的流动，从而进一步产生创新成果（Spigel and Harrison，2018）。总体而言，初始的发现型机会开发会进一步促进其他发现型机会和创造型机会的产生，同时初始的创造型机会开发也会带来其他创造型机会和发现型机会。

二 多主体视角下两种类型创业机会间的转化机理

(一)创造型机会向发现型机会的转化

多主体视角下创造型机会开发的各个阶段都有助于产生发现型机会。创造型机会始于核心主体初始创意的形成,随着该机会被客观化与实施,利益相关主体逐渐加入。该过程中参与主体围绕核心主体(或创业者)的创意进行信息、认知和资源互动,形成一系列相关机会创意的集合,创建并不断拓展机会集。而机会集的创建和拓展带来大量具有创新性的潜在机会,不断吸引主体对机会集内创新性机会进行复制、扩散、识别和评估,并将其运用到新的市场(毕先萍等,2013),从而实现创造型机会向发现型机会的转化(如图 3.2 所示)。创造型机会的初始创意来自创业者与外部环境中其他相关主体的互动(Suddaby et al.,2015;Alvarez and Barney,2014),因此在机会概念化与客观化阶段主体间的信息交流频繁。同时,产生创意的创业者还需接受其他主体的质询与反馈,并最终与其他主体达成共识,即体现为认知层面的互动(Shepherd,2015;Wood and McKinley,2010)。各参与主体也围绕初始创意向创业者及其他主体表达意见和建议,阐释对该创意的自我理解甚至颠覆初始创意,最终形成由多个机会创意构成的机会集。

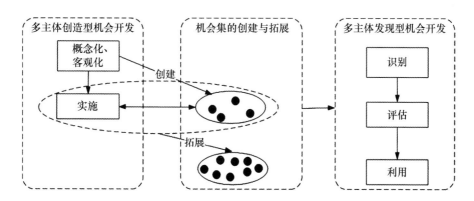

图 3.2 多主体视角下创造型机会向发现型机会转化

注:●表示潜在机会。

该初始机会集将积极影响一些主体的发现型机会识别、评估与利用。根据创造型机会的特征，机会概念化和客观化阶段创建的机会集内潜在机会往往具有较高的创新性和潜在价值。一些主体可以通过观察和学习，复制机会集内的机会并对其进行开发（Overholm，2014）。首先，机会集内丰富的机会创意成为一些主体识别机会的关键来源，因为机会集的创建促使各参与主体间进行深度和密切的信息、认知互动，带来知识溢出效应，促进参与主体识别新机会（Spigel，2017；Cantù，2017）。其次，机会集内的潜在机会是由初始机会衍生而来，与初始机会具有紧密联系。在机会集的创建过程中，各参与主体也是初始机会的关键质询群体，因此它们较好地掌握了机会集内各潜在机会的信息和知识，有利于一些主体评估新识别机会的可行性与吸引力。另外，机会集的创建为一些主体利用发现型机会提供优质的合作伙伴，这些合作伙伴已经共同参与了初始机会的开发，具有良好的合作基础，并且它们往往积累了丰富的创业知识和经验并具有利用该机会所需的资源（Overholm，2014），提高了机会利用成功率。

在机会实施阶段，能否成功开发机会很大程度上受资源提供者的影响（Wood and McKinley，2010），而机会集的重要功能之一便是将各参与主体密切联系起来并吸引更多新主体加入（Zahra and Nambisan，2011），为创业者机会实施提供资源支持。新主体的不断加入拓展了原有机会集，一方面，参与初始机会实施的这些新主体为机会集注入更多信息、知识和其他资源，将形成更多的潜在机会，使机会集更加多样化并扩大机会集内机会数量；另一方面，新进入的主体与原有主体围绕机会实施进行信息、认知与资源互动，彼此间相互学习，有助于降低机会集内潜在机会的不确定性、提高潜在机会的创新性和机会集的质量。

机会集的拓展带来更具多样化、创新性更高的潜在机会，参与主体可以通过学习获取新知识，对机会加以识别（Vandekerckhove and Dentchev，2005）。主体间频繁互动降低了机会集内机会的不确定性，促进更多有警觉性的主体识别高创新性的机会（Overholm，2014）。机会集的拓展也会对主体机会评估产生积极影响。一方面，机会集的拓展使得各参与主体的联系更密切并产生高度的信任与认同（Burns et al.，2015；Tocher et al.，2015），更多的市场、技术或政策信息和知识能够降低主体对机会的感知风险,积极影响新发现机会的评估;另一方面,机会集的拓展可提高机会的创新性,这使得机会对于参与主体而言更具吸引力（Mitchell and Shepherd,2010;Dimov,2010）。机会集的拓展也为发现型机会的利用提供便利,因为拓展后的机会集蕴含着更为丰富的信息、知识和其他资源,而且主体间具有较好的合作基础,能够成为新机会开发的重要合作伙伴,为一些主体利用机会提供资源支持。

由于机会的发现与主体的背景和特征密切相关,因此在这一转化过程中,个体的警觉性、先前经验和知识、创业特质、教育背景都极为关键（Short et al.,2009）,将在很大程度上影响二者的转化速度和效率。

（二）发现型机会向创造型机会的转化

多主体视角下,发现型机会开发同样会实现向创造型机会的转化。发现型机会开发可能以某一主体（或创业者）的初始机会开发为核心,不同参与主体基于该初始机会进行信息、认知和资源互动,发现与其相关的其他机会或产生新的创意,从而创建并拓展机会集。机会集的创建和拓展带来大量潜在机会,在这一过程中参与主体不断增多,主体之间的频繁互动也将触发学习过程,带来知识的溢出,促进一些主体概念化、客观化及实施创造型机会（如图3.3所示）。

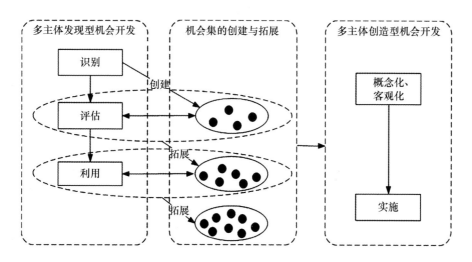

图3.3　多主体视角下发现型机会向创造型机会的转化

注：●表示潜在机会。

　　在机会识别过程中，客户、供应商、行业内相关专家及同行、家人和亲密朋友、创业导师等主体为创业者提供市场、政策、技术等相关信息（Ozgen and Baron, 2007），并影响创业者的信息加工过程。这些信息蕴含着潜在机会，不同参与主体根据自身的知识基础和先前经验对这些信息进行解析可识别到大量不同机会，从而构成了初始的机会集。该机会集内潜在机会的关联性较高，如所处行业、创新程度相近。并且此阶段的信息交流主要从相关主体流向创业者（Wood and McKinley, 2010; Ozgen and Baron, 2007）。由于各主体间的合作比较松散、互动程度并不高，因而，此阶段主要对创造型机会的概念化和客观化产生影响，而对机会实施影响较弱。在影响机会创意方面，受机会集内潜在机会的启发，一些创造性较强的主体可能产生新的机会创意。另外，该机会集由众多参与主体共同创建，蕴含与初始机会相关的信息，帮助一些主体质询和客观化新的机会创意。

　　机会评估阶段，创业者需要更多具有相关经验的主体对机会的可行性和吸引力加以评估（Mitchell and Shepherd, 2010），并向各主体解释所发现的机会以获得资金及其他资源的承诺（Wood and McKelvie, 2015）。已有的机会集也将积极吸引相关主体参与机会评估。因此，该阶段各参与主体间产生信息和认知的频繁互动，主体间的学习增强，特别是某些关键知识的共享带来一些有创新性的潜在机会。一些经验丰富的新主体加入使得参与主体更为多样化，带来更多潜在机会，从而使机会集得到拓展。该阶段机会集内的潜在机会更丰富并有一定创新性，吸引各主体积极参与初始机会的开发。此时，主体间联系更紧密、合作意愿加强、知识溢出效应更明显，一些主体更易产生机会创意。如 Dutta 和 Crossan（2005）的研究发现，机会评估阶段创业者和参与主体的互动学习过程会激发它们产生具有创造性的机会创意。拓展后的机会集能提供更为丰富的信息，帮助一些主体完善原有的机会创意并为客观化该创意提供支持。机会集拓展过程中主体间认知的互动及信任的产生也强化了各主体参与机会实施的意愿。

　　由于创业者或创业企业与利益相关者经过机会评估后在认知层面达成共识，进入利用阶段后机会不确定性降低，因此机会集的存在将进一步吸引更多其他主体参与利用该机会。此时主体间已由之前认知层面的交流转向实际协作，主体间围绕初始机会进行市场、技术等方面的合作，带来更多与初始机会相关的具有创新性的潜在机会。同时，该阶段各参与主体间的深度合作将进一步降低原有机会集内潜在机会的不确定性。因此，机会集被进一步拓展，各主体对潜在机会的理解和认识也更为清晰，一些主体开发创造型机会的可能性更大。首先，在发现型机会向创造型机会转化的过程中，新技术的产生和运用是关键，这需要创业者或创业企业的持续研发和学习（Vogel，2017；Zahra，2008）。机会集的拓展及潜在机会的增多吸引主体间更积极地进行合作，主体间的学习更频繁，诱发一些主体实现突破式技术创新，产生机会创意（Zahra，2008；杨东、李垣，2008）。其次，该阶段参与主体已经展开实质性的合作，各参与主体通过频繁的交流（Wood and McKelvie，2015；Choi and Shepherd，2004），对开发机会相关的信息和知识进行充分的共享和扩散。机会集所包含的丰富信息和知识有助于机会创意不断完善，实现客观化。最后，参与主体在利用阶段实际投入资源并对其进行充分整合（Foss et al.，2013；Choi and Shepherd，2004），因此机会集背后蕴含着丰富的资源组合，为创造型机会实施提供资源支持。如 Cantù（2017）的研究发现，处于同一孵化器中的多家企业，在共同利用机会的过程中相互学习与共享资源，可以产生新创意并共同开发创造型机会。

不难看出，由于创造型机会具有高创新性特征，在发现型机会向创造型机会转化过程中，主体的创造性是影响这一转化过程的重要因素（Short et al.，2009）。此外，学习也是促进主体对机会识别所获取的新知识进行深入理解，实现技术突破，从而创造新机会的关键条件（Zahra，2008；Dutta and Crossan，2005；Cantù，2017）。

（三）两种类型创业机会间转化案例——支付宝和余额宝的产生与发展

创办于 1999 年的阿里巴巴集团（简称阿里巴巴）举世闻名。由最初的 B2B 电子商务业务发展到现在，已不仅仅是一个电商平台，阿里巴巴还先后开辟了与之相关联的互联网金融、物流平台、网络媒体、云服务等一系列的互联网服务。其中阿里巴巴的互联网金融业务支付宝、余额宝的出现对中国整个金融行业具有深远的影响，并且余额宝还是典型的新兴行业制度创业案例，较好地诠释了创造型机会的产生过程。余额宝的产生源自支付宝的发展，而在余额宝的基础上又产生了大量互联网金融相关业务，这也很好地验证了发现型机会与创造型机会间的转化。

1. 从支付宝到余额宝：发现型机会向创造型机会转化

（1）支付宝业务的产生和发展：发现型机会开发及机会集的创建与拓展

2003 年 5 月，淘宝网建立 B2C、C2C 服务平台，然而由于这种交易模式的买卖双方并不是面对面沟通，商家与买家间缺乏信任基础，加上资金流与物流的分离，使得交易存在先天性不足，而当时市场中也缺乏相应的服务来保障交易的顺利进行。淘宝网要想发展必须解决信任问题。淘宝网初期的交易方式有两种：要么同城见面交易，要么远程汇款交易。多数情况是买卖双方之间从未谋面而又相隔万里，相互间缺乏信任，迫切需要第三方担保交易解决这样的问题。市场中供给与需求的矛盾突出，以马云为首的阿里巴巴创始团队成员发现了这一市场机会。最初的想法是寻找国内的金融机构来做淘宝网的第三方担保交易，但由于当时单笔交易额小，各金融机构觉得无利可图。最后，在市场需求的推动下淘宝网决定自己开发该机会，由此于 2003 年 10 月推出支付宝作为第三方为淘宝网上的交易提供担保服务。

该机会来源于市场供给与需求的不均衡，而马云等人基于自身的敏锐洞察力和警觉性发现了这一市场需求。根据 Shane 和 Venkataraman（2000）等人的观点，支付宝机会的开发属于典型的发现型机会。该机会的利用很好地解决了网上交易存在的风险，满足了多方利益相关者的需求。基于淘宝网这一信息平台消费者与商家达成交易意向，消费者通过第三方支付将资金暂时转入支付宝，由支付宝作为交易担保，商家将商品通过物流企业寄送给消费者（部分商品可能不需要物流）。消费者收到商品并确认无误后，支付宝将相应资金转给卖方支付宝账户，卖方可以通过支付宝与银行进行结算。

不难看出，支付宝业务满足了不同类型的主体包括淘宝网、支付宝、银行、商户、买家、物流企业等各自的需求。该业务模式也是围绕淘宝网这一关键主体，各参与主体在交易过程中进行信息与知识的交换后形成的、能被广泛接受的模式。正是基于这一共同基础，各主体间形成了密切的利益关联，并且各自发现相应的创业机会，形成了机会集，从而为后续积极参与到这一机会的利用奠定基础。

作为第三方支付,支付宝的模式获得顾客和商家的极大认可,业务量开始急剧增长,并于2004年12月从淘宝网拆分,成立支付宝(中国)网络技术有限公司。支付宝业务模式的广受认可也推动其逐渐说服银行等金融机构为其开通支付功能,并且金融机构也获得大量淘宝网商家客户群体及交易结算收益。中国建设银行、中国农业银行、招商银行、浦发银行、民生银行等一百余家国内外银行以及国际卡组织 VISA 和万事达等主体都先后与支付宝建立了合作关系。物流企业则获得更多的用户订单,特别是一些中小物流企业快速发展起来,形成了物流行业的"四通一达"。

这些新参与主体的不断加入也进一步拓展了支付宝的业务。随后支付宝快速发展,2008年推出支付宝手机支付服务以及水、电、煤气等公共事业缴费,用户量于当年超过1亿人。2009年支付宝用户量超过2亿人,2010年用户量超过3亿。2008年以后,作为互联网支付平台,支付宝也相继与卓越亚马逊电商平台、日本软银电子支付、携程旅行网、春秋航空等进行合作,实现国内以及跨境支付。这也形成了良好的示范效应,逐渐覆盖了购物、航旅票务、生活服务等众多领域,为各类商家提供支付服务。

从支付宝业务的快速发展来看,围绕开发支付宝业务这一商机以及机会集中的潜在机会,新的参与主体包括大量的金融机构、商户、物流企业、其他电子商务平台纷纷发现相应的机会,从而积极参与进来。这些新的各类主体的参与带来了大量资源和信息,进一步拓展了原有机会集。机会集的拓展可以体现为三个方面:第一,支付宝支付业务的拓展,从仅服务于淘宝网到其他的电商平台、公共事业服务单位等都竞相加入并利用该服务业务,潜在客户大增;第二,支付宝业务为买家和商家提供担保支付服务,让二者的交易变得便利、降低风险,吸引越来越多的买家和商家入驻电商平台;第三,配套支持服务的拓展,如银行等金融机构的互联网金融业务以及顺丰、圆通等物流服务业务需求的快速增长。

(2)余额宝的产生:创造型机会开发

机会集的拓展带来了大量资源的集聚。根据支付宝发布的信息,2012年的用户数超过8亿人,日交易额达到60亿元,占第三方支付47%

的份额。支付宝爆发式的增长一方面为其带来大量市场资源，客户与收益不断攀升，由此产生的沉淀资金越来越多，一时成为其幸福的"负担"。然而，另一方面社会公众对巨额沉淀资金的管理及其收益的归属权产生怀疑。2010 年中国人民银行下发《非金融机构支付服务管理办法》，明确规定禁止支付机构以任何形式挪用客户备付金。根据惯例，几乎所有第三方支付机构搁置在银行的沉淀资金所产生的利息都归属于机构本身，而不是客户。2013 年又下发《支付机构客户备付金存管办法》，规定需要第三方支付机构计提备付金利息的 10% 作为风险备付金，对于剩下的 90% 的利息收益并未予以明确规定。这更增加了客户的质疑声音。

支付宝迫切需要解决这一难题，因此与潜在合作者进行沟通，最终选择与天弘基金合作。天弘基金创建于 2004 年，在与支付宝正式合作时只是个小型的基金管理公司。由于其他潜在合作者与支付宝的想法未达成一致，特别是一些大型的基金公司并不看好支付宝提出的想法，而天弘基金敏锐地察觉到可能存在的机会，快速地与支付宝沟通，共同探讨解决方案。最终达成一致意见，双方接受推出余额宝，将相应资金投资于货币基金这种低风险、收益稳定的产品。2013 年 6 月余额宝产品正式推出。

总结来看，正是前期支付宝、淘宝网及其众多的利益相关者不断开发支付宝服务，创建和拓展相应的机会集，带来了大量资源的集聚，特别是资金资源和市场资源。由于积累了足够的客户、资金及合作者、声誉、客户信任，这为支付宝创造性地利用沉淀资金奠定了基础。加上前期与四大国有银行、股份制银行等的合作，使得支付宝对于金融行业有足够的认识和了解。支付宝需要找到一个解决方案，既能为客户创造收益、风险又低，又能控制备付金规模并降低监管机构的约束。因此在实现这一目标的驱动下，支付宝开始寻求潜在合作者。由此吸引了全新的、差异化的主体天弘基金的参与，产生了余额宝这一创新程度极高的机会。根据 Alvarez 和 Barney（2007）等关于创造型机会特征的研究来看，余额宝的产生是核心主体支付宝等进行创造性想象和实施的结果，是一个充满不确定性的社会建构过程，因为之前市场中并不存在相似类型的解决方案，是由支付宝与其服务的客户、基金公司及其他利益相关者通过互动共同创造的，因而属于典型的创造型机会。

2. 余额宝的扩散效应:创造型机会向发现型机会的转化

(1)余额宝业务的推出及早期发展:创造型机会开发与机会集拓展

余额宝本质上是一款理财产品,用户将资金从支付宝转入余额宝便意味着购买了天弘基金的增利宝货币基金,从而帮助客户获得远高于活期存款利率的收益。支付宝通过余额宝这一业务,将零散的资金集中起来,极大地降低了购买货币基金理财产品的门槛,提高了便利性。因而自余额宝推出后,在一个月内资金规模便突破百亿元,2014年年初便突破2500亿元,一跃成为全国最大的基金。

从创造型机会开发过程来看,余额宝这一机会概念源自支付宝如何解决客户沉淀资金的诉求,因而提出向多家基金公司寻求合作。这一机会概念起先并未得到广大基金公司的认可,但当时处于弱势市场地位的天弘基金快速反应,基于互联网以及支付宝客户群体的特征提出了与支付宝合作推出货币基金的设想,得到了支付宝的支持(从后续广大支付宝客户的积极响应也能看到这一机会备受各利益相关主体认可)。此时,这一机会概念被客观化,余额宝业务被创造性地推出。随后,余额宝业务进入实质性的利用阶段,其通过创造性的方式将支付宝、使用支付宝的客户、基金公司以及银行等利益相关主体密切联系起来。天弘基金利用其资质推出"增利宝"货币基金业务并将其嵌入"余额宝"中;支付宝将不同类型的服务客户聚集在这一支付平台上并成为余额宝的销售渠道;支付宝的服务客户(包括各电商平台的买家及其他客户)提供大量的闲置资金,通过余额宝获取收益;银行对支付宝和余额宝的资金进行托管、结算,同时"增利宝"货币基金成为其重要的资金来源渠道,弥补资金短缺。

在余额宝这一机会的开发过程中,天弘基金成为支付宝相关业务发展过程中的一个全新的主体,该主体的加入极大地拓展了原有的机会集,主要体现为以下四个方面。第一,支付宝与基金公司对接,可实现通过支付宝平台销售基金公司等机构的各类理财产品,拓展了理财产品的销售渠道与便利性,降低用户的理财门槛从而吸引大量用户;第二,拓展了支付宝和天弘基金等主体的业务服务范围;第三,进一步拓展了配套服务,例如广大支付宝客户将大量资金集聚到余额宝,由此衍生出防止被盗风险的互联网保险业务;第四,余额宝引发银行业的变革,使得银行这一关键参与主体开始思考如何灵活利用社会公众的零散资金。

（2）余额宝的快速发展：机会集拓展与发现型机会开发

余额宝这一业务的开发，极大地拓展了机会集，并带来了其他新主体以及大量资源和信息的集聚。例如在吸引客户方面，2016年余额宝用户数突破3亿人，截至2017年6月余额宝的规模更是达到了1.4万亿元。余额宝的快速发展引发机会集拓展，从而对互联网金融行业产生深远影响，带来大量的发现型机会。

由于余额宝的客户和资金规模的急剧增长，为满足客户不同理财需求，2014年4月阿里巴巴在余额宝基础上推出了招财宝业务。其作为理财信息发布平台，银行、保险公司、基金公司等可以发布相应的理财产品，但相应产品必须有金融机构或大型担保机构提供本金和收益担保。支付宝及余额宝客户可以用相应的账户资金购买这一平台上的低风险、稳定收益的理财产品。招财宝业务推出后不断更新其新业务，满足了不同层次支付宝客户的理财需求。同时，支付宝于2016年10月向客户推出余额宝大额提现和转账服务收费业务。这些都是在余额宝基础上发现的新机会。

天弘基金通过与支付宝合作推出余额宝后业务量大增，并获得大量的基金管理费收入。在这种互联网基金销售模式受到广大客户认可后，相继在支付宝平台推出更多不同收益与风险的理财业务，余额宝客户成为其潜在客户来源，极大地扩展了其原有的业务范围和规模，奠定了其作为国内第一基金的基础。此后，各大银行和基金公司看到余额宝的巨大成功，便相继复制该机会，推出与余额宝相类似的理财产品，包括百度百赚、京东小金库、薪金宝、如意宝、活期宝、苏宁零钱宝等。

同时，较多客户将闲置的大额资金转入余额宝衍生出对账户安全的考虑，在此过程中保险公司这一主体发现机会，开始由中国平安保险与支付宝合作，推出账户安全险（如盗刷险）而备受客户认可。随后中国人寿、泰康人寿、太平洋保险等保险公司相继加入并推出各种类型的互联网保险产品。

总体而言，本部分系统阐述发现型机会与创造型机会的相互转化机理，并且通过对阿里巴巴互联网金融业务支付宝和余额宝的产生和成长过程的分析，解释和验证了两类创业机会的转化过程和机理，以及机会集创建和拓展在这一过程中的关键作用。已有关于发现型机会与创造型机会的研究多聚焦于二者的开发过程及差异性,尽管越来越多学者们认识到这两种类型创业机会同时存在于创业实践(斯晓夫等,2016),但二者如何转化的机理性研究尚缺乏。本章较好地弥补这一研究不足,并有助于为创业学者提供一个新的理论视角,以揭示"平台"型或"生态圈"型企业的发展路径,深入探索其成功或失败的根源。

第三节　共生关系

一　共生关系的概念界定

多数学者从过程视角界定共生关系,认为其是组织间基于异质性而形成的相互依赖、相互依存的关系,如 Aldrich 和 Martinez (2001) 指出共生关系是不同参与者通过相互依赖形成的,是研究两个或多个组织间如何永恒或长久共存的问题 (Li et al.,2012);Pfeffer (1972) 认为共生关系是指不同类型的组织能够从对方身上获得对各自生存极其重要的资源,通过资源交换而形成的相互依赖关系;Salvato 等 (2017) 认为共生关系是所拥有和所需资源存在差异的组织之间形成的一种相互依赖的长期密切互动关系。因此,过程视角下的研究指出,不同类型的组织间形成的相互依赖关系是共生关系的核心内涵,这种相互依赖关系不仅来源于共生参与者间异质性资源或能力的互补 (Pierce,2009),也来源于发展战略 (Franke et al.,2013)、产品/服务所在生命周期发展阶段及其功能特征等方面的互补性 (Agerfalk and Fitzgerald,2008;Thomas and Autio,2014)。

也有学者从结果视角界定共生关系,认为价值共创是共生关系的核心,如 Adner (2017) 指出共生的核心是在对价值定位具有一致认知的基础上进行价值的共同创造;Dana 等 (2008) 将共生关系界定为在多方努力下,任何一方都能从共同努力中获益并共同创造附加价值的一种行为关系;Pera 等 (2016) 认为共生关系是由组织间共同的目标所牵引,各参与者都从共创价值中受益的关系。总体而言,结果视角下的研究认为,价值共创作为共生关系建立的核心目标,推动各参与者共存共演,共同开发机会获得收益,并共同承担可能导致的风险 (Iansiti and Levien,

2004；Bosch-Sijtsema and Bosch，2015）。

　　综上所述，已有研究主要从两个视角分别对共生关系的内涵进行解析，过程视角主要刻画了共生关系形成及发展的核心特征，而结果视角主要关注共生关系的价值内涵。然而，过程和结果是环环相扣、相辅相成的，过程决定结果，结果又是下一个过程的开始。具体来说，过程诠释的是共生关系维持和运行的机制，而共生关系的建立和维持是为了其最终能够为参与者创造价值，这是共生关系维系的根本原因。因此，综合前人基于过程和结果视角的观点，本部分认为共生关系是两个或多个具有异质性的组织基于共同目标和愿景所形成的一种相互依赖、相互共存的关系，并且能够共担风险、共创价值。

二　共生关系的维度分析

　　由于共生关系的研究尚处于探索阶段，仅有少数学者关注共生关系的维度问题，如 Khanagha 等（2020）认为，共生关系是组织间基于互补性形成的相互依赖关系，并且组织间存在发展愿景上的共鸣。Meyskens 等（2010）指出，共生关系是基于战略匹配，相互信任建立的。Chou 和 Huang（2012）认为，共生关系首先应当具备互补性，即能够将共生参与者的资源和能力进行整合；其次，共生关系应处于一定的规则和制度中，以保障共生关系的稳定；最后，还需要保持愿景的一致性，确保共生参与者的行动及发展方向是协同的。

　　较为具有代表性的研究是 Thomas 和 Autio（2014）提出的三个共生维度，即成员关系、治理机制和共享逻辑，其中，成员关系强调专业性和互补性，即共生参与者在资源和能力方面的专业化和互补性是共生存在的基础，确保了组织间的相互依存；治理机制是指协调组织间互动的一套机制，为共生关系的持续运行提供保证；共享逻辑是指共生参与者间相互信任，并对完成一项事业存在共同意识，是共生关系长期健康发展的重要保障。Thomas 和 Autio（2014）提出的维度划分较为全面地反映了共生关系的维度，并得到了较多学者的关注和认可（如 Sarma and Sun，2017；Cai et al.，2016）。

三 二元组织间共生关系与生态系统共生关系的对比分析

通过系统提炼和梳理现有文献发现,相关研究主要围绕共生关系的影响因素、核心维度和共生效应三个方面展开(如图3.4所示)。具体而言,影响因素的相关研究主要涉及外部和内部因素会影响共生关系的形成和发展;对于共生关系本质的研究主要集中在共生关系的概念维度;共生效应主要表现在效益共创和机会共同创造等方面。其中,影响因素方面的研究揭示了共生关系的产生过程及发展路径,并有利于理解情境的影响作用,而共生效应代表了共生关系所产生的不同于一般组织间关系的重要结果,这种重要结果的产生又会对组织所面临的内外部因素形成进一步影响。

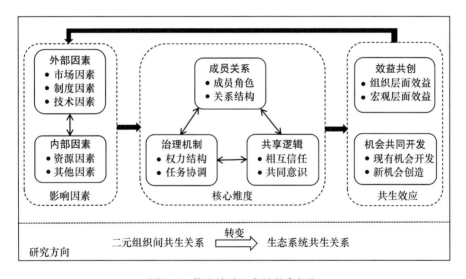

图3.4 共生关系研究的整合框架

资料来源:根据文献整理。

基于对共生关系研究的整体性认识,可以发现相关研究主要聚焦于二元组织间共生关系和生态系统共生关系的研究。然而,鲜有研究关注生态系统共生关系与二元组织间共生关系的差异。一方面,在生态系统这一特殊情境下,共生现象的独特性需要揭示。当今,万物互联已成为社会经济发展的常态,越来越多的生态系统正在形成,通过聚合不同行业和类型的组织，进行积极的交互、协作与赋能，共同创造超出客户预期的产品和服务，在更广阔的市场增量空间中寻找机会。这种生态系统通常是由多种类型的组织（包括企业、政府、大学与科研机构、投资机构和中介机构等）及其所处的制度、市场等环境通过交互作用形成的有机整体，具有多样性、开放性、网络性、自我维持性等特征（蔡莉等，2016）。其中，多样性导致组织类型及其所提供的资源更为多元化；开放性增强了生态系统的包容性，从而增加潜在参与者存在的概率；网络性涉及生态系统的中心度和关系的强弱程度，使得组织间的关联更为复杂化；而生态系统自发的维持和强化有赖于系统内部存在着一定运行规则和机制，以及一致性的价值主张，对系统内部组织具有重要影响。因此，在生态系统这一特殊情境中，组织间的共生关系更为复杂，通过促进现有/潜在共生参与者间信息、知识等资源的汇集和交换，实现了成员关系、治理机制和共享逻辑的深化发展，并带来更为广泛的效益（Chou and Huang，2012；Thomas and Autio，2014；Cui et al.，2018）。

另一方面，通过对文献的整理分析发现，学者们在开展对这两类典型共生关系的研究时，在一些关键问题的关注点上呈现出一定的差异，这些差异背后的原因需要理论分析。例如在共生关系的治理机制方面，二元共生关系研究主要关注如何避免由于资源过度依赖而引发的权力不对称等两者博弈问题（如 Kalantaridis and Vassilev，2011），而生态系统共生关系则不仅需要考虑共生参与者间的直接关系，更需要重点考虑系统内的其他间接关系对权力结构的影响（如 Pierce，2009）；在共生关系的效应方面，构建二元共生关系对利用现有机会有积极作用（如 Oliver，1990），然而在生态系统共生关系的研究中，参与者的多样性越强，越能够提升参与者通过探索知识的创造性组合以塑造新机会的潜力，从而推动行业进步和社会发展（如 Borgh et al.，2012）。因此，本部分基于现有研究框架，从核心维度、共生效应以及影响因素三个方面对二者进行深入的对比分析（如表3.1所示），并应用相关理论进行深入解析。

表 3.1　　　　二元组织间共生关系与生态系统共生关系的比较

内容		二元组织间共生关系	生态系统共生关系	理论基础
核心维度	成员关系	主要聚焦参与者的类型及参与者间的互动机制。其中,参与者角色明确、任务清晰,参与者间资源安排与互动模式往往依照惯例,成员关系简单且稳定(Eliasson 和 Henrekson,2004)	主要关注多样化参与者间所形成的复杂互动机制。其中,参与者角色具有多重性,参与者间关系结构通常是变化且开放的,成员关系更具灵活性(Bosch-sijtsema 和 Bosch,2015)	社会网络理论
	治理机制	主要关注参与者由于资源过度依赖而产生的权力不对称,以及任务协调的公平性可能受权力较高者影响等问题(Pfeffer and Nowak,1976;Gulati and Sytch,2007)	强调主导企业和其他参与者对共生关系的协调和支持作用。在这一情境下,多极化权力重心降低权力不对称,任务协调更具系统性和合理性(Jacobides et al.,2006;Adner,2017)	资源依赖理论
	共享逻辑	主要探究参与者如何基于频繁交互而逐渐加深信任和认同感,从而减少信任缺失和认知距离(Zeng et al.,2013;Hudnurkar et al.,2016)	强调共生关系还需考虑系统内部价值观和文化。通过建立内部和外部合法性,增强对共创价值的信心,更大程度缩小认知距离并加强相互信任(Chen and Miller,2015;Cui et al.,2018)	制度理论
共生效应	效益共创	主要关注参与者效益,如降低交易成本、获取更高收益等(Bouchard and Dion,2009;Chou and Huang,2012)	参与者均获取效益,同时提升生态系统的整体价值和社会效益(Adner,2017;Bhawe and Zahra,2019)	交易成本理论
	机会共同开发	主要关注共生关系有助于参与者更好地利用现有机会(Adler,1966;Oliver,1990)	不仅促进现有机会的利用,多个参与者间互动还会进一步推动新机会创造(Zettinig and Benson-Rea,2008)	机会观
影响因素	外部影响因素	主要探究市场和制度环境对共生关系的影响,并关注技术变革(特别是数字技术)的影响(Hellmann and Perotti,2011;Zhang et al.,2016;Pan and Lin,2019)		组织生态学
	内部影响因素	主要强调资源需求,以及能力匹配、心理因素等对共生关系建立和发展的影响(Varadarajan and Rajaratnam,1986;Zeng et al.,2013)		资源基础观

资料来源:根据文献整理。

（一）核心维度

1. 成员关系

成员关系是指两个/多个共生参与者基于资源、能力互补所构建的相互依存关系。二元组织间和生态系统共生关系在成员关系维度上的差异主要体现为成员角色和关系结构两个方面。从现有研究来看，二元组织间的成员角色与关系结构较为简单，仅关注两个组织间的关系，如初创企业和大企业间的共生关系（Baumol，2002；Eliasson and Henrekson，2004；Bauernschuster，2013；Henrekson，2014）、供应链中的两个企业由于存在垂直化相互依存而形成的共生关系（Abrahamson and Fombrun，1994；Gulati and Sytch，2007；Agostini and Nosella，2017）、两个企业为完成项目或具体任务而建立的共生联盟关系等（Adler，1966；Dussauge et al.，2000；Palmer，2002）。这些典型的二元组织间共生关系的参与成员较为明确、任务清晰，成员间的资源安排与活动模式往往基于一定的体系（Salvato et al.，2017），容易固化，因此相对稳定（Caro，2008）。

已有研究表明，生态系统具有多样性和网络性，在这一情境下，共生关系的参与者众多、关系结构较为复杂（Bosch-sijtsema and Bosch，2015）。首先，这种成员关系由多种不同类型的组织构成，包括企业、投资机构、大学和科研机构等（Cohen，2006；Isenberg，2010；蔡莉等，2016），具有较强的异质性，能够带来更为丰富的信息和知识，以创造更具竞争力的资源组合与问题解决方案（Patel and Terjesen，2011）。其次，共生参与者的成员身份具有多重性，如在核心企业主导的平台生态系统中，用户不仅作为产品或服务的接受者，还可能是创意的提供者（Autio，2017），在区域创业生态系统中，风险投资公司不仅为初创企业提供融资，还以导师的身份指导企业发展（Widyasthana et al.，2017）。此外，成员角色的多重性还可能进一步导致关系的多重性，如参与者间既可能是基于关键技术资源互补的技术型共生关系，同时也可能是整合利益相关者以开拓市场的市场型共生关系（Cai et al.，2016）。最后，生态系统的开放性是共生参与者关系结构呈现多变、开放且富有灵活性的前提（Li，2009）。网络结构使共生参与者间更容易进行资源交互（Bøllingtoft and Ulhøi，2005）。因此，这种开放性的结构更有可能引发成员关系的变化，也体现出较强的灵活性。

部分学者从社会网络理论视角将共生关系看作由参与者间复杂的交互作用而形成的共存、协作和共同进化的关系结构 (Li, 2009；Bosch-sijtsema and Bosch, 2015)，为解释二元组织间共生与生态系统共生在成员关系方面存在的差异提供了突破口。有研究指出，二元组织间共生是基于双方异质性资源互补而形成的结构较为清晰、简单的关系，共生参与者在这一关系中的身份和作用较为明确 (Eliasson and Henrekson, 2004；Bauernschuster, 2013)。然而，生态系统共生关系的成员角色和关系结构均呈现出复杂性。多元化的成员角色有助于促进新关系结构形成，这种关系结构又能够进一步吸引新组织进入，赋予共生关系更多的活力 (Khanagha et al., 2020)。一方面，多样化的共生参与者能够形成丰富的异质性资源组合，促进参与者间各种直接和间接关系的建立，扩大关系结构的范围 (Bosch-sijtsema and Bosch, 2015)；另一方面，网络关系结构强化了资源在关系内的流动，使参与者在资源流动过程中发挥不同作用，并吸引潜在组织参与进来以利用资源 (Zettinig and Benson-Rea, 2008)。因此，生态系统共生关系更具开放性和灵活性，能更有效地应对环境变革 (Meyskens et al., 2010)。

2. 治理机制

为保证共生关系的有效运行，需要制定和实施一定的规则对共生参与者间的权力结构和任务协调进行治理 (Davis and Eisenhardt, 2011；Bhawe and Zahra, 2019)，其中权力结构是由于共生参与者间的权力差异形成的 (Bosch-sijtsema and Bosch, 2015)，这种权力差异的产生不是植根于雇佣关系，而是源于组织拥有独特的资源 (如技术、专业知识、声誉或客户基础) 而导致其他组织对其产生资源依赖，从而在共生关系中具有更多的决策权和话语权 (Pfeffer, 1972；Pfeffer and Nowak, 1976)；任务协调是对共生参与者间相互作用的协调，这种协调过程保障了共生关系的正常运转 (Thomas and Autio, 2014)。在二元组织间共生关系中，治理机制的制定和实施相对容易受到权力不对称的影响。一方面，二元组织间的权力天平一旦向某一方倾斜就会产生明显的权力不对称性 (Gulati and Sytch, 2007)，导致二者关系较易受到权力较大一方的影响，而另一方对资源的使用和分配缺乏控制权 (Xia et al., 2014)，例如小企业可以通过与大企业建立共生关系而快速实现战略目标，但大企业所控制的资源较多，小企业可能对其产生过度依赖，从而使双方产生权力不对称，导致多数情况下小企业处于弱势地位（Kalantaridis and Vassilev，2011；Pinkse and Groot，2015）。权力较大的优势企业为获取业绩甚至可能会以牺牲处于劣势的伙伴的利益为代价（Kim et al.，2004）。另一方面，由于权力不对称的影响极为显著，权力较大的组织在任务协调中发挥主导作用，直接决定着二元组织间共生关系的走向，可能导致任务协调的公平性降低（Xia et al.，2014）。

与之相比，在生态系统情境中，共生关系治理机制的制定和实施受到权力不对称的影响相对较低。具体而言，在权力结构方面，生态系统内多样化且具有专业性的组织较多，可能产生多个具有"讨价还价"能力的关键组织，从而带来多极化的权力重心（Multi-power）（Jacobides et al.，2006；Adner，2017）。那些具有关键资源或重要正式/非正式权力的组织会连同主导企业共同引领共生关系的发展（Meyskens et al.，2010），从而在很大程度上削弱了权力不对称带来的影响。在任务协调方面，生态系统所具有的自我维持性致使系统在发展过程中形成了一定的规则和秩序，能够对共生参与者的任务分配产生一定的影响（Bakos and Katsa-makas，2008），同时，虽然生态系统中的主导企业对整个系统具有协调作用，但主导企业在这一过程中还需获得系统内的供应商、零售商和用户等其他互补性组织的支持（Pierce，2009）。因此，生态系统内的多个共生参与者相互制约，能够保障共生参与者间的权力结构更稳定，任务协调更具系统性，有助于共生关系的稳定运行（Dana et al.，2008）。

二元组织间共生关系和生态系统共生关系在治理机制方面的差异与共生参与者对外部资源的依赖性密切相关，可以基于资源依赖理论的观点加以解释。资源依赖理论强调稀缺资源由不同的组织所控制，导致组织间产生了相互依赖关系（Pfeffer and Nowak，1976）。基于该理论展开的共生关系研究指出，共生参与者对其他组织的资源依赖性容易引发权力不平衡的问题（Gulati and Sytch，2007）。从二元组织间共生关系来看，具有丰富资源的一方在共生关系中会起主导作用，有权力控制和决策控制的欲望（Xia et al.，2014），导致共生关系会朝向有利于具有丰富资源的一方发展，除非另一方实施降低资源依赖的策略来改变现状（Burt et al.，1980），从而尽可能规避受权力较大企业控制所带来的不利影响

(Pinkse and Groot，2015)。在生态系统中，共生参与者所面临的外部环境及其对外部资源的依赖情况发生了显著的变化，它们拥有更多的资源来源渠道，系统内的潜在资源供给者更多，资源的可替代性和可获得性较高 (Spigel，2017)，因此降低了其他共生参与者对权利较高组织的依赖性。同时，系统内可能存在多个权力重心 (Meyskens et al.，2010)，共同承担着对共生关系的协调作用。

3. 共享逻辑

共享逻辑是使共生参与者紧密结合在一起的重要前提 (Nambisan and Baron，2013)，主要包括相互信任 (Agostini and Nosella，2017) 和共同意识 (Peltoniemi，2006；Khanagha et al.，2020) 两方面。过去的研究发现，来自不同专业的组织往往在知识、技能以及认知方面存在差异，因此它们可能具有各自的制度逻辑和一定的利己动机，容易导致信任缺失和认知距离的产生 (Wareham et al.，2014；Lusch and Nambisan，2015)。在二元组织间共生关系中，参与者间进行密切且频繁的互动，这一过程能够逐渐加深参与者彼此间的信任和认同感，并朝一致的目标而协同努力，从而减少信任缺失和认知距离 (Zeng et al.，2013；Hudnurkar et al.，2016)。

在生态系统情境下，共生参与者间的相互信任和共同意识不仅建立在密切联系之上，还在很大程度上受到整个系统内部价值观和文化的影响，导致这种共生关系具有更强的凝聚力和稳定性。一方面，生态系统内共生参与者数量的增多，以及参与者间共同纽带的增多进一步强化了共生关系的稳定性 (Abrahamson and Fombrun，1994)，使参与者实施机会主义行为的代价更高，进而增强了相互信任 (Polidoro et al.，2011；Chen and Miller，2015)。另一方面，生态系统内多边关系取代了双边关系，且参与者间交互的方式也更为多样化，生态系统的存在给予参与者较为明确的目标和愿景，促进共生参与者间共同意识的形成 (Cui et al.，2018)。因此，生态系统共生关系普遍具备命运共担的特征 (Li，2009)，在某种程度上会减少不良竞争的动机 (Peltoniemi，2006)。

制度理论能够较好地阐释二元组织间共生关系和生态系统共生关系在共享逻辑方面的差异。制度理论指出，组织处于一定的制度环境中，组织的行为也会受到不同制度环境中规制、规范和认知等要素的约束和影响（Thomas and Autio，2014）。共生关系的参与者并不是孤立于环境而存在的，二元组织间共生关系会受到外部的正式制度和非正式制度的影响。为获取生存和发展空间，参与者需要相互协作，彼此信任并形成共同目标，通过建立共生关系来获取外部合法性，确保它们在更广泛的社会背景下有效运作（Drori and Honig，2013；Zhang et al.，2016）。相对二元组织间共生关系而言，生态系统共生关系处于更为复杂的制度环境中，即受到系统外部制度环境与系统内部制度环境的双重影响（Bøllingtoft and Ulhøi，2005；Fisher，2019）。这意味着在建立生态系统共生关系的过程中，参与者不仅需要获取外部合法性，还必须遵从系统内部的制度体系和价值观，包括生态系统的运行规则、价值观和独特文化等，否则会由于缺乏系统内部合法性而难以被整个生态系统所接受（Gawer and Phillips，2013；Adner，2017）。因此，生态系统共生关系的参与者通过同时建立内部和外部合法性而增强了现有参与者/潜在参与者对它们共同创造价值的信心，缩小认知距离并加强相互信任，导致更为一致的集体认同（Thomas and Autio，2014）。

（二）共生效应

现有研究主要关注共生参与者如何共同创造效益和促进机会开发这两个方面的效应，Etemad 等（2001）指出，组织间建立共生关系能够带来两个方面的益处：一是通过降低成本，缩短上市时间或改善客户服务来提高产出价值，加快获得效益的速度，从而使所有参与者受益；二是通过密切互动，共同利用彼此的优势资源，朝着一致的目标而共同努力，有助于开发机会，为组织争取更多的发展空间。Khanagha 等（2020）提出，共生关系不仅有助于所有参与者获得收益，还帮助生态系统内的共生参与者开发现有机会和创造新机会，以适应环境变革、引领行业发展。通过对比发现，二元组织间共生关系和生态系统共生关系在成员关系、治理机制和共享逻辑等维度方面存在差异，这也导致相应的共生效应存在不同。

1. 效益共创

现有的二元组织间共生关系研究主要关注参与者双方的效益，如获取更高收益、增加市场份额、降低交易成本、分散风险等（Martinez and Dacin，1999；Bouchard and Dion，2009；Chou and Huang，2012；Xia et al.，2014）。而生态系统共生关系在保障参与者各自获取效益的基础上，还能提升生态系统的整体价值，产生较高的整体效益。有学者基于交易成本理论揭示其背后的机理。第一，交易成本理论指出，生态系统内松散耦合的成员关系结构更有助于多样化组织构建不同的资源组合，可以进一步降低组织间相互获取互补性资源的成本，提升组织间知识资源的配置效率（Malthouse et al.，2019）；第二，完善且合理的治理机制能够更好地维持共生关系的运行，从而降低执行成本，并带来开放、有活力且良性发展的生态系统，影响及塑造行业的环境，同时也带动区域经济增长、就业、创新等，产生一系列社会效益（Zettinig and Benson-Rea，2008；Adner，2017；Bhawe and Zahra，2019；Malthouse et al.，2019）；第三，具有一致性的共享逻辑可以进一步抑制组织的机会主义行为，将因这一行为带来的交易费用控制在最低限度（Chen and Miller，2015）。因为组织所采取的行动不仅会影响其自身，还会对整个生态系统产生影响（Li，2009；Pierce，2009；Bosch-Sijtsema and Bosch，2015）。综上所述，生态系统共生关系相对于二元组织间共生关系而言，不仅能为共生参与者降低成本，带来效益，还能对整个生态系统发展，乃至社会发展起到重要作用。

2. 机会共同开发

共生关系的另一效应是机会共同开发。根据机会观的理论，机会来源于市场中供求关系的不平衡性，一旦机会被发现，便需要组织广泛获取资源并加以利用（Shane and Venkataraman，2000）。也有研究指出，有些机会来源于外部环境，而另一些机会则并非来源于外部环境，而是基于多个组织互动的社会建构过程形成的，是由多个参与者共同创造的（Alvarez and Barney，2007；Suddaby et al.，2015；蔡莉等，2018）。在机会共同开发方面，二元组织间共生关系的建立有助于获取资源以推动新产品开发，提升参与者的生产、技术或营销技能，打开新市场和吸引顾客等，从而帮助参与者更好地利用相应的机会得以存活和成长（Adler，1966；Varadarajan and Rajaratnam，1986；Oliver，1990；Agostini and Nosella，2017）。与之相比，生态系统共生关系不仅有助于现有机会的利用，多样化参与者的交互还可能进一步推动新机会创造（Zettinig and Benson-Rea，2008）。这一现象可以从三个方面加以理解：第一，处于范围更大、更具多样性的网络关系中的组织更有能力识别市场机会（Spigel and Harrison，2018），生态系统中多样化的参与者能够形成丰富的"信息/资源池"（蔡莉等，2018；Gatignon and Capron，2020），提供更多的产品、技术和市场信息，有助于共生参与者快速地识别并开发不同的机会（Griffin-EL and Olabisi，2018）。与此同时，多个组织间基于"信息/资源池"进行互动能够激发创造性想法的产生，为实现新机会创造带来潜能（Khanagha et al.，2020）。第二，生态系统共生关系具备更稳定的权力结构和更系统的任务协调，因此能够维持现有参与者并吸引新参与者加入，共同利用现有机会与创造新机会。第三，生态系统内共生参与者间的共享逻辑有助于成员间共享有价值的和新颖的信息和见解，获得有关市场洞察力、技术进步和用户创新等方面的信息，不仅有利于识别现有的市场/技术机会，也有利于与这些参与者一起创造新机会，开发创新性产品或渗透新市场，以满足用户当前和潜在的需求（Griffin-El and Olabisi，2018）。综上所述，相对于二元组织间共生关系而言，生态系统共生关系更有利于通过多个参与者间的交互作用促进新机会创造。

（三）影响因素

共生关系受到多重因素的影响，Pinkse 和 Groot（2015）指出外部市场壁垒和内部资源限制促进共生关系的形成；Cai 等（2016）指出组织间共生关系的建立受到组织所处的外部市场、制度环境，以及组织内部的资源、能力的影响，Agostini 和 Nosella（2017）认为外部环境条件，包括市场竞争环境、技术环境，以及组织的先前经验、声誉等对共生关系的建立与发展具有关键作用。因此，通过对现有文献的整理发现，研究者主要从外部影响因素和内部影响因素两方面对共生关系的影响因素进行解析。

1. 外部影响因素

组织生态学理论的观点表明，组织为了生存或发展必须适应环境，通过建立相互依存的共生关系可以提高生存率（Meyskens et al.，2010）。二元组织间共生关系的相关研究较多地探讨了外部影响因素。学者们主要关注了市场环境和制度环境的影响，并分析了技术变革的影响作用。在市场环境方面，市场环境的动态性和竞争程度越高，组织间越倾向于建立共生关系（Varadarajan and Rajaratnam，1986；Cai et al.，2016）。同时，市场环境的开放性也促进了共生关系的形成（Hellmann and Perotti，2011）。在制度环境方面，Zhang 等（2016）认为在缺乏有效的市场制度安排时，企业更倾向于与市场参与者（如供应商，客户等）形成共生关系。Mendoza-Abarca 等（2015）指出较高的政府福利支出有助于促进组织间建立共生关系。在技术变革方面，有学者指出技术变革是建立共生关系的重要驱动力，技术进步和技术波动带来大量的新机会（蔡莉等，2018），特别是在经历技术快速变革的计算机和通信设备行业，越来越多的组织结成共生关系，促进持续创新以满足客户的需要（Davis and Eisenhardt，2011）。

从现有研究来看，鲜有学者关注生态系统共生关系与二元组织间共生关系在外部影响因素方面的差异。值得关注的是，生态系统共生关系研究特别强调了技术变革的影响作用，尤其提出数字技术的快速发展带来了大量的新兴机会，对共生参与者的发展以及共生关系的影响深远。在新兴数字技术的推动下，以多组织参与、开放性、多样性等为特征的创新/创业生态系统不断涌现，提供大量的潜在机会，系统内的组织可通过互惠互利的共生关系来共创价值。例如，Pan 和 Lin（2019）认为，伴随数字技术的嵌入，组织间关系逐渐从传统的线性关系发展为多个组织共生的网络关系，并由封闭结构向开放的系统结构发生转变；Khanagha 等（2020）认为数字化时代激发了组织被淘汰的紧迫感，迫使组织联合多个利益相关者建立相互依存、互惠互利的生态系统共生关系，从而创造更多机会。显然，数字技术的出现和普及促进了平台型生态系统的形成，推动组织和多个利益相关者建立共生关系以共同开发机会，实现价值共创（Fisher，2019）。

2. 内部影响因素

在内部影响因素方面，首先，无论是二元组织间共生关系还是生态系统共生关系都着重强调了资源的重要性，即资源需求在很大程度上决定着共生关系的建立和演化（Varadarajan and Rajaratnam，1986）。资源基础观指出，稀缺资源由不同的组织所控制，是组织得以生存和获得竞争优势的基础（Barney，1991），组织为减少在发展过程中面临的资源限制，需要与其他组织建立共生关系以交换互补性资源（Zettinig and Benson-Rea，2008；Thomas and Autio，2014）。研究表明，已建立共生关系的组织不仅能够充分利用现有的互补性资源，还能促进新的互补性资源的合理配置，有助于共生关系的长期发展（Varadarajan and Rajaratnam，1986）。值得关注的是，在数字化时代，一方面，客户需求的多样性和复杂性加强了组织对专业化资源的需求，进一步促进组织间建立共生关系（Malthouse et al.，2019）；另一方面，数字化时代的资源更具有开放性和无边界性，有助于组织间的资源共享和知识溢出，从而进一步提高了共生关系的稳定性（Chou and Huang，2012）。

其次，少部分学者指出共生关系的建立还受到能力匹配的影响，Meyskens等（2010）认为，能力匹配有助于组织间形成共生关系，如商业企业与社会企业间建立共生关系，是因为社会企业更了解目标人群的需求，具有一定的机会发现能力，而商业企业由于具有较为丰富的人力、财力与发展经验，从而具备一定的机会实施能力，两种能力的匹配有助于机会开发。此外，还有少数研究指出，一些特质因素也能够对共生关系产生影响，如组织具有较低的风险倾向时，更可能通过建立共生关系而降低单个组织所面临的风险水平（Varadarajan and Rajaratnam，1986）；组织具有较高水平的市场发展倾向时，能够通过提升社会资本积极影响共生关系的稳定性（Zeng et al.，2013）。

总体而言，尽管有部分学者对共生关系的影响因素进行探究，但鲜有研究关注到二元组织间共生关系和生态系统共生关系在影响因素方面的差异，这也反映出当前研究的局限性。一方面，两类典型共生关系的影响因素都主要聚焦于外部环境中的市场、制度和技术等因素，以及资源和能力等组织内部因素，那么这些因素对二元共生关系和生态系统共生关系产生影响的路径和机理是否存在不同？另一方面，影响因素的动态变化和组合是否导致了不同类型共生关系的形成和发展？如外部市场体系的完善或缺陷，以及组织内部资源的丰富和稀缺，这些内外部因素的动态变化和组合可能影响不同类型共生关系的形成和发展。上述局限性均需要做进一步深入分析。

四 研究展望

新兴技术的高速发展和瞬息万变的行业变革使得越来越多的组织重塑业务开展的方式，构建共生关系成为组织在新形势下获取竞争优势、应对不确定环境的重要战略举措，也是组织赢得未来的关键。同时，作为学术界极具创新性的前沿问题，共生关系的研究具有越来越重要的理论价值。然而，通过系统的文献梳理发现，作为前沿研究问题，学者们对共生关系的探讨还存在一些局限性，其中共生关系的形成及演化的过程和机理是核心问题。

生态系统的形成是由简单到复杂，由少数组织参与到多元化组织互动的过程（朱秀梅等，2020）。目前，已有少量研究关注二元组织间共生关系和生态系统共生关系的演化问题（Davis and Eisenhardt，2011；Khanagha et al.，2020），为研究者探索共生关系的形成和演化机制提供一定的理论支撑。例如，Cui 等（2018）认为，以资源交换为基础的二元组织间共生关系会逐步吸引其他组织参与，从而逐渐演化为一个生态系统，此时的共生关系也发生了较大的变化。Thompson 等（2018）指出，生态系统是由二元组织逐步演化而来，共生关系也由最初的二元组织间关系逐步发展成为群体互动、多组织共同参与的复杂关系。然而，二元组织间的共生关系如何向生态系统共生关系演化的机制仍未得以揭示。这可能与现有文献缺乏对两类共生关系的影响因素的分析研究有关，亟须研究者开展深入分析。因此，如何结合制度、技术和市场变革等外部影响因素，以及组织内部影响因素，从理论上揭示这一演化过程的内在机制对于推动共生研究发展、指导企业管理实践具有重要价值。

我们认为，未来应当深入分析推动共生关系形成和演化过程的因素，以及这些因素为什么会促进共生关系的形成和演化等重要的研究问题。目前仅有部分文献关注影响共生关系形成的外部环境因素和组织内部因素，然而关于这些因素如何影响初始的二元组织间共生关系的形成，以及如何影响这一关系演化为生态系统共生关系的机理性研究有待于深入挖掘。首先，从外部环境来看，学者们意识到外部的制度、技术、市场等环境变革为企业发展带来了挑战，从而影响企业建立共生关系（Hellmann and Perotti，2011；Zhang et al.，2016；Pan and Lin，2019），然而这些环境因素影响共生关系形成和演化的背后机理性研究仍较为缺乏。先前的研究表明，外部环境变革为企业发展带来挑战，同时也为企业带来大量潜在机会（Zettinig and Benson-Rea，2008）。潜在机会的存在是组织间建立共生关系的重要动因，然而这一问题显然被现有研究忽略。其次，从组织因素来看，资源互补性是推动共生关系的重要因素。单个组织的资源有限，与具有互补性资源的组织建立共生关系能够在很大程度上解决资源瓶颈（Varadarajan and Rajaratnam，1986），因此资源在共生关系形成和演化过程中的重要作用需要关注。最后，也是最为关键的问题，是组织内外部因素的交互影响。根据"机会—资源一体化"思想，机会开发行为与资源开发行为是相互作用、密切联系的，即机会的开发需要资源作为支撑，资源的有效开发需要与之匹配的机会才能创造价值（蔡莉、鲁喜凤，2016；葛宝山、续媞特，2020）。无论是发现型机会还是创造型机会的开发都伴随着资源开发行为，需要各类利益相关者共同参与，并在机会—资源一体化过程中逐步形成稳定的共生关系。同时，各类组织在深入互动的过程中，可能带来新的潜在机会，形成机会集，从而吸引其他组织参与共生关系中，进一步拓展共生关系（Zettinig and Benson-Rea，2008；蔡莉等，2018）。因此，在机会与资源的交互影响下，共生关系如何形成，并随着新组织的加入而不断发生演化的过程是一项值得探讨的重要话题。未来可以借鉴机会—资源一体化思想来进一步探究这一过程，为完善共生关系的理论奠定基础。

第 四 章

创业生态系统的形成[*]

前文对创业生态系统的构成、内核以及相关研究等进行了回顾，本部分将对创业生态系统的形成机理进行详细介绍。基于多主体、共生关系以及生态系统的相关理论基础，本部分将创业生态系统的形成分为创建和成长两个阶段，深入分析机会集与共生关系间的相互作用，从而分阶段提出相应的创业生态系统形成机理框架。在此基础上，本部分结合海尔和苏宁的案例研究深入剖析共生关系与机会集开发间的互动关系，并以电动汽车行业为背景，探索创业生态系统机会集的形成和拓展机理，为验证创业生态系统形成机理研究框架提供了有效的案例证据。

第一节　创业生态系统形成机理框架

根据企业生命周期理论和商业生态系统相关研究，一个相对稳定、良性循环的创业生态系统的形成需要经历创建和成长两个阶段（Adizes，1979；Moore，1993），其表现为一个简单线性结构向复杂网络结构的转变过程（本部分侧重研究创建和成长两个阶段，重构/消亡过程不在本部分研究中）。本部分将通过系统搜集和梳理相关领域的文献，结合对实践中典型案例的剖析，研究创业生态系统的创建和成长阶段的特征及其差异性。

一　相关文献回顾

（一）多主体互动与共生关系的关系

共生性是创业生态系统的关键特征，创业生态系统创建的根本动因

＊　本章部分内容已发表于《外国经济与管理》2021 年第 9 期。

在于各参与主体间共生关系的创建。生态系统主体间共生关系会受到多种内部因素的影响，如企业网络嵌入性、领导力、并购战略等（Thomas and Autio，2014；Li，2009；Moore，1993），同时也受到外部因素的影响。主体间存在多种交互作用（Edewor et al.，2014），如认知互动（Shepherd，2015；Corbett and Hmieleski，2007）、信息交换（Audia et al.，2006）、知识共享（Kazadi et al.，2016）、资源互补（Nikolaou et al.，2016；张书军、李新春，2005）。多主体互动是建立共生关系的有效路径，同时共生关系有效促进主体间认知、信息和资源等的互动（Audia et al.，2006；Aldrich and Martinez，2010）。如 Audia et al.（2006）指出，主体间的共生关系是其发现或创造创业机会的信息的交互通道，获得这些信息的质量和数量会影响企业的创建率。Aldrich 和 Martinez（2010）认为一系列协同演化的多主体通过共生关系相连接，通过主体间的认知互动，创业企业可以使相关主体意识到其存在的价值，创造一个促进主体间长期生存的合作和竞争系统，最终构建其自身的社会环境，即完成创业活动。

（二）共生关系与生态系统的关系

共生关系与生态系统之间存在密切联系，生态系统存在和发展的根本动因在于各参与主体间共生关系（网络结构、治理机制和共享逻辑）的建立（Thomas and Autio，2014）。由于对创业生态系统内部主体间共生关系的研究文献匮乏，可以借鉴商业生态系统和创新生态系统等的相关研究。

主体间存在共生关系是生态系统的典型特征（Li，2009；梅亮等，2014），确保系统的各个主体朝着共同的目标行动（Moore，1993；Nambisan and Baron，2013），使生态系统保持长期发展。Gómez-Uranga 等（2014）则进一步指出生态系统内部主体之间存在市场共生，市场机会越多，创业活动越多，新企业开发的新产品/服务也越多，占据的生态位也越多，这是构成生态系统的基础，从而持续地提高生态系统的价值。

（三）多主体互动、共生关系与生态系统的关系

现有文献很少将多主体互动、共生关系与创业生态系统放在一个框架中进行研究，所以，我们可以借鉴商业生态系统等的一些研究成果进行分析。学者们认为，对资源的共同依赖导致共生和竞争行为是生态理

论的关键问题（Dobrev and Kim，2006），共生的需要导致系统中主体间存在多种互动作用，如认知互动、信息交换、知识流动、资源互补等（Adner and Kapoor，2010；Li and Garnsey，2014），从而使主体间互相联系、互相影响、互相依赖（Peltoniemi，2006），共同开发新产品/服务或开拓新市场（Zahra and Nambisan，2011），促进主体与系统的共同发展。Battistella 等（2013）提出生态系统中参与主体间基于共享价值、共同标准和共担命运形成关系网络，在市场上通过多种方式合作和竞争以实现共生，进行信息交换和知识共享等，其行为的组合促进了生态系统的生存和成长。Overholm（2015）指出，生态系统是企业与其利益相关者（如政府、监管者、服务提供商等）共同创造价值的网络，网络中存在相互依存的结构和资源流动（Adner and Kapoor，2010），系统中的企业能快速吸纳所需的信息并与经验丰富的主体交流和学习，对其创造或发现的机会不断认知、试错，最终成功开发机会并促进系统的形成和发展。此外，Clarysse 等（2014）研究发现生态系统给创业企业提供资源和信息以在不断改变的竞争环境中运行，系统中的主体通过合作来实现共同发展。因此，加入生态系统的新企业发挥开拓型企业所期望的功能，为其提供互补产品和服务，并且认同系统的共同愿景，与其他主体形成共生关系而实现系统的生存与成长。

二　创业生态系统创建机理框架

创业生态系统创建的标志是主体间形成共生关系（即共生关系的创建），而共生关系的基础是生态系统中多主体机会开发创建的机会集，即多主体互动的机会开发创建机会集，从而推动共生关系的创建。创业生态系统的创建是外部因素、开拓型企业的初始机会开发、跟随型企业以及其他主体的机会开发、机会集创建以及共生关系等共同作用的结果，如图 4.1 所示。

（一）机会集的创建

创业机会是创业研究的核心和首要问题（张斌等，2018；Vandeker-ckhove，2005），也是打开创业生态系统动态演进奥秘的钥匙。机会作为创业生态系统中的核心"能量"，存在系统运行的各个环节中，在多主体间、多主体与环境间持续地被发现、创造、吸收、传递和集聚，并不断

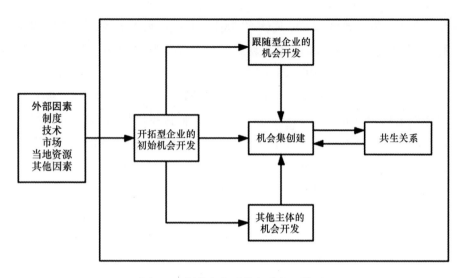

图4.1 创业生态系统创建机理模型

资料来源：根据案例资源整理。

地转化产生新的"能量"（张斌等，2018）。由此，创业生态系统中的机会并非简单的独立关系，而是一个更广泛更复杂的机会集（Zahra and Nambison，2011），具有明显的衍生特征。生态系统中主体间的联系有助于机会集（set of opportunities）的产生（Zahra and Nambison，2011；McKelvey et al.，2015），从而多个主体共创机会（Sun and Im，2015；Best，2015）。核心主体通过信息交流、资源整合、知识溢出等方式，带动其他主体识别和利用机会，从而形成创业机会的复杂集合。机会集开发是开拓型企业、跟随型企业与其他主体等多主体互动的主要内容，也是创业生态系统演进最重要的活动，更是开拓型企业、跟随型企业与其他主体等多主体建立共生关系的核心纽带和路径。机会集开发过程的变化决定了多主体共生关系的变化，机会集开发过程是揭示创业生态系统中的多开拓型企业、跟随型企业与其他主体等主体资源整合、共生关系、动力等动态演进问题的中枢。由此，机会集开发是创业生态系统开发的重要"过程"要素。创业生态系统的创建以开拓型企业的机会开发为起点，开拓型企业初始机会（发现型/创造型）开发产生的信息和资源流动将影响跟随型企业的机会开发，促使跟随型企业模仿、学习，开发相似的机会。同时，开拓型企业和跟随型企业的机会开发均需与政府、大学和科研机构、投资机构、中介机构及其他组织等其他主体进行信息和认知互动、共同参与资源整合并对资源再定义，实现机会集的创建。

（二）共生关系的形成及其与机会集创建的关系

创业生态系统内多主体间并不是简单的竞争或合作关系，而是嵌入复杂的网络结构中，形成了相互依赖的共生关系。现有研究认为，多主体间共生关系的构建和进化是创业生态系统动态演进的重要标志（Zahra and Nambison，2012）。创业生态系统演进的实质是多主体基于互动合作，促进物质、信息和能量的有效生成、交换和配置，实现机会集的开发，构建多主体间共生关系并不断进化。Gómez-uranga（2014）指出，创业机会是创业生态系统多主体间共生关系建立和进化的主要驱动因素。市场带来的机会越多，围绕机会形成的共生关系就越复杂、越紧密，创业活动就越频繁，新产品、新技术、新服务越会层出不穷。多主体围绕机会集开发形成不断进化的机会共生关系。

同时，机会集开发过程也是价值共创的过程，多主体间还会形成围绕价值创造和分配价值共生关系。由此，多主体的共生关系可视为机会集开发的重要结果。Overholm（2015）的研究发现创业企业率先发现机会后，联合相关企业和机构一起构建生态系统为客户提供全面解决方案，之后一些跟随型企业进入该系统，并引入新的合作伙伴以提供互补资源及扩展市场，逐步创造一个完善的生态系统。机会集的创建使得开拓型企业、跟随型企业与其他主体共同建立网络关系、明确权力结构和利益分配、共享对机会以及如何开发机会的理解进而实现创业生态系统的创建。此外，共生关系使得创业生态系统中各主体资源更易于共享，促进主体间的相互合作，将现有资源最大化利用，合理配置，通过创造集体价值的方式开发机会集。

（三）开拓型和跟随型企业的机会开发

开拓型企业初始机会（发现型/创造型）开发产生的信息和资源流动将影响跟随型企业的机会开发。已有研究主要借鉴制度理论和组织学习理论解释这种作用机制。具体而言，制度理论指出组织在应对外部环境时，常常会选择观察和参考其他组织，并逐渐在其目标、结构、行为等方面模仿其他组织（Haveman，1993）。这种制度趋同性一方面来源于对环境的被动适应，即企业的机会开发时刻发生在动态环境中，显然会受到外部环境的影响（Wood et al.，2014）。不仅是制度环境如法律规章，由合作伙伴和竞争对手构成的社会环境也同样会影响企业行为（姚晶晶等，2015）。另一方面来源于企业对外部环境的主动选择，即为减少不确定性并获取合法性所进行的战略部署。Baum 等（2000）认为通过观察开拓型企业的机会开发能够有效控制不确定性并降低失败的风险，进而有利于跟随型企业开发机会。而组织学习理论强调当面对环境的不确定性，企业会对参照群体进行替代学习，基于其对特定行为的感知，模仿或避免类似行为的发生（Haunschild and Miner，1997；Robert and Miner，2007）。Wood 等（2014）认为开拓型企业的市场表现作为重要的信息源，会对跟随型企业的机会开发产生影响。尤其当开拓型企业的机会开发表现出积极结果，跟随型企业受到来自这一积极结果的替代强化，提高了其获得相同结果的预期，进而促进其开发类似的机会。同时，Fernhaber和 Li（2010）发现通过对开拓型企业机会开发的观察学习，跟随型企业能够低成本获取有效的信息和知识，从而为其开发机会提高效率和成功的可能性。

三　创业生态系统成长机理框架

创业生态系统的成长动因在于参与主体间共生关系的持续发展，而原主体和新主体的机会开发在促进共生关系发展方面发挥关键作用。创业生态系统的成长受到系统中的文化、互惠关系、企业创建和创新、企业间的竞合关系、成功的创业者/创业企业（战略思维、领导力等）的影响以及政府政策、区域文化环境等的影响，这些因素将促进原主体和新主体的机会开发进而推动共生关系的发展。

一方面，内外部影响因素将影响原主体的机会开发，这将导致机会集的拓展从而推动共生关系的发展；另一方面，在内外部因素和原有机会集的影响下新主体进入并与原主体互动以开发新的机会，这将影响机会集的拓展进而实现共生关系的发展，具体见图4.2。

（一）原主体机会开发与共生关系的相互影响

在内部因素和外部因素的作用下，一些原主体的新机会开发将改变机会集的规模、密度等，进而实现机会集的拓展。而拓展后的机会集开发将促使原主体间重新调整现有的网络关系、治理机制和共享逻辑等，

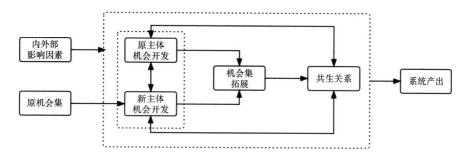

图4.2　创业生态系统成长机理模型

资料来源：根据案例资源整理。

这将带来共生关系的发展。

　　内外部因素（如系统内部技术创新、外部政策变动等）将诱发原主体对机会的识别和评价，并为原主体对新机会的利用提供保障。此外，内外部因素还影响创业生态系统中原主体对资源的新属性和功能的再定义和开发，从而进一步推动原主体的新机会开发。原主体对新的发现型和创造型机会的开发将为现有机会集注入新的机会，从而扩大机会集的规模，增强其密度，实现机会集的拓展，而原有的共生关系不再适合拓展后的机会集的开发。同时，共生关系使得原主体可以利用新主体独有资源和能力开发机会集，创造共同价值。在共生关系中，原主体在资源分配与协调的问题上占主导地位，通过分配与决策，领导新主体共同开发机会集。原主体可以通过有效管理避免资源的浪费与过度的拥挤，合理开发机会集，保证共生关系的健康发展。

　　（二）新主体机会开发与共生关系的相互影响

　　新主体的机会开发是推动创业生态系统主体间共生关系发展的重要源泉。创新不仅来自市场竞争的不完善，也来自新知识和制度变革（Companys and McMullen，2007；Ahlstrom and Bruton，2010），多样化主体间的合作产生和扩展了知识池，有助于主体创造和利用机会（McKelvey et al.，2015）。在内外部因素诱发以及原机会集的共同作用下新主体与原主体互动的机会开发将促进机会集的拓展，从而改变原有的共生关系。

　　内外部因素将诱发新机会的产生，这将吸引新主体进入生态系统开发新的机会。此外，Zahra 和 Nambison（2012）指出在生态系统中，企业间的功能互补弥补了新企业的生产、营销等能力的不足，允许其专注于专业知识的创造，开发新技术或开拓新市场以不断完善系统。在原机会集的开发过程中将产生资源集聚和信息流动，从而影响新主体对发现型和创造型机会的开发。新主体进入创业生态系统后将与原主体互动，从而发现和创造新的机会。上述过程将推动机会集的拓展，改变原有主体的共生关系。由于同类型新主体和异类型新主体所具备的资源、信息、经验等方面不同，其与原主体的互动存在差异，这将造成两类新主体的机会开发对共生关系的影响存在差异。此外，各主体通过共生关系直接联系，共享知识、经验、技术等资源并可以一同参与讨论、实践。新主体通过共生关系可借助原主体资源开发机会，借鉴原主体改善现有流程和产品服务，提升企业绩效，借助原主体平台创造价值。虽然各参与主体具有不同的身份、发挥不同的作用，但是创造了共同价值，实现共同目标。

第二节　共生关系与机会集开发的关系

一　问题的提出

在数字创业生态系统的背景下，机会并不是简单的独立存在，而是以集合的方式等待被开发。机会集的开发需要核心主体的带领，通过共生关系进行信息与知识的传递、溢出带动其他创业主体。共生关系是一种动态的关系，不断有主体进入或退出，这种变化就会产生一种动态的机会集（宋晓洪等，2017）。以海尔、苏宁为例，其共生关系的参与者中有很多是新创企业，这种企业具备不成熟但是新颖的产品、服务或者技术，而海尔、苏宁这样在共生关系中处于主导位置的企业具备成熟的知识、经验等资源对新创企业进行赋能，利用其产品、服务、技术开辟新市场，实现数字创业机会集的开发。对于新创企业来讲，大企业的赋能同样也是一个机会。创业企业的退出则为其他主体规避了一种风险，同时代表部分资源的闲置，这会吸引其他外部主体的进入，带来新的资源。简言之，创业主体间的共生关系推动了企业间的机会集共同开发。

主体间的共生关系也会随着机会集开发过程的变化而变化。机会集的开发同样会驱动共生关系的建立与进化。创业生态系统中的机会集越多，主体间的共生关系就会越紧密，创业活动与创新成果就会越丰富

（Gómez-Uranga，2014）。这种共生关系也可视为机会集开发的重要结果之一。海尔雷神笔记本的创业团队通过机会集的共同开发，主体之间的信任意识增强，合作主体对于自己在共生关系中所扮演的角色以及共同目标有了更清晰的认识，进而产生集体认同。这种集体认同进一步加强了主体彼此之间的联系。成功的机会集开发也会加强参与主体的互补性、专门性，稳定创新创业活动中各参与主体的位置。机会集共同开发前的共生关系只是处于起步阶段，而在机会集共同开发之后，共生关系更为成熟稳定并逐步演化成为共生网络。同时由共生关系所产生的机会集越多，共生关系就越复杂，即转型企业的机会集开发会进而推动共生关系的发展，共生关系和机会集开发两者间的相互作用呈现螺旋上升的关系（见图4.3）。

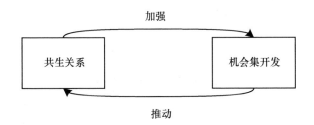

图4.3　共生关系与机会集开发的研究逻辑

资料来源：根据案例资源整理。

二　案例研究

（一）研究方法

本部分所研究的核心问题为：共生关系和机会集开发之间存在怎样的联系？案例研究不仅需要对现象进行翔实的描述，还需要对现象背后的原因进行深入的分析，十分适合回答"怎么样"和"为什么"的问题。同时本部分希望通过对研究问题的回答提出共生关系和机会集开发的普遍规律，因此，本部分选择探索性双案例研究，在更加关注案例本质的同时通过对比分析得出适用性更强的一般结论。

基于本部分的研究问题与理论构建，本部分的案例选择标准是：（1）企业成功构建了数字创业生态系统，即具备多样性和自我维持性——企业与不同行业、不同年龄阶段、不同规模等多类型主体形成较为稳定的合作关系，在企业的生态系统中不断有主体进入和退出，生态系统的存在催生了大量的数字授权专利，推动技术市场的发展（蔡义茹等，2018）；（2）企业通过多主体合作成功进行了多次的机会集开发。苏宁与海尔两家企业既有联系又有区别，两家企业最初的经营范围都是家电并在家电市场上占据了不少席位。随着数字时代的到来，这两家企业在进行数字化转型的过程中建立了各自的生态系统。通过与生态系统中各主体间的共生关系，苏宁与海尔在后来的发展过程中逐渐拓宽经营范围，但苏宁与海尔在企业性质上存在不同。苏宁属于家电经销商，后发展为多品类、多品牌的购物平台，当下市场中的苏宁已成为零售企业的龙头企业；海尔则是家电制造企业，其转型不仅仅限于家电的生产销售而是走向更高的方向——"智慧家庭"，目前其经营与创新皆以"智慧家庭"为核心展开。随着数字化转型的进行，"零售"和"制造"的界限也逐渐模糊。苏宁与众多制造企业达成合作，对零售端采集的数据加以分析，根据数据趋势影响上游的制造商生产，同时苏宁也会根据生产端的产品研发计划和产能安排制订零售端的销售计划。海尔也建立了自己的零售生态——顺逛平台，围绕"智慧家庭"为用户提供家电、家居、金融等七大品类的产品与服务，同时实现线上店、线下店和顺逛微店三店合一。因此，本部分选择苏宁与海尔两家企业进行对比分析其共生关系与机会集开发的联系，具备典型性和新颖性，在总结共性的同时也研究其中存在的差异性，从而构建相应的理论模型。

（二）数据收集和分析

苏宁与海尔的案例材料来源具体如下：①高管认可的公开访谈记录；②高管对外讲话整理稿；③上市披露信息（如招股说明书、季报、年报、各种公告等）；④官方渠道获取的权威信息（如官网资讯、企业内刊等）；⑤文献资料，主要来自中国知网、万方等数据平台，主要包括通过检索关键词"海尔""苏宁""共生关系""生态"等关键词所获得的对海尔、苏宁的研究文献；⑥研究报告（如从万德、国泰安等金融数据库下载的券商研究报告）；⑦书籍著作；⑧传统媒体（如报纸杂志、新闻报道等，通过检索"海尔 共生""苏宁 共生"获取近年来苏宁与海尔的变化、动向与发展）；⑨其他互联网渠道（如微信公众号推文、贴吧、知乎、微博等）。多样化的渠道来源有利于获取丰富的案例资料，丰富的数据有利于构成"证据三角",对所研究的问题进行多方面的验证,提高论证的信效度。在材料的收集过程中,本部分通过信息的多方比对验证其真实性和有效性,将真实有效的信息进行整理建立案例文档库,为编码分析奠定了基础(见表4.1)。资料所涉及的案例企业时间跨度为2000—2021年。

表 4.1 数据编码来源与分类

数据来源	数据分类	编码符号	
		海尔	苏宁
二手数据	高管访谈记录	FT-H	FT-S
	高管对外讲话整理稿	YJ-H	YJ-S
	上市披露信息	PL-H	PL-S
	官方渠道获取的权威信息	GF-H	GF-S
	文献资料	WX-H	WX-S
	研究报告	BG-H	BG-S
	书籍著作	SJ-H	SJ-S
	传统媒体	CT-H	CT-S
	其他互联网渠道	HL-H	HL-S

资料来源:根据互联网公开资料整理。

(三)案例背景

2009年,苏宁就已经开启了数字化转型的探索。张近东为苏宁的转型制订了"三全目标"——全渠道、全品类、全客群。全渠道即在线上再造一个"等量齐观"的苏宁,实现线上线下均衡发展;全品类即打开商品经营的天花板,从原有家电3C向快消、母婴、超市、百货、家居、生鲜、汽车等全品类扩张,从3万亿规模的家电市场进入数十万亿规模的大消费品市场;全客群即以零售为核心拓展产业布局,实现旗下物流、金融、科技、置业等多产业协同发展,构建一个大零售生态圈。2011年6月,苏宁发布未来十年的发展规划,启动以"科技转型,智慧再造"为方向的发展规划,目标到2020年跻身世界一流企业行列。同年12月,苏宁旗下中国首家乐购仕生活广场(LAOX LIFE)在南京正式开业,标志着苏宁在国内的"双品牌战略"正式落地。2012年9月,苏宁并购红孩子。这是苏宁在电商领域的首次并购，对于苏宁"超电器化"经营和苏宁易购品类拓展、精细运营、规模提升具有重要意义，也拉开了电商行业整合大幕。2013 年年初，苏宁正式公布新模式、新组织、新形象，"云商"模式全面落地。同年 6 月 8 日，苏宁全国所有苏宁门店、乐购仕门店销售的所有商品将与苏宁易购实现同品同价，此次价格一致是苏宁多渠道融合的重要一步，标志着苏宁 O2O 模式的全面运行。2019 年，在先后完成对万达百货和家乐福中国的收购后，苏宁基本完成全场景全业态布局。

2000 年，海尔创始人张瑞敏就提出了"不触网，就死亡"的概念。2005 年，张瑞敏提出了"人单合一"模式，重塑组织活力，锁定数字时代用户不断涌现的个性化需求。2012 年，伴随互联网的发展，海尔开启了网络化战略阶段，从传统家电制造企业转型为面向全社会孵化创客的平台。在此背景下，员工变成创客，创客组成小微，以小微为基本单元又变成一个个生态链小微群，围绕用户场景打造一个生态云。2013 年，海尔将研发、设计、生产、销售等全流程所有部门拆分成可自主创业、独立运营的小微。小微之间自由流动、横向交流，并与外部贡献者建立双向创造性的联系，形成一个充满活力因子的非线性网络，链群组织模式由此形成。在这种模式下，用户需求与反馈可同步抵达研发、设计、制造、销售等全流程各环节的小微，小微们可形成合力迅速响应，链接资源满足用户需求。2014 年年初，海尔将管理用户数据和设备连接的 Uhome 做成一个向第三方品牌开放的平台，并改名为 U＋。同年，海尔减掉中层人员 1 万多人，使企业组织实现网络化。2016 年打造的 COS-MOPlat 经过三年发展，从封闭企业演变成开放平台，以用户不断迭代的需求，探索产业链延伸模式，构建一个生态体系。2019 年 6 月，世界权威品牌估值排名榜单"2019 年 BrandZ 全球最具价值品牌 100 强"发布，海尔以这份榜单历史上第一个、唯一一个"物联网生态品牌"惊艳亮相。同年年末，海尔进入第六个战略阶段——"生态品牌战略"阶段。

（四）案例分析和讨论

1. 海尔的共生关系分析

海尔构建的共生关系主要基于两部分的平台——开放式创新研发平台与智能制造平台，通过主体间的共生关系共享技术、知识等各种资源，实现对机会集的探索与利用。共生关系的参与者网络主要具有专门化、互补性和共同进化的特点，即共生关系中的各参与主体相互依赖且互补，各参与主体都在平台上提供特定的投入，发挥其长处，利用自身独有资源和能力开发机会集，创造共同价值。在机会集的开发过程中各主体共同进化，维持了共生关系的稳定。在海尔的开放创新研发平台上，基于探索逻辑，创业者根据自身对产品、服务、市场的认知发现目前存在的问题、尚未满足的需求或市场缺口并利用平台上的资源探索新的创新机会。从创意想法的提出开始，创业者需要协同资源与用户不断交互，根据用户的使用体验反馈不断修改方案直至创意成型。在整个过程中，科研机构为其提供技术，海尔及平台上的其他合作企业对创业团队进行多维赋能，如提供技术、资金、信息、经验、股权激励等资源，保证项目的顺利实施，这反过来也满足了企业的创新要求。在海尔的智能制造平台上，主要参与主体由用户、供应商、产品设计师与合作企业等组成，基于利用逻辑实现了用户、企业、资源三位一体，从而有效开发已有机会集。海尔通过和众多企业进行合作来建立互联工厂，在海尔的智能制造平台上，合作企业也是其服务对象。海尔的智能制造平台使用户可以参与产品的设计、生产、物流等全流程。在这个平台上，产品设计师通过与用户交互了解用户需求，按需设计产品、按需采购、精准营销、智能生产、智能配送。海尔的研发平台与制造平台同样相互联通，数据共享。研发平台将新的产品创意共享给制造平台，制造平台将在新产品生产过程中遇到的问题共享给研发平台。新产品在这样反复的过程中不断完善直至最后成型。

　　共生关系中的治理机制主要体现了其成员关系、治理机制和共享逻辑。海尔通过建立共生关系将创业者、用户、科研机构等主体连接起来，打通研发与制造环节，促进数字机会集的共同开发，完善互联工厂，实现智能家庭、智能制造等目标，进而探索和利用机会集。在共生关系中，海尔在资源分配与协调的问题上占主导地位，通过分配与决策让参与者发现核心问题、发展核心能力。在成员控制方面，虽然海尔的平台是开放的，任何创业者都可以到海尔的平台上来利用海尔的资源创业，但如果没有达到海尔指定的阶段性目标就必须离开，即"按单聚散"，避免了资源的浪费与过度的拥挤，保证共生关系的健康发展。任务协调方面，在海尔的共生关系中存在众多的小微团队，海尔赋予这些小微团队对内部事务的决策权，使其成为一个相对独立的整体，但规定了其研发方向——以用户需求为核心。同时，海尔的核心目标也是各小微团队的最高目标，借此加强了小微团队间的凝聚力。海尔制造平台的主旨是实现用户最佳体验，为了实现这一目标，平台上各资源直接联通，通过研发平台的探索与用户交互平台充分满足用户的个性化需求。海尔制造平台架构可分为四层：资源层、平台层、应用层和模式层。资源层以开发的模式集结了全球资源，如软件资源、硬件资源、业务资源、服务资源等平台建设资源，建立平台资源库；平台层为工业应用的快速开发、部署、运行、集成，实现工业技术软件化，各类资源的分布式调度和最优匹配；应用层通过模式软化、云化等，为企业提供具体互联工厂应用服务，形成全流程的应用解决方案；模式层依托互联工厂应用服务实现模式复制和资源共享，实现跨行业的复制，通过赋能中小企业，助力中小企业提质增效，转型升级。

共享逻辑是指共生参与者间相互信任，并对完成一项事业存在共同意识，是共生关系长期健康发展的重要保障。《中国制造2025》的发布确定了国家工业中长期发展战略，其特点是信息化和工业化的深度融合，主题为"互联网＋"与智能制造。《中国制造2025》希望通过智能制造，带动产业数字化水平和智能化水平的提高，增强国家工业实力，其重点技术是制造业互联网化。海尔创业共生关系的建立和发展理念十分契合《中国制造2025》所确定的发展战略，因此海尔的共生关系更易被社会认同和接受。海尔与共生关系中的各主体在不断互动，如推行人单合一时，海尔每周都要开三次会议，与企业高管、各小微主、平台主不断交流沟通，摸索创新，总结经验，探索和利用新机会集。通过这种持续的互动，各参与者对共生关系的运行及各自在共生关系中所扮演的角色有了渐为清晰的认识。在共生关系中，企业的边界逐渐模糊，参与者之间的互动从以企业为中心转变为以生态系统为视角（Thomas and Autio，2014）。在海尔的共生关系中，海尔作为中心企业起到了一定的领导作用。海尔将各参与主体聚集到一起，互相分享知识、经验、技术等资源并讨论、实践。虽然各参与主体具有不同的身份，发挥不同的作用，但创造了共同价值，实现了共同目标（见图4.4）。

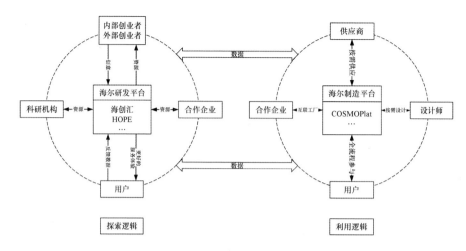

图4.4　海尔共生关系

资料来源：根据案例资源整理。

2. 苏宁的共生关系分析

苏宁构建的共生关系可以依托于线上平台与线下门店两部分，通过共生关系将线上线下用户、供应商数据的整合与挖掘实现机会集开发的双元逻辑（见图4.5）。在参与者网络方面，苏宁共生关系参与主体主要有用户、供应商户、物流、工作人员。在苏宁的共生关系中，用户在线上平台或线下门店下单，苏宁为其提供相应的商品与服务，物流则负责将用户所采购的商品配送至用户手上。苏宁线上平台的工作人员大体分为两类：客户服务人员与平台运营团队，负责与客户的对接及线上平台的运营；线下实体门店的工作人员主要有售前销售人员、售后保修人员和门店管理团队。基于探索与利用逻辑，苏宁通过用户的购买信息和工作人员与用户的互动采集市场、用户、商品等数据加以分析利用从而开发机会集。苏宁将数据及其分析结果共享给供应商使其可以实现按需供应，减小成本。同时市场、产品和用户的数据分享也使供应商可以更准确地发现市场需求、用户偏好以及产品现存问题，促使供应商不断创新，通过苏宁的平台为用户提供更好的商品与服务。这反过来也推动了苏宁零售平台的发展，利用更符合用户与市场需求的产品和服务为苏宁吸引更多的流量。

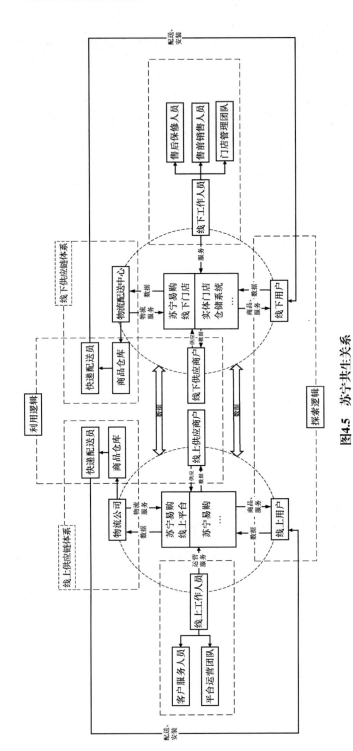

图4.5 苏宁共生关系

资料来源：根据案例资源整理。

　　治理机制是指协调组织间互动的一套机制，为共生关系的持续运行提供保证。在治理机制方面，苏宁作为一家零售企业，在其零售平台上与众多供应商企业形成了合作机制，进而探索和利用机会集。作为共生关系中的中心企业，苏宁需要对共生关系进行有效的管理。苏宁基于IT技术打造了一个可以将供应商、连锁企业、分销商以及用户无缝链接的"IT神经网络"。苏宁在全国范围内布局了多个物流配送中心和仓库：12个采购枢纽、12个分拣中心、60个配送中心、300多个分拨中心以及5000家快递点，通过将商品集中到一起，改变了供应商铺货分散的情况，降低了物流成本。同时，苏宁通过用户大数据分析预测产品的生产与库存管理，使供应商按需供应，减少了供应商的生产成本和自身的仓储成本。苏宁通过零售共生关系的建立构建了新型零供关系，不再是以往的谈判博弈，而是共生伙伴，携手共同探索把握用户和市场的需求。通过数据分析的赋能，苏宁与供应商企业可以实现联合营销、精准引流、产品反向定制等合作。在人员管理方面，苏宁内部推行"大体系支撑下的小团队作战"，即将事业部公司化，减小经营单元，将大目标分解成多个小目标，加快员工的工作效率。苏宁也鼓励员工进行内部创业，并与员工共同投资内部创业项目。在运营管理方面，苏宁通过技术升级、智能设备的投入实现智慧零售。基于数字技术，苏宁建立了物流云、金融云、数据云等共享云，加强了自身零售企业的核心竞争力。

　　在共享逻辑方面，2016年国务院出台了《关于推动实体零售创新转型的意见》，指出了实体零售的重要性、现存问题和未来发展方向。其中，调整业态结构，产品品类升级，创新发展，促进跨界、线上线下的融合、多领域协同是苏宁建立共生关系的目的。政策的发布使各参与主体对共生关系有了更为统一和清晰的认知。苏宁与其供应商、用户之间的不断合作也加深了彼此间的信任。创造共同价值的活动使苏宁、供应商企业、用户等主体间形成了相互意识，加深了共生关系中各主体对目标和其实现方式的共同理解进而共同探索和利用机会集（Thomas and Autio，2014）。

三 研究结论

共生关系与机会集开发之间存在良性互动的关系。一方面，共生关系使创业生态系统中的数据、资源、技术等更易于共享，促进利益相关者合作，影响企业间的联盟模式，使企业可以切入用户痛点，与其他利益相关者共同创新，创造集体价值，开发机会集，即提升转型企业的数字创业机会集探索能力。另一方面，共生关系也使企业可以通过共享合理配置已有资源，发挥资源的最大化效用，改善现有流程和产品服务，提升企业绩效，即促进转型企业数字创业机会集利用能力的发展。共生关系可以直接作用于转型企业的机会集开发，丰富创业活动和创业成果，而机会集的开发会反作用于共生关系，使创业生态系统中各创业主体之间的共生关系更紧密。

第三节 中国电动汽车的机会集形成

机会集的形成是揭示创业生态系统形成机理的关键问题，创业生态系统的创建以开拓型企业的机会开发为起点，无论是开拓型企业还是跟随型企业的机会开发都需要政府、大学和科研机构、投资机构、中介机构及其他组织等多个主体互动，以实现机会集的创建和拓展，进而推动创业生态系统的形成。因此，本部分以中国电动汽车行业为研究背景，深入分析该行业机会集形成机理。

一 问题的提出

创业生态系统的创建和发展与创业和就业紧密相关，同时关系着社会和经济的发展，是实践和理论层面都十分关注的话题。目前创业生态系统的研究大多局限在概念、结构以及运行机制等方面，鲜有学者从机会角度探究创业生态系统的形成过程，而机会创造是衡量创业生态系统是否健康发展的重要标志。研究机会集为理解创业生态系统提供了一个新思路。

在环境恶化、能源短缺的现实环境下，电动汽车行业成为各国重点发展的领域之一。中国从"八五"时期就意识到环境问题，"十一五"时期节能与新能源汽车就被列为重点课题之一。目前,电动汽车行业是中国已经确定的七大战略性新兴产业之一,也是未来国际汽车技术的竞争焦点,更是中国汽车产业转型升级、实现汽车强国梦的必经之路。

因此,本部分根据电动汽车行业的发展过程,梳理电动汽车行业内的主体以及主体间关系,并在此基础上总结机会集的创建和拓展过程,有助于揭示电动汽车行业机会集的动态形成过程及规律。

二 中国电动汽车行业发展

(一) 研究设计

1. 数据收集过程

数据来源为 wind 数据库以及政府网站等互联网资料,以 wind 数据库为主,以互联网资料为辅。对于 wind 数据库的使用,首先,在电动汽车行业相关企业的数据收集上,分别以"电动汽车 and 电池""电动汽车 and 电机""电池管理系统""电动汽车 and 电池原材料""充电桩"等为关键字,在 wind 数据库中搜索所需企业,根据 wind 数据库中的"关系网"和公司财务报表以及互联网资料,找出主要企业及其共生主体;其次,通过 wind 数据库中中国宏观数据资料板块,查询有关销量、产量等数据;最后,通过 wind 数据库中的行业研究报告等分析报告找出所需要的补充资料。对于互联网资料的收集,在国家发改委、工信部、财政部等官方网站查询有关电动汽车的资料,在公安部、中汽协、国家统计局等网站查询补充数据资料。

2. 数据分析过程

首先,厘清中国电动汽车行业的发展历程,按照时间进行纵向分析,了解中国电动汽车发展脉络,为后续深度分析奠定基础。其次,分析电动汽车创业生态系统中主体以及主体间关系,深度探究多主体间共生关系,以及各主体在创业生态系统中的角色作用,为进一步理解机会集做好准备。再次,通过对案例的内容分析,提炼出机会集的维度。最后,分析机会集的动态发展历程,研究电动汽车创业生态系统机会集的变化规律。

(二) 中国电动汽车行业发展历程

中国从"八五"时期就开始将电动汽车行业作为重点发展领域之

一，通过早期的政策引导和扶持，中国已有一批开拓者率先投入电动汽车的研发工作中，到"十五"时期，电动汽车被列为863计划重点项目之一，节能环保受到重点关注，电动汽车被认为是未来汽车结构改革发展的必然方向。这段时期内，只有少数开拓者，如比亚迪等成功完成了首批电动汽车的研发，其中包括纯电动汽车以及混合动力汽车，此时电动汽车仍然处于研发阶段，尚未进入市场化阶段。"十一五"时期，中国电动汽车进入发展阶段，越来越多来自不同经营范围的企业涌入电动汽车的研发和生产中，中国逐渐在电池、电控、电机等关键技术领域实现了技术突破，有更多的企业成功研制出了电动汽车，并实现了电动汽车的市场化，这时中国电动汽车主要类型还是纯电动和混合动力汽车。2006年，"十一五"863计划重点项目增加了节能与新能源汽车项目，项目中列入一批重点企业、大学和科研机构，包括16所大学和10所科研机构57家与电动汽车相关的制造企业，其中整车制造企业22家、动力电池制造企业11家、动力电池原材料生产企业5家、驱动电机制造企业14家、电控系统生产企业5家。2009年，中国从商用车和专用车方向开始开展电动汽车的推广工作，并把北京、深圳等13个城市列为首批推广城市。"十二五"时期，电动汽车进入飞跃发展的阶段，推广的城市和地区逐渐扩大；到2014年，电动汽车已经推广到了全国，电动汽车产销量逐年增多；到2015年，电动汽车销量已达到33.11万辆，位居世界前列。此时电动汽车产业链也逐渐完善，增加了电动汽车下游产业链充电桩建设和运营、电动汽车售后市场服务等多个分支，越来越多的机会被不同主体所开发，机会的种类以及数量随着电动汽车的发展逐渐增多。

三 中国电动汽车行业中的主体及主体间关系分析

（一）中国电动汽车行业中的主体分析

创业生态系统是一个由相互关联的多主体相互作用而组成的"复杂体"，需要多主体的共同作用，政府主导或企业主导都不能够独自形成创业生态系统，尽管电动汽车创业生态系统目前是政策主导型生态系统，但只有多主体的共同作用才可以形成生态系统。电动汽车创业生态系统的主要参与主体为电动汽车创业企业，包括处在企业生命周期各个阶段的企业，它们是该生态系统中的直接参与主体，按照产业链对现有电动汽车创业企业进行分类，可以分出上游企业为镍矿、钴矿、石墨、稀土等矿石化工原材料的开采商，如百杰瑞、兴宏泰、金辉再生、金川科技等，橡胶、钢材、塑料等基础原材料的生产商，动力电池、电控元件、驱动电机等电动汽车零部件的生产商，如比亚迪、大洋电机、赣锋锂业、多氟多；中游企业为电动汽车整车的生产商，如北汽、上汽、比亚迪、奇瑞等汽车厂；下游企业为整车销售企业，如一度用车、零派乐享、Gofun 出行、宝驾出行等，充电桩建设企业，如普天信息、迅扬科技、科华恒盛等，充电桩运营企业，如万马股份、奥特迅、江苏万帮等。

电动汽车创业生态系统中参与主体除企业之外，还有政府、大学、科研机构、中介机构、融资机构等。大学指的是参与国家电动汽车研发项目的大学以及与电动汽车相关企业有合作的大学，如清华大学、浙江大学、北京理工大学等，目前国内已有很多大学设立电动汽车专项实验室，并与相关企业和政府部门建立了紧密的合作关系；科研机构指的是参与国家电动汽车研发项目的科研机构以及与电动汽车相关企业有合作的科研机构；中介机构包括参与电动汽车行业相关事务的会计师事务所、律师事务所等中介机构；融资机构指的是参与投资电动汽车行业的银行等金融机构和投资机构等非金融机构。

（二）中国电动汽车行业中的主体间关系分析

Aldrich 和 Martinez（2001）从自然生态系统的角度指出创业企业的发展是由种群、群落以及外部环境共同作用的结果。在自然生态系统中，种群内个体行为主要包括合作和竞争，种群间关系主要包括捕食关系、寄生与共生关系。

在创业生态系统中，对资源有着相同需求的同类企业之间存在竞争关系，在资本资源、市场资源、人力资源等有限条件下，企业之间的竞争关系体现在对有限资源的获取和有效利用以及机会的识别、利用和评估上。竞争将会导致优胜劣汰，在相同市场规则下，不同企业对于资源的利用和机会的识别各有不同，从而会做出不同战略选择，一些企业会在这样的竞争中脱颖而出，一些企业则会被淘汰。同类企业之间也可能存在合作关系，合作包括显性合作（如基于合约的合作）和隐性合作

（如企业的集群效应），合作增强了资源的聚集效应和每个企业对规则改变的力量。同类企业之间存在的这种既竞争又合作的关系为偏利共生关系，只有竞争而没有合作的且对资源有着相同诉求的企业之间则是纯粹的竞争关系。

与自然生态系统中的"捕食"关系相对应，创业生态系统中的产业链上下游企业间也存在着"捕食"关系，生产商从供应商获取其赖以生存的原材料，它们之间存在的"捕食"关系是建立在双方对产品或服务的质量、价格等方面的博弈基础上，生产商"捕食"时会倾向于选择容易议价的供应商，从而提高自己的话语权。然而生产商和供应商之间的关系并不限于"捕食"关系，它们可以联手打破市场规则，形成战略联盟、排他采购、认证供应商、独家授权等方式从而形成长期稳定的联盟关系。对于生产商而言，联盟可以降低购买价格从而降低成本；对于供应商而言，联盟可以抵御新进入者可能带来的威胁，进而形成双赢的局面。这种生产商与供应商之间的相互补充，为开发某一种机会或获取所需资源形成了互利互惠的共生关系。这种共生关系并不仅存在于供应商与生产商之间，还存在于供应商与客户以及为其供给互补产品和服务的公司之间。

共生主体为实现各自的目的而展开合作。在创业生态系统中，共生能够实现对机会的利用，同时共生双方可以通过交换资源，实现互补，从而达到双赢（Aldrich and Martinez，2001）。共生代表着机会的发现与创造，多主体互动下的机会开发行为则可以产生机会的集合，创业的行为越多，共生关系就越多，则机会集越大，进而创业生态系统逐渐发展壮大（Audia et al.，2006）。

存在竞争关系的企业的行为会影响其他竞争者对机会的判断以及决策，进而影响企业的机会开发行为。所以，企业的机会开发行为与系统中的多主体互动有关，这里的互动不仅包括共生互动，还包括竞争互动。

在电动汽车创业生态系统中，有多种共生关系存在，不仅包含产业链上下游企业间的共生关系，还包含企业与大学、科研机构、中介机构、融资机构之间的共生关系。由共生关系的分析可以观察多主体间的互动行为，图4.6为动力电池产业链中主要企业间的供应关系图，从外到内分别为整车生产商、动力电池生产商以及电池原材料生产商。从图中可以看出，动力电池产业链中存在着复杂的共生关系，不同企业之间是共赢的互利共生，相互依赖，资源互补，相得益彰。

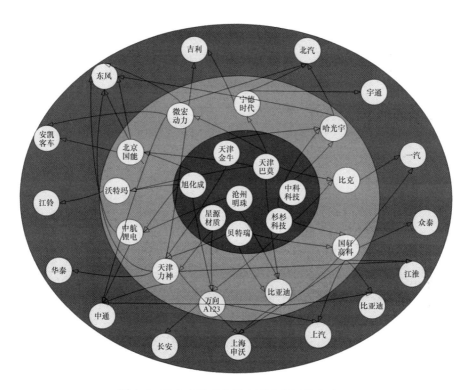

图4.6 动力电池产业链主要企业间供应关系

资料来源：根据 wind 数据库资料整理。

图4.7 为驱动电机及电机控制器产业链主要企业供应关系图，从外圈到内圈分别为整车生产商、驱动电机或电机控制器生产商，产业链主体间是互利共生的关系，互相依赖，互相受益，并利用不同的环境资源。图4.8 为电池管理系统产业链企业供应关系图，从外圈到内圈分别为整车生产商、电池管理系统生产商，产业链主体间为互利共生的关系。图4.9 是整车生产商与大学合作关系图，中国很多企业与高等院校建立起了产学研合作关系，其合作为互利共生关系，资源互补，互相依赖与促进。一方面促进产学研一体化进程，另一方面为企业培养优秀人才，促进技术创新与科研成果转化。在电动汽车创业生态系统还存在同

类企业相互合作的共生关系，比如江淮与大众中国、蔚来汽车合作，同类企业之间的共生关系为既有竞争又有合作的偏利共生，它们在合作的同时基于对相同资源的需求而产生竞争，竞争结果则导致双方获利不均。

从 2014 年开始，互联网企业开始陆续进入新能源汽车领域，它们分别与新能源汽车生产商合作，将互联网技术与新能源汽车结合起来，致力于研发智能新能源汽车。互联网企业加入电动汽车创业生态系统中，并与汽车制造企业形成互利共生关系（见图 4.10）。

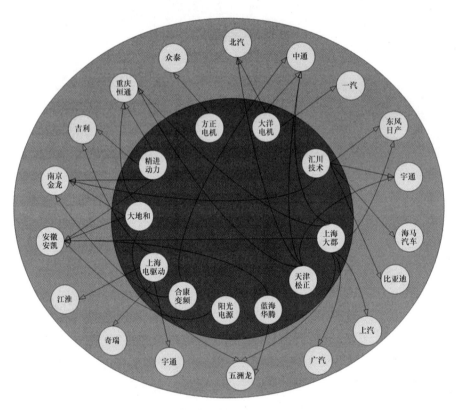

图 4.7 驱动电机及电机控制器产业链主要企业供应关系

资料来源：根据 wind 数据库资料整理。

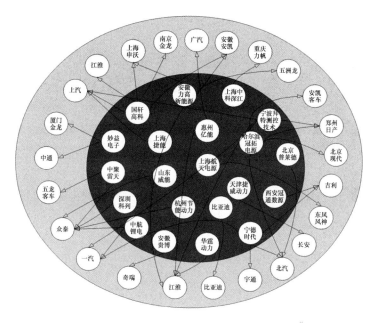

图4.8　电池管理系统产业链企业供应关系

资料来源：根据 wind 数据库资料整理。

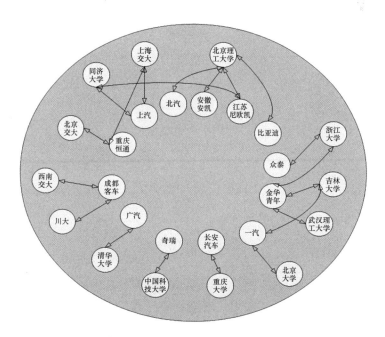

图4.9　整车生产商与大学合作关系

资料来源：根据 wind 数据库资料整理。

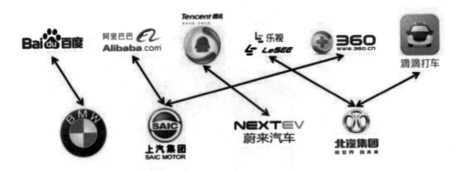

图4.10　互联网企业与汽车企业共生关系

资料来源：根据 wind 数据库资料整理。

四　中国电动汽车行业的机会集维度分析

（一）机会集的多样性

对于机会集维度的研究，Zahra 和 Nambisan（2011）提出了机会集丰富性（richness）的维度，并认为生态系统的整体健康与成功取决于生态系统内机会的丰富性。本部分在案例研究的基础上认为多样性更贴近机会集的特征，多样性指机会集中机会种类的丰富性。已有研究指出创业生态系统的关键功能是为创业者创造更丰富的机会（Thomas and Autio，2014；Hughes et al.，2007），所以机会多样性是机会集的维度之一。机会种类从产业链结构分析，已经涵盖了上中下游，全面覆盖从上游零部件原材料、零部件生产，中游整车生产到下游充电服务与营销服务。由于基于多样化的机会开发从而形成不同类型的企业，因此机会多样性在本案例中体现为以下电动汽车行业中参与企业的多种类型。

1. 整车制造领域

在整车制造领域，参与者主要包括三类企业：与其他企业成立合资公司，共同研发新能源汽车；与其他零部件供应商成为合作伙伴；凭借自身相关零部件技术优势，跨行业进入新能源汽车领域。

（1）与其他企业成立合资公司，共同研发新能源汽车

在这类企业中主要包括两种类型：一种是与国外汽车或零部件企业成立合资公司，这类企业整合国外先进技术，双方共同合作研发，其中包括专门为新能源汽车制造而成立的合资公司，如江淮与大众成立新能源合资公司，还包括拥有与外企合资背景的企业，它们不是专门为新能

源汽车制造而成立的，而是在合资企业成立后，进军新能源汽车领域的，如北京现代由北京汽车和韩国现代合资成立，长安福特由福特汽车和长安汽车共同出资建立，华晨宝马由宝马集团和华晨中国出资建立。

另一种类型就是在国内企业间成立合资公司，这类企业选择和同类车企或互补的零部件企业合作，共享技术资源，实现双赢。比如，吉奥汽车与广汽集团共同建立了广汽吉奥；吉利汽车与康迪车业成立了一家专门从事电动汽车业务的合资公司；吉利与新大洋机电集团成立了一家电动汽车合资公司。

（2）与其他零部件供应商成为合作伙伴

这类企业与零部件企业建立起了长期的合作关系，共同研发定制合适的零部件，有的零部件企业与车企之间的绑定关系日趋稳固，比如宇通与CATL、江淮与天津力神、众泰与深圳比克、中通与沃特玛等。

（3）凭自身有关零部件技术优势，跨行业进入新能源汽车领域

这类企业拥有有关零部件技术资源，能够在电动汽车时代到来之时，敏锐地捕捉到政策及市场机遇，进入电动汽车整车生产领域，并结合自身已有的技术经验，自主研发核心零部件和实现整车制造，代表企业有比亚迪，从电池制造企业转型到电动汽车企业，并在激烈的竞争环境中，成为电动汽车行业的龙头企业。

2. 动力电池

在动力电池制造领域，有三类参与者：依托相关技术经验，跨越行业进入动力电池生产领域；专业生产动力电池的企业；电动汽车整车生产商。

（1）依托相关技术经验，跨越行业进入动力电池生产领域

这类企业原来的经营范围一般是电池，通常是手机锂电池或3C业务，所以它们凭着一定的技术资源及产业化经验转型到动力电池的生产。这类企业能通过与整车生产商合作完成产品研发，包括：宁德时代、天津力神、天津力神与哈飞汽车、比克电池、东风汽车合作。宁德时代是广东东莞新能源的一个子公司，在2011年为生产动力电池而成立，与一汽、福汽集团等展开合作。比克电池在2011年开展动力电池业务，与华晨宝马、华创、宇通、奇瑞、一汽等汽车厂商结成战略合作伙伴关系。

（2）专业生产动力电池的企业

这类企业是为了专门生产新能源汽车动力电池而成立的。一些是在政府支持下成立的国有企业，如中航锂电、国轩高科；一些是由在相关领域有经验的创业团队创办的私营企业，如普莱德新能源。

（3）电动汽车整车生产商

一些电动汽车整车生产商自主研发动力电池或成立合资公司共同开发动力电池，比如，比亚迪自主研发电池；奇瑞和欣旺达成立合资动力电池公司，共同研发。这些整车厂涉足电控系统的主要考虑因素包括关键技术的保密性、车辆技术指标的总体控制等。

3. 驱动电机及电控

在驱动电机及电控产业，参与者主要有三类企业：依托相关技术经验，跨行业进入电机及电控生产领域的企业；专门生产驱动电机及电控的企业；电动汽车整车生产商。

（1）依托相关技术经验，跨行业进入电机及电控生产领域的企业

这类企业掌握了变频等电力电子核心技术，且具有相关产业化经验。在电动汽车爆发时期，它们抓住政策机遇，凭借自身的技术资源和市场敏感性，转型到该生产领域中。但由于其原有的产品和技术不能完全匹配电动汽车，且通常在电动汽车领域没有相关经验，因此此类企业技术需要改进，并与电动汽车制造商合作研发或联合研发，形成共生关系，共同突破技术创新。代表企业主要有汇川技术、阳光电源、英威腾、合康新能、科远股份等。

汇川技术与宇通客车一起合作，共同研发多种类型的电控产品。阳光电源和安凯客车签署战略合作协议，双方在多电平控制技术、驱动电机系统、车载电气控制系统等产品领域上合作。

（2）专门生产驱动电机及电控的企业

这些企业是专门为了新能源汽车而成立的。创始人通常具有电机或电控领域的技术背景和汽车行业的相关工作经验，它们依靠自身的警惕性捕捉到政策机遇和市场机遇，并结合自身的专业技术和以往经验，专门成立公司。代表性企业有上海大郡、精进动力、上海电驱动等。

上海大郡的创始人之一徐性怡，在福特汽车工作了几年，具有相关经验。上海电驱动主要创建人贡俊，拥有多年电机相关工作经验。北京

精进电动的主要创建人蔡蔚，在雷米工作多年，专业从事混合动力汽车驱动电机的研究。

（3）电动汽车整车生产商

有些新能源汽车整车生产商选择自主研发电机及控制系统，这类企业有比亚迪、北汽、中通客车、长安新能源等。

（二）机会集的规模

机会数量代表着机会集的规模，由于企业是通过识别和开发机会而创建的，因此我们用新增的企业数量来间接测量机会的数量，即机会规模。因为每个观察者识别到的机会不同，看到的机会集则不同，就很难描述机会集的总体情况，所以只能从被开发的机会角度描述机会集。按照产业链细分领域的划分，我们对机会数量即机会集的规模进行分析，在整车领域，电动商用车新增企业数量随时间的变化逐渐增多，"十一五"时期增幅为116.7%，是增长率最大的时期；"十二五"时期增长率已经明显回落，但新增企业数量仍然不减。电动乘用车新增企业数量从"九五"时期到"十一五"时期数量逐渐增多，"十一五"时期增长率为116.7%，增长率最大的仍是在"十一五"时期，为137.5%；"十二五"时期新增企业数量开始下降，下降了21.1%。在电动专用车领域，新增企业数量随着时间的变化逐年增多，从"九五"时期到"十二五"时期，增长率依次是200%、155.6%、104.3%，增长率逐渐减小。

对比三种类型的电动汽车，可以看出，电动乘用车新增企业数量在任何时期都是最少的，这意味着其机会开发数量较少，机会集的规模相对较小，主要原因在于中国私人电动车普及度仍然较低，并且由于续航里程、性能、充电服务等方面不完善，电动汽车在私用领域接受度较低。而中国的推广政策主要是政府采购，电动商用车市场已逐渐扩展到全国主要省份，因此电动商用车市场拥有广泛的资源和较大的机会集规模。在"十一五"时期以前，电动商用车新增企业数量都是最多的，而在"十二五"时期，电动专用车新增企业数量超过电动商用车新增企业数量。但从累计数量来看，到2015年，电动商用车企业数量最多，电动专用车企业数量次之，电动乘用车企业数量最少。在"十二五"时期电动专用车新增企业数量仍然很高，这反映了电动专用车领域广阔的市场资源和激烈的竞争局面。

在电动汽车零部件领域，动力电池新增企业数量保持增长势头，"十一五"期间增幅最大，达236.3%，"十二五"期间仍以105.4%的增幅增长。驱动电机新增企业数量也在逐年增加，在"十二五"期间增长明显，增幅达233.3%，新增企业数量是"十一五"时期的2.13倍。电池管理系统增幅最大是在"十一五"时期，增幅为220%，新增企业数量是"十五"时期的5.5倍；"十二五"时期新增企业数量有所下降，企业增长率下降了56.25%。电池原材料新增企业数量在"十一五"时期之前逐渐增加，增幅最大是在"十一五"时期，为433.3%，其新增企业数量是"十五"时期的5.2倍；随后新增企业数量下降，企业增长率下降了61.5%，企业数量增长率为31.25%。

从以上数据可以看出，在动力电池和驱动电机领域，企业数量增长率保持上升趋势。一个企业的进入代表了一个机会被利用。企业的进入是一种可以在本部分中观察到机会开发行为，还有观察者无法观察到的机会。从可以被观察到机会开发行为看出，到2015年为止，这两个领域的机会逐渐增多。在电池管理系统和动力电池原材料领域，企业数量增长率呈现先上升后下降的趋势。电池管理系统进入门槛高，核心技术由少数外国生产商掌握。作为中国电池管理系统的核心零部件，IGBT仍需进口，没有技术突破很难进入这一领域，所以企业数量增长率低。在动力电池原材料领域，动力电池原材料的创新主要取决于动力电池生产商与电池原材料企业的充分合作，存在某些技术障碍。中国在正负极领域的发展相对成熟，已呈现出几家独大的局面，导致企业数量增长率较低。

充电基础设施建设和运营是"十一五"时期开始出现的领域，在"十一五"时期企业数量为24家，"十二五"时期新增企业数量为69家，总数达到93家，"十二五"时期新增企业数量是"十一五"时期的2.88倍，机会集规模明显扩大。

虽然中国充电桩建设开始时间晚，但是近几年来中国充电站和充电桩数量增长迅速，一下涌入了几百家企业。由于目前中国充电站和充电桩的数量远未达到理想的数量，远不能满足电动汽车的充电需求，因此仍有很大的市场资源空间和机会。

（三）机会集的动态性

机会集的动态性意味着机会集也随着时间而变化，并且机会集在不同时期是不同的。从以上电动汽车行业机会集的发展变化可以看出，在"九五""十五""十一五"和"十二五"时期的各个阶段，企业开发机会是不同的。而进入电动汽车创业生态系统中，每个阶段的机会类型和数量也不同。"九五"和"十五"时期是电动汽车发展的初始阶段，进入电动汽车创业生态系统中的企业多为开拓者。在这一阶段，开拓者根据自己的优势和对机会发现和评价的认知进入产业链的不同分支中，这个阶段的主要机会类型包括电动商用车、电动乘用车、电动专用车、动力电池及其电池原材料、驱动电机及其原材料、电控系统及其原材料，这些是电动汽车创业生态系统中最先出现的领域。此外，国家电动汽车创业生态系统中的开拓者数量非常少，这表明这个阶段机会较少，机会集规模较小。

"十一五"期间，机会集发生了变化。首先，机会集中的机会类型有所增加。除了原机会集中的电动汽车整车及相关零部件等机会类型外，电动汽车充电桩建设和运营的机会类型也有所增加。其次，就机会数量而言，新增企业数量明显高于 2005 年之前，机会集的规模变大。

"十二五"期间，机会集也发生了变化。首先，机会集中的机会类型有所增加。除了原机会集中的电动汽车整车、相关零部件及"十一五"时期增加的充电桩建设和运营的机会类型之外，电动汽车售后服务的机会类型也有所增加。其次，就机会数量而言，并非产业链所有分支的企业数量都有所增加。例如，与"十一五"期间相比，电动乘用车新增企业数量有所减少。虽然企业增长率有所下降，但这并不意味着这一领域的机会已经饱和。2014 年，互联网企业开始加入电动汽车制造大军，实施造车计划，这表明此领域仍有很大的创新空间。

五 电动汽车行业机会集的创建及拓展过程

Overholm（2015）认为，在形成创业生态系统的过程中，开拓者在开发机会的同时，也会为其他跟随者溢出机会。创业生态系统中开拓者的机会开发行为能产生两种机会，一种是识别型机会，可以帮助其他创业者进行创业生态系统中价值创造类似的其他机会的识别；另一种是实践型机会，让后进入创业生态系统的跟随者模仿开拓者类似的机会开发行为。因此，根据理论和案例实践，本研究把电动汽车创业生态系统的参与主体分为开拓者和跟随者，分类标准基于时间和区域两个标准，该地域指中国电动汽车行业的所有利益相关者。按照上述分析，"八五"至"十五"期间是中国电动汽车发展的初始阶段，因此，2005年之前进入电动汽车领域的企业被规定为开拓者。跟随者分为同类型新主体和异类型新主体。同类型新主体是开拓型企业中现有领域的企业。异类型新主体是电动车创业生态系统新兴领域的企业，进入的时间标志是开始研发的时间。开拓型企业的机会开发行为引起机会集的创建，在这基础上，同类型和异类型的新主体机会开发行为及原有主体机会再开发行为拓展了机会集，即实现了机会集的拓展（见图4.11）。

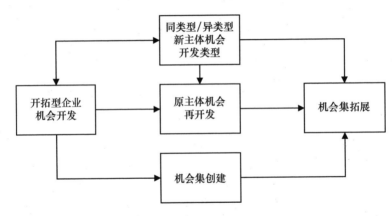

图4.11 机会集的创建及拓展模型

资料来源：根据案例资源整理。

（一）2000年以前：开拓型企业机会开发与机会集创建

"八五"时期，中国政策开始支持电动汽车的研发，那时，美国、日本等国家早已经开始了对电动汽车研发的政策支持。在这一阶段，中国一些企业抓住机遇，早早就开始了对电动汽车的研发。此时机会的类型包括：整车领域，包含电动商用车、电动乘用车以及电动专用车；上游零部件领域，包含电池、电机、电池管理系统以及动力电池原材料等。

在整车领域里，电动商用车的开拓型企业有重庆长安、南京汽车、东风汽车、陕西汽车等6家企业，它们的共同点都是已经多年从事传统商用车生产的老牌企业。电动汽车整车生产具有较高的行业壁垒，这与传统汽车产业基础密切相关，因此，最先进行电动汽车研发的企业都是传统的汽车生产商。此阶段，电动商用车仅处于研发阶段，而没有真正的成品车出现。电动乘用车企业除了一汽集团，还有进行电动商用车研发的东风汽车和重庆长安。面对相同的政策和市场环境，不同企业有不同的机会开发行为。一汽集团率先进入电动乘用车领域，东风汽车和重庆长安进入电动乘用车和电动商用车领域。由于先验知识、资源禀赋等多种原因，不同企业家所观察的机会集也不同。电动专用车领域则有万向、陕西汽车、陆地方舟新能源这3家企业率先进入，其中陆方舟新能源成立于1998年，是一家专业生产新能源汽车的企业。

在上游零部件领域里，动力电池生产企业的开拓型企业包含赣锋锂业、比亚迪、大东南等5家企业，它们都从事电池生产，抓住政策机遇进入动力电池领域。驱动电机生产商有通合科技、湘电股份等企业，它们早期从事电机生产，抓住政策机遇进入驱动电机领域。电池原材料生产企业则有春兰清洁能源研究院、比亚迪、商特电子设备等企业，这些都有基于传统电池原材料的产业基础。而在电池管理系统领域有着海四达这一家企业。

上述这些开拓型企业的机会开发行为创建了电动车行业初始的机会集。

（二）"十五"时期：开拓型企业机会开发与机会集创建

2001—2005年，即"十五"时期是电动汽车的起步阶段。在此期间，进入电动汽车行业的企业涉及电动商用车、电动乘用车、电动专用车、电池原材料、动力电池、驱动电机、电控等领域，这些企业依然是电动汽车创业生态系统中的开拓者。

在整车制造商领域里，电动商用车的开拓型企业有厦门金龙、北汽、广汽、一汽、安徽安凯等13家客车企业，它们都属于传统商用车企业。在电动乘用车领域里，有比亚迪、北汽、奇瑞等8家企业，它们当中大部分是传统乘用车企业，而比亚迪是一家成立于1995年的电池制造企业。2003年，比亚迪凭着收购进入电动汽车整合生产领域，利用动力电池制造优势，成功开发了纯电动乘用车及混合动力乘用车。在电动汽车专用车领域里则有南京汽车、中联重科、安徽江淮、江西江铃等9家企业。

在上游零部件领域里，动力电池的开拓型企业含有综艺股份、宝星科技、安和威等 6 家企业。在驱动电机领域里，有盛达电机、艺达股份等 4 家企业。在电池管理系统领域里，有均胜电子和冠拓电源 2 家企业。在动力电池原材料领域里，有巴莫科技、力王股份等 5 家企业。

以上开拓型企业的机会开发行为推动了电动汽车行业的机会集更大规模的创建。"十五"时期，在整车领域新进入的企业数量明显高于 2000 年前新进入的企业数量。在上游零部件领域新进入的企业数量也高于 2000 年以前，但增幅不大。随着技术的不断发展和政策的不断推行，电动汽车行业的各个领域都处于自由竞争的市场中，将会有越来越多的企业进入中国电动汽车行业起步阶段。

（三）"十一五"时期：同类型/异类型新主体机会开发与机会集拓展

"十一五"时期是中国电动汽车行业的发展阶段，此阶段进入电动汽车行业的企业和其他参与主体都是跟随者，包括同类型新主体和异类型新主体。"十一五"时期以前，中国电动汽车产业链的中上游各分支早已经有相关企业进入，所以 2005 年以后进入电动汽车中上游各分支领域的企业和其他主体为同类型新主体，还有企业进入电动汽车下游充电基础设施建设端，这种充电桩建设企业则是异类型新主体。

在整车生产商领域，电动商用车企业为新进入主体的有比亚迪、江南汽车、上海万象、中通客车等 37 家企业；电动乘用车领域里有华晨汽车、安徽江淮、东风悦达起亚、广汽丰田等 19 家企业；在电动专用车领域则有郑州日产、北京汽车、北京华林特装车等 23 家企业。

在上游零部件领域，动力电池生产商的新进入主体有科陆电子、雄韬股份、深赛格等 28 家企业；驱动电机领域有日海通讯、雄韬股份、大地和等 8 家企业；电池管理系统生产商则有亿能电子、国轩高科、中航锂电等 11 家企业；而在动力电池原材料企业有远展新材、湘潭电化、卓能材料等 26 家企业。

在下游充电桩建设领域，新进入主体则有普天信息、科华恒盛、国家电网、苏变电气等 25 家企业，并且它们都是异类型新主体。

以上同类型和异类型新主体的机会开发都促进了机会集的拓展，在"十一五"时期，电动汽车产业链上中下游的所有分支的新建企业数量都明显增多，为中国电动汽车市场化奠定了基础。

（四）"十二五"时期：新主体/原主体机会开发与机会集拓展

"十二五"时期，中国电动汽车行业快速发展，这一时期的跟随者包括同类型参与主体和异类型参与主体，其中异类型参与主体是以前从未出现过的电动汽车营销商。

在整车生产商领域，电动商用车生产商新进入主体有中国重汽集团、南京金龙、云南五龙、江苏九州车业等 38 家企业；电动乘用车新进入主体有荣成华泰、长城汽车、浙江吉利、四川野马等 15 家企业；在电动专用车领域则有柳州五菱、南京金龙、湖南恒润高科、浙江飞碟、湖北精功等 47 家企业。

在上游零部件领域，动力电池生产商有三和能源、桑霞太阳、亚泰能源、兴阳能源、福华新能源等 39 家企业；驱动电机生产商有泰克新能、盛弘电气、信合节能等 25 家企业；电池管理系统生产商有欣旺达、海博思创、杰能动力等 9 家企业；电池原材料生产商有求索新能源、金晖股份、亚国新能等 10 家企业；充电桩建设企业有深圳惠程、许继电气等 69 家企业。

在"十二五"期间，有关电动汽车的市场服务开始活跃，具有代表性的是 2011 年开始成立、在 2014 年和 2015 年成立数量最多的电动汽车租赁公司，如悟空租车、车分享、友友用车等 22 家企业，它们作为异类型新主体，加入电动汽车行业的创业生态系统。

2015 年，赣锋锂业、比亚迪、杉杉股份等多家动力电池生产商开始进行电池回收领域的布局，它们是电动汽车行业创业生态系统中的原主体，其机会开发行为属于原主体机会再开发行为，这一时期，同类型和异类型新主体以及原主体的机会开发行为都拓展了原机会集。沿着产业演进的路径，机会从电动汽车整车、零部件和原材料领域蔓延到电动汽车产业链下游，使得电动汽车产业链逐渐完善。

可见，"十二五"期间，仍有很多企业进入电动汽车创业生态系统，在电动商用车、电动专用车、动力电池、驱动电机以及充电桩等多数领域，新增企业数量超过"十一五"时期，而在电动乘用车、电池原材料领域企业的增长率低于"十一五"时期。

总体而言，纵观电动汽车行业的发展历程，可以发现电动汽车是在政策环境、市场接受度逐步提高、技术进步、人力支持和资金支持下逐步发展起来的。政策环境的变动产生了政策机会，对创业者而言，政策机会是客观存在的，需要结合自身资源及外部资源加以识别的机会，所以政策机会是发现型机会。在供给和需求已经存在的情况下，由于市场中供给和需求存在不平衡而被创业者识别到的机会为发现型机会。

从机会集构成来看，电动汽车创业生态系统中主要有两类企业：一类企业依托自身在该领域的技术资源转型到电动汽车行业中，转型过程依赖于与上下游供应商的合作与共生，从而实现技术突破；另一类企业是创业团队，它们在相关领域拥有经验和技术资源，把握住政策和市场机会，进入电动汽车领域。第一类企业是在市场技术供求不平衡的情况下出现的，如传统整车制造企业向新能源汽车领域转型，缺乏动力电池、驱动电机等核心零部件技术，因此，它们发展上游合作伙伴，双方资源互补，共同研发，实现技术进步，同时也为上游供应商创造了机会。第二类企业基本具备电动汽车领域的相关技术资源，可以依靠自身资源禀赋实现机会开发，在该领域的先行者已经存在的情况下，这类企业发现并利用机会，而非创造机会，但若该类企业是通过自主或合作研发实现技术创新，由于技术的外部性，能创造更多的机会。因此，技术创新带来的技术机会是创造型机会。

在分析机会集随时间的演化过程中，本部分总结了机会集的创建及拓展模型，即先是开拓者的机会开发行为创建了机会集，然后，同类型/异类型新主体作为跟随者的机会开发行为和原主体的机会再开发行为对机会集进行了拓展。开拓型企业的机会开发行为给跟随者溢出了机会，具体表现为电动汽车整车生产商和关键零部件生产商率先开发机会。此时，产业链尚不完善，生态系统处于形成阶段，参与主体少，功能还不完善。而开拓者的机会开发行为有助于跟随者理解创业生态系统的价值体现，从而为同类型新主体提供可模仿和可参照的价值创造模式，为异类型新主体完善创业生态系统的发展提供方向。在电动汽车创业生态系统中，随后出现了充电桩建设和运营企业及电动汽车分时租赁企业，它们与原参与主体实现产业链上的互补、机会集的拓展、创业生态系统的壮大。总结上述机会开发行为，发现开拓者的机会开发行为给跟随者创造了很多机会，这种因产业演进而不断扩张的新机会开发行为就是创造型机会。这种机会被每个新领域的先行者在与多主体互动中创造出来，其本质是创造出新的供给或需求。而机会开发行为是多主体交互的结果，因此机会集呈现多样性、动态性变化（赵杰，2017）。

第 五 章

创业生态系统的演化*

前面回顾了创业生态系统的相关文献，对创业生态系统的内涵、构成等进行了深入的分析，探究了机会集与共生关系以及创业生态系统形成。本部分在此基础上将分析创业生态系统的演化机制。本章结构如下：首先，对创业生态系统的信息传播机制及路径进行研究；其次，由于数字生态系统是数字经济中最具活力的单元，因此将对数字生态系统动态演进机理进行研究；再次，以阿里巴巴生态系统中的共生发展为案例对大企业主导型创业生态系统的共生发展过程进行剖析；最后，为了揭示创业生态系统的共生演化过程，将通过计算机仿真和实证数据从理论分析与实践检验两方面研究共生演化模型。

第一节　创业生态系统的信息传播
机制及路径

创业生态系统的多样性、网络性体现为生态系统由多种类型的参与主体所构成，各主体嵌入网络中，相互联系、相互依存。在生态系统内，主体通过交互和整合来创造价值并共同承担生态系统的命运。而信息是主体间传播的具有符号系列化的知识，同时为决策、规划、行动提供经验、知识和智慧（文庭孝等，2009）。高效的信息传播能够促进创业生态系统内主体间的信息共享，提升主体间的合作效率，支撑主体的决策。在创业生态系统中，主体间的互惠合作离不开信息的传播。

---

　　* 本章部分内容已发表于《情报理论与实践》2017 年第 9 期、《管理学报》2020 年第 4 期、《管理学季刊》2018 年第 3 期。

一　信息传播理论相关综述

信息作为一种重要的要素资源，在创业生态系统中发挥着重要的作用，高效的信息传播能够促进创业生态系统内主体间的信息共享，提升主体间的合作效率，支撑主体的决策。目前，学者们对信息识别、传播机制、演化路径的研究很多，主要在社交网络、网络信息生态、供应链、创业等方面展开。周东浩等（2015）基于节点属性和信息特征构建了一种社会网络信息传播模型。李北伟和董微微（2013）从演化博弈视角通过对网络信息生态链的界定和类型划分，研究了其演化机理。肖静华等（2014）通过算例仿真证实信息系统对供应链的价值。杨隽萍等（2013）从认知的视角对创业中的风险信息识别进行研究。但是目前还没有对创业生态系统信息传播的模型、机制、路径等展开研究。

信息是主体间传播的具有符号系列化的知识，同时为决策、规划、行动提供经验、知识和智慧（文庭孝等，2009）。信息传播的主体包括信息生产者、信息传递者和信息消费者，信息在三者之间流转。信息的传播受到传播规则和网络结构的影响（孙庆川等，2010）。信息传播主体的不同决定了信息传播规则的不同，而信息传播所在的网络结构也决定了信息传播的路径。信息转发传播的三种模式见图5.1（崔金栋等，2018）。在图5.1中，单关键点型的传播模式是由一个关键的强势节点向所有邻居节点扩散，信息传播直接、快速、有效。链式型的传播模式中信息逐级传播，传播范围有限，传播速度慢。多关键点型的传播模式是由多个关键节点不断向邻居节点扩散信息，信息传播范围最广。

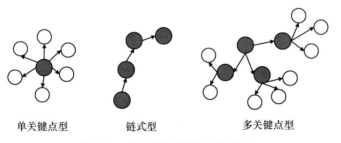

单关键点型　　　链式型　　　　　多关键点型

图5.1　信息转发传播的三种模式

资料来源：崔金栋、郑鹊、孙硕：《微博信息传播模型及其演化研究综述》，《图书馆论坛》2018年第1期。

二 创业生态系统信息传播机制

创业生态系统内主体之间的链接源于对各自机会的集聚（Avram and Avasilcai，2014），具有链接的主体可以共享信息、资源、技术等。在创业生态系统中，创业企业、中介及投资机构、政府、大学及科研机构都可以作为信息的生产者、传播者和消费者。创业企业、中介及投资结构、大学及科研机构会从政府获取政策信息，各主体能够及时掌握政府的相关信息，同时，政府也会从各主体获取反馈的信息；中介及投资机构、大学及科研机构会与创业企业保持联系，互相获取信息；信息传播最集中最频繁的是创业企业间的传播，开拓型企业与跟随型企业共同开发机会，对信息、资源、技术的共享，信息的有效性、准确性能够提升创业生态系统创业企业的决策效率和准确性。创业生态系统的信息传播机制见图5.2。

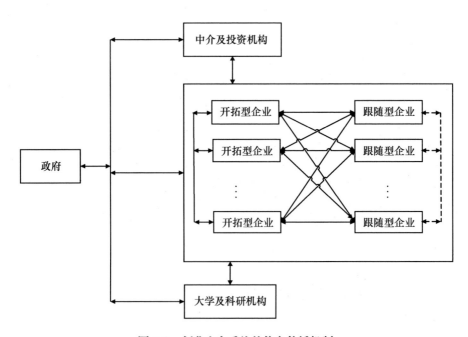

图5.2 创业生态系统的信息传播机制

三　创业生态系统信息传播路径的仿真模拟

创业生态系统的演化过程离不开信息的传播，而不同网络结构的创业生态系统的信息传播具有不同的传播路径。为了探究创业生态系统内的信息传播，构建不同网络结构的创业生态系统，本部分运用 netlogo 仿真模拟不同网络结构的创业生态系统信息传播路径。

（一）仿真主体

创业生态系统内最频繁的信息传播产生于创业企业间，而创业企业也是创业生态系统的核心要素，是创造和保障创业生态系统健康持续发展的重要组成部分（Stam，2015），所以此部分构建的创业生态系统的仿真主体为开拓型企业和跟随型企业。

（二）仿真模型构建

创业生态系统可以分为两类：企业网络集中的创业生态系统和企业网络分散的创业生态系统（蔡莉等，2016）。

1. 企业网络集中的创业生态系统信息传播路径

企业网络集中的创业生态系统是以开拓型企业为核心企业初始化机会开发，不断吸引跟随型企业共同机会开发，形成共生关系。在一汽集团的创业生态系统中，跟随型企业之间是不具备连接关系的，信息无法在跟随型企业间直接传播，一汽集团是信息传播的枢纽；但是在阿里巴巴的创业生态系统中，淘宝、支付宝、蚂蚁金服、菜鸟驿站等跟随型企业是具有供应链的上下游关系的，所以具备连接关系，信息可以在跟随型企业间直接传播。因此，此部分构建两种网络结构的企业网络集中的创业生态系统：跟随型企业之间不具有连接关系和具有连接关系的创业生态系统，分别假设为 s1 和 s2。

企业网络集中的创业生态系统信息传播路径构建过程如下：首先，初始化一个开拓型企业开发机会；随后产生 P 个跟随型企业，如果网络结构是 s1，该企业随机与一个现有的创业企业连接；如果网络结构是 s2，该企业随机与一个现有的创业企业连接，并与该企业的邻居节点随机地建立连接关系一直重复到创业生态系统内的演化时间为 T。

2. 企业网络分散的创业生态系统信息传播路径

企业网络分散的创业生态系统并不围绕核心企业集聚，而是企业间的自然集聚，形成合作共生关系。企业网络分散的创业生态系统内有大量小型、灵活的创新创业公司，初始聚集的开拓型企业之间具有完全连接关系，能够直接传播信息。具有供应链上下游关系的跟随型企业之间会具有连接关系，企业之间能够直接进行信息传播，而其他的跟随型企业之间的连接关系是不确定的。因此，为了呈现企业网络分散的创业生态系统内的不同信息传播路径，设定了三种仿真模型。假设跟随型企业间不具备信息传播途径、随机建立的信息传播途径、具有完全的信息传播途径的三种企业网络分散的创业生态系统分别为 s3、s4 和 s5。

企业网络分散的三种网络结构的创业生态系统信息传播路径构建过程如下：首先产生 M 个开拓型企业，互相连接；随后在每个仿真周期产生 P 个创业企业，如果该企业为开拓型企业，随机选择产生 S 个开拓型企业，互相连接；如果该企业为跟随型企业，分以下三种情况：如果是 s3，随机选择一个开拓型企业进行连接；如果是 s4，随机选择一个开拓型企业进行连接，并与该企业的邻居节点随机相连；如果是 s5，随机选择一个开拓型企业进行连接，并与该企业的所有邻居节点相连；一直重复直到创业生态系统内的演化时间为 T。

（三）评价指标

创业生态系统是一个具有网络性特征的系统。此部分主要从网络结构出发，通过网络规模、中心性、聚类系数等指标对创业生态系统的信息传播路径进行分析。

四 仿真结果分析

（一）参数设置

根据仿真过程，对以下参数进行假设：P = 3，M = 5，T = 50，S 为 5 以内的随机整数。对五种网络结构的创业生态系统的信息传播路径各仿真 50 次，记录分析每组实验数据。

（二）仿真拓扑结构分析

首先模拟企业网络集中的两种结构的信息传播路径，演化过程见图

5.3。在图5.3中，深色节点代表开拓型企业，浅色节点代表跟随型企业。具有连接关系的节点能够信息传播。两个模型的初始化结构一致，分别具有1个开拓型创业企业和4个跟随型企业，4个跟随型企业与开拓型企业相互连接，如s1和s2中的（a）。随后不断随机产生跟随型企业，加入开拓型企业的机会开发，形成共生。两种结构的企业网络集中的创业生态系统始终围绕着开拓型企业进行，没有孤立的节点，开拓型企业领导和控制整个创业生态系统的信息传播。随着跟随型企业的不断加入，信息传播路径的规模逐渐增大。

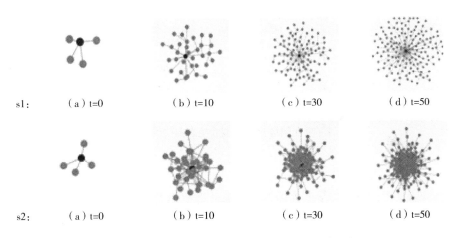

s1:　　（a）t=0　　　　（b）t=10　　　　（c）t=30　　　　（d）t=50

s2:　　（a）t=0　　　　（b）t=10　　　　（c）t=30　　　　（d）t=50

图5.3　企业网络集中的创业生态系统的仿真结果

其次，模拟企业网络分散的三种结构的信息传播路径，演化过程见图5.4。三个结构模型的初始化结构一致，分别具有5个开拓型创业企业并且相互连接，初始化机会开发如图5.4中的s3、s4和s5的（a）所示。随后不断随机产生创业企业，创业生态系统逐渐演化。从图5.4中可以发现，三种结构的企业网络分散的创业生态系统并不是始终围绕着初始的开拓型企业进行，在演进的过程中会有孤立节点的存在。开拓型企业并不总是起着核心企业的作用。跟随型企业的不断加入使得信息传播路径的规模逐渐增大。

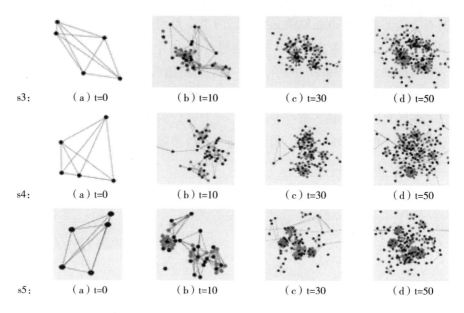

图5.4 企业网络分散的创业生态系统的仿真结果

（三）仿真结果分析

假设1：创业生态系统信息传播途径的数量与企业集中度无关，而与创业生态系统的网络连通性有关。

创业生态系统的网络连接规模就是系统内所有连接关系的总和，连接关系数量越多，系统的连通性越好，信息传播途径越多。五种结构的创业生态系统的网络连接规模见图5.5，可以看出，网络连接规模与创业生态系统的企业集中度没有直接关系，而与网络的连通性有关。系统的连通性越好，网络连接规模越大，信息传播途径越多，而系统内的连通性越差，网络连接规模越小，信息传播途径越少。s5的网络连接规模始终高于其他结构的网络连接规模，因为s5的集聚的企业间是完全连接的，网络连通性非常好，具备完全的信息传播途径；s1的网络连接规模始终低于其他结构的网络连接规模，因为s1的跟随型企业间完全不连接，连通性差，不能直接进行信息传播。因此，假设1成立。

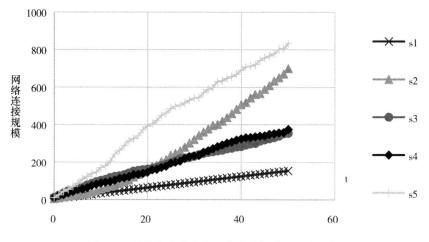

图 5.5 创业生态系统的网络连接规模的仿真结果

假设 2：企业网络分散的创业生态系统具有小世界性，企业间信息更新速度快。

聚类系数可以考量临近节点的紧密联系程度，也能体现创业生态系统的小世界特性，从而可以考量信息更新速度。五种结构的创业生态系统的聚类系数见图 5.6，可以看出，企业网络越集中的创业生态系统其聚类系数越小，s1 的聚类系数始终为 0，s1 和 s2 的聚类系数始终低于 s3、s4 和 s5 的聚类系数。企业网络越分散的创业生态系统其聚类系数较大，s3、s4 和 s5 的聚类系数一直较大，其生态系统内的企业间的亲疏程度最高，始终较大的聚类系数代表企业网络分散的创业生态系统具有小世界性，跟随型企业之间的紧密联系使信息在跟随型企业间直接传播的路径增多，从而加快信息的更新速度，更有利于信息的传播和利用。因此，假设 2 成立。

假设 3：企业网络集中的创业生态系统能够更好地控制信息传播。

居间中心性可以考察创业生态系统的企业在网络中的控制能力。节点的居间中心性越小，代表节点对网络中其他节点的控制能力越弱。五种结构的创业生态系统的居间中心性见图 5.7 所示，可以看出，创业生态系统的居间中心性和企业网络集中度有关。s3、s4 和 s5 的居间中心性始终很低，说明企业网络分散的创业生态系统中企业的生态地位比较平衡，不会出现某个开拓型企业始终占据主导地位。而 s1 和 s2 的居间中心性很

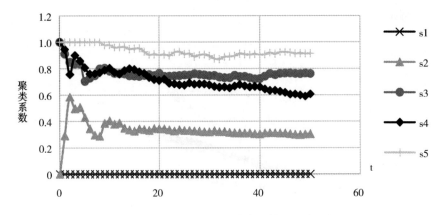

图5.6 创业生态系统的聚类系数的仿真结果

高，表现为具有占据主导地位的开拓型企业，且能够很好地控制其他企业。所以，企业网络集中的创业生态系统信息传播也能够很好地受到开拓型企业的控制。因此，假设3成立。

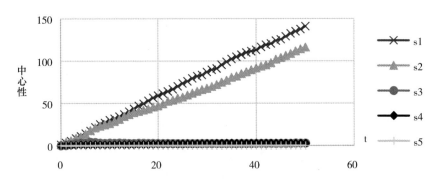

图5.7 创业生态系统的居间中心性的仿真结果

（四）综合分析

根据五种网络结构的创业生态系统信息传播路径的仿真结果，可以发现，创业生态系统信息传播与其网络结构有关。

从创业生态系统的网络连接情况看，网络连接规模代表着信息传播途径的数量。系统的连通性越好，创业生态系统的网络连接规模越大，信息传播途径数量越多。为了增大信息传播途径的数量，可以积极构建跟随型企业之间的连接，促进创业企业间的信息交流。

从创业生态系统的网络结构看，企业网络分散的创业生态系统聚类系数较大，小世界性比较明显，居间中心性很小，创业企业都可以作为信息生产者发布信息，跟随型企业之间不需要经过开拓型企业就可以直接地信息沟通，虽然加快了信息的更新速度，但是缺乏对信息传播的掌控，信息的准确性和有效性会降低。而企业网络集中的创业生态系统居间中心性非常高，系统内的开拓型企业控制着整个生态系统，而且随着生态系统的演化，控制能力越来越强，开拓型企业直接有效地对跟随型企业传播信息，保证了信息的准确性和有效性，但是跟随型企业之间的信息更新速度较慢。

第二节　数字生态系统动态演进机理

一　研究背景

世界范围内数字经济热潮席卷而来，数字产业化与产业数字化已经成为实现经济高质量增长的重要引擎。数字创业生态系统作为一种兼具产业集聚作用和产业带动作用的新型群落，是数字经济中最具活力的单元，其动态演进机理刻画了系统内各主体相互联系、相互作用的运行原理，揭示了数字创业生态系统进化的原因与过程。这对于明确各主体角色定位及相互关系，进而指导数字创业生态系统顺利完成"从无到有、由小而大"的成长过程具有重要意义。由此，揭示数字创业生态系统动态演进机理，已经成为理论与实践关注的新热点。尽管数字创业生态系统在实践中获得了蓬勃发展，但理论研究远滞后于实践。而关于创业生态系统已经积累一些研究成果，数字创业生态系统的形成及演进规律能够从相通的创业生态系统研究中窥知一二。已有研究主要从两个角度提供研究启示：①基于生命周期视角，围绕自组织（张玉利和白峰，2017）、阶段划分（Moore，1993；Mack，2016；白峰，2015）、企业互动（白峰，2015）和要素流动（Mack，2016；白峰，2015）等方面对创业生态系统的动态演进展开研究；②从共生关系角度提出多主体之间的机会共生能够促进创业生态系统的持续演进（蔡义茹等，2018）。然而，上述研究既没有提出演进路径中各阶段的本质特征，也没有详细讨论多主体间的作用机制、机会开发过程和共生关系变化，不能很好地解释不同阶段多主体互动的内容、过程和结果，同时忽视了对演进动力的研究，导致数字创业生态系统动态演进机理的诸多问题仍不明晰，对数字创业生态系统演进的实践指导也非常有限。由此，数字创业生态系统动态演进理论亟须构建与发展，需要针对数字创业生态系统遵循的演进路径、机会集创建和拓展、多主体共生关系的变化及推动力等核心问题展开深入研究。

基于此，本部分对杭州云栖小镇进行案例分析，深入挖掘数字创业生态系统动态演进机理，对上述问题进行回应：①从数字创业生态系统的内涵与构成、演进阶段划分、机会集开发和共生关系4个方面对现有研究进行系统回顾，基于已有研究成果构建"多主体（I）—机会集开发（P）—共生关系（O）"的IPO理论分析框架；②以杭州云栖小镇为案例，通过纵向单案例分析，对比分析杭州云栖小镇在孕育、发展和成熟阶段的典型特征，完整呈现杭州云栖小镇的纵向发展历程；③在讨论各阶段IPO路径和动力分析的基础上进行理论升华，提炼数字创业生态系统动态演进机理理论模型。本部分对数字创业生态系统这一极具前沿性和突破性的研究问题进行分析，本着理论源于实践、高于实践、指导实践的原则，通过案例分析提炼数字创业生态系统演进的实践规律，探索数字创业生态系统的动态演进机理。这对于丰富数字创业生态系统动态演进研究成果，推进数字创业生态系统实践发展具有重要理论和现实意义。

二 数字生态系统的概念研究

（一）数字创业生态系统的内涵与构成

Sussan（2017）等将生态学的理论和思想嫁接到创业领域并融合数字技术特征，首次提出数字创业生态系统这一新术语，将数字创业生态系统界定为数字系统与创业生态系统交叉和创造性融合而成的产物，其能够连接数字空间平台中的数字产品生产者和数字消费者，从而减少交易成本、创造匹配者价值和社会效用，具体由数字基础设施治理、数字用户、数字创业和数字市场构成。数字技术是数字创业生态系统的核心驱动因素，包括数字组件、数字平台和数字基础设施（Nambisan，2017）。数字创业生态系统由多主体与环境两部分构成，前者是IPO演进框架中重要的"输入"因素，包括数字创业企业、数字用户、政府、大学及科研机构、金融机构、行业协会、数字孵化器、中介机构和行业协会等（蔡莉等，2016），后者包括数字技术环境、数字市场、数字经济和制度环境等。

（二）数字创业生态系统的演进阶段划分

Mack 等（2016）基于进化视角，将创业生态系统发展过程划分为出生阶段、成长阶段、可持续阶段和衰落阶段。白峰（2015）基于生命周期视角，构建了创业生态系统动态演进的路径模型，提出创业生态系统经历孕育期、成长期、成熟期、衰退期的发展过程。综上，本部分将数字创业生态系统的演进阶段划分为孕育阶段、发展阶段、成熟阶段和再生阶段，同时强调衰落在各个阶段出现的可能性，即如果系统成功演进则进入下一阶段，否则将面临失败和萎缩。由于再生的数字创业生态系统将进入新一轮的生命周期循环，与孕育、发展和成熟阶段研究异曲同工，因而集中研究前 3 个阶段的演进。

（三）数字创业生态系统的机会集开发

在数字创业生态系统中，机会集开发包括机会集创建和拓展两阶段。在机会集创建的过程中，涉及发现型与创造型两种创业机会（Alvarez，2013），它们之间会相互作用和转化（Zahra，2008）。发现型创业机会受产品或要素市场竞争不完善和外部冲击的影响，具有机会的客观存在性，特定的创业者能够凭借其机会敏感性、知识基础和先前经验等发现特定的机会，是创业者认知的产物（蔡莉等，2018）。发现型创业机会开发包括机会识别、机会评估和机会利用 3 个子过程（Shane，2000）。创造型创业机会的概念源自社会建构理论（Alvarez，2013），强调机会具有主观创造性，创业者需要在已有认知的基础上发挥创造力，主动创造新机会（Zahra，2008）。创造型机会开发包含机会概念化、机会客观化和机会实施 3 个子过程（蔡莉等，2018）。机会集创建指通过多主体的深层次互动，激发相互学习，形成"资源池"，产生大量可发现或可创造的潜在机会集合（Vandekerckhove，2005）。在机会集的拓展过程中，新的主体被吸引加入，一方面，带来更多的物质、能量和信息，扩容系统"资源池"；另一方面，新主体与原有主体的互动能够共享和扩散关于机会开发的知识和经验，提高潜在机会的价值性、安全性和创新性，由此增加机会数量，改变机会结构（蔡莉等，2018）。

(四) 数字创业生态系统多主体共生关系

在共生关系的维度方面，前文从 Thomas 和 Autio（2014）提出的三个共生维度，即成员关系、治理机制和共享逻辑进行研究，本部分从将共生关系划分为机会共生关系和价值共生关系的角度出发。本部分将共生关系作为 IPO 演进框架中的"输出"因素。

机会共生关系指多主体围绕机会集开发形成的关系，一方面基于资源和能力互补，发现或创造机会的企业会吸引多主体聚集共同开发机会；另一方面，机会开发行为又会促进和启发原有机会开发主体或其他主体对机会进行拓展，衍生新的机会。数字创业生态系统中，机会集开发是系统活动的核心内容，它将多主体"捆绑"在一起，驱动多主体互动，形成多主体间或松散或紧密的关系，这种关系随着机会集开发频率的加快、创新性的增强而变得更加复杂。机会共生主要包括松散共生、溢出共生和网络共生三种类型，三者依次演进。其中松散共生是多主体的机会之间联系松散，机会集开发频率较低、范围较小。溢出共生是多主体基于"领先—跟随"效应进行机会开发，即领先型企业率先开发或开辟市场机会，跟随型企业进行模仿、创新等机会开发活动，因此溢出共生的路径依赖效应明显，机会集开发频率较快、范围较大。网络共生是多主体围绕机会开发形成复杂网络，机会集开发行为频率更快、范围更大。

价值共生关系指多主体围绕价值创造和分配问题而形成的关系。Moore（1993）认为，创业生态系统中的多主体基于共同愿景实现集聚并创造价值。Zahra（2012）从资源角度研究专业化与绩效的关系，发现多主体通过合作形成共生网络，在网络中发挥各自核心能力共同创造价值。可见，数字创业生态系统内价值共创是多主体价值共生演进的主线，根据共生单元之间的价值创造和分配，价值共生关系一般分为以下几种模式：寄生、偏利共生、非对称互惠共生和对称互惠共生（袁纯清，2002），四者依次演进。寄生指无新价值产生，多主体中一方单向吸收另一方的价值。偏利共生指多主体互动产生新价值，但新价值均被一方吸收。非对称互惠共生指多主体双方都吸收新价值，但吸收不对等。对称互惠共生指多主体对新价值的吸收对等。

(五) 研究述评与理论分析框架构建

通过系统梳理数字创业生态系统的已有成果发现，尽管数字创业生

态系统的现有研究在内涵与构成、阶段划分、机会集开发、共生关系等
方面已经取得了一定进展，但研究仍处于初级阶段，总体呈现碎片化特
征，存在诸多局限，无法完整地呈现数字创业生态系统的动态演进规律：
①对于数字创业生态系统的多主体构成及不同主体的功能有待更为清晰
的界定；同时，对多主体的分类相对笼统，哪些是核心主体，哪些是辅
助主体需要明确。②对于数字创业生态系统演进过程当中，机会集作用
的研究相对匮乏，数字创业生态系统中多主体如何构建和拓展机会集，
如何通过机会集开发推进多主体共生关系的演进等问题需要进一步探讨。
③对于多主体之间的共生关系缺少深入研究，多主体的机会共生关系和
价值共生关系如何分类、机会共生关系和价值共生关系如何变化、如何
驱动数字创业生态系统的演进等问题需要深入研究。总体来看，关于数
字创业生态系统动态演进的研究相对零散，缺少整合性的分析框架。基
于此，本部分构建了数字创业生态系统的 IPO 模型，以此揭示数字创业
生态系统动态演进机理。

　　Marks（2011）等提出了"输入—过程—输出"的 IPO 模型，并强调
模型具有循环特征，即上一阶段的结果是下一阶段的前因变量。多主体
依靠专业性各居所位，向系统提供价值性产品和服务，在资源或能力互
补驱动下进行协作，共同对市场机会进行开发，形成一系列机会集，逐
渐达成对系统目标和价值创造的共同理解，实现共生关系的进化（蔡义
茹等，2018）。由此，数字创业生态系统动态演进机理的 IPO 模型具体表
现为"多主体（I）—机会集开发（P）—共生关系（O）"。此外，多主
体中政府、数字创业企业和数字用户居于数字创业生态系统的核心主体
地位，拥有比其他辅助主体更为强大的作用力量（王正沛和李国鑫，
2018），能够通过政策推动、技术驱动和需求拉动为数字创业生态系统演
进提供强大的动力，对机会集开发的内容、数量与结构产生影响，同时
其自身的地位和作用，也随着数字创业生态系统的成长和环境变化而不
断进化，从而能够在不同阶段提供不同的动力。值得注意的是，数字创
业生态系统的成长过程具有连续性，上一阶段的共生关系结果会影响下
一阶段多主体的数量和结构，使不同阶段动态循环、发展和进化。基于
上述分析，本部分构建了"多主体—机会集开发—共生关系（机会共生
与价值共生）"的理论分析框架（见图 5.8），以此分析数字创业生态系

统的动态演进机理。

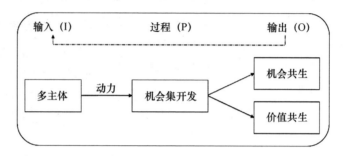

图5.8 数字创业生态系统动态演进机理理论分析框架

三 研究设计

（一）研究方法选择与设计

本部分采用了探索性纵向单案例研究方法。案例研究是一种对现实进行观察、描述和分析以提炼出普适性规律、找出事物特殊性的经验研究方法，在处理"怎么样"和"为什么"两类问题上具有鲜明优势，其特点在于从复杂的现实环境中"抽丝剥茧"，呈现事物真实原貌，特别当涉及时间变量时，通过对事物的纵向跟踪和剖析，更鲜明地辨别各重要变量及其相互关系，适合回应现有研究中尚未被充分探究的解释性和探索性问题，特别是单案例研究更适用于提炼复杂现象的理论和规律。本部分目的在于解开数字创业生态系统动态演进机理的谜团，需要追踪同一研究对象在不同时间段上的表现，研究过程表现出很强的情境性、动态性和复杂性，对案例选择和分析提出了更高要求。

（二）研究案例选择

本部分基于理论抽样的方法和原则，最终选择杭州云栖小镇作为案例研究对象，主要有以下三个理由：①案例典型性。面对世界范围内数字经济大潮，杭州云栖小镇作为国内首个以云生态为主导的特色小镇，已形成比较完整的云产业生态，这正是中国数字创业生态系统创建与发展过程中披荆斩棘、自强不息、敢为人先的生动写照。②案例代表性。杭州云栖小镇作为中国数字创业生态系统的"佼佼者"，是中国首批特色小镇和传统产业园区转型的成功典范。经历了比较完整的孕育、发展和成熟阶段，成长经验更具借鉴意义。③数据可获取性。笔者较早注意到杭州云栖小镇，并积极跟踪其成长过程，拥有一手资料和二手资料，建立了较为充分的数据基础。

（三）相关数据资料收集与整理

鉴于杭州云栖小镇的系统性与复杂性，数据资料收集与整理基于多样性、验证性与顺序性三原则展开：①在进行实地调研、深度访谈等直接渠道收集一手资料的基础上，积极查询数据库、官方网站及公众号、新闻资料、企业家演讲与访谈等信息以收集二手资料，通过丰富的数据资料提高案例研究的客观性；②多种来源的数据资料之间能够相互印证，建立三角证据进行多重检验，保证案例研究具有一定的信度和效度，提高数据资料的科学性与逻辑性；③案例研究以时间为重要线索串联数据资料，并借鉴王宏起等（2016）的研究逻辑，探究杭州云栖小镇数字创业生态系统动态演进机理。

（四）信度与效度保证

案例研究分别需要对构念效度、内在效度、外部效度和信度进行检验，以保证研究质量：①构念效度。通过收集一手数据和二手数据建立多种数据源，形成比较完整的、能够互相印证的数据链，保证数据资料具有可靠性和逻辑性。②内在效度。本部分归属的探索性案例研究不涉及内在效度。③外部效度。依托 IPO 分析框架，试图通过杭州云栖小镇的演进过程，总结数字创业生态系统动态演进中的一般规律，研究成果具备普适性。④信度。本部分制订了周详的研究计划，并对数据予以记录和存档以方便抽取和复查，从而保证研究信度。

四　杭州云栖小镇案例描述

（一）云栖小镇背景介绍

杭州云栖小镇是中国首个以云生态为主导的特色小镇，其依托阿里云计算有限公司和转塘科技经济园区两大平台打造，经历了从 2002 年传统工业园区到 2005 年高科技产业园区，再到 2012 年云计算产业园区的两次重大转型重组。2018 年 1 月至 11 月，杭州云栖小镇实现财政总收入5.33 亿元，实现涉云产值 229.36 亿元，共计入驻企业 1061 家，其中涉云企业 788 家。本部分首先构建杭州云栖小镇发展图示（见图 5.9），完整呈现了杭州云栖小镇的演进过程，基于"多主体—机会集开发—共生关系"，详细刻画了杭州云栖小镇在孕育、发展和成熟三个阶段多主体数量和结构的变化、机会集开发过程、共生关系的变化，以及政府、数字创业企业与数字用户在不同阶段提供的动力变化。

（二）杭州云栖小镇数字创业生态系统动态演进阶段

1. 孕育阶段：构建者主导（2011年10月—2013年10月）

杭州云栖小镇是政府主导型的数字创业生态系统（Bernardez，2009）。在孕育阶段，政府作为构建者，在小镇"从无到有"的初始成长过程中通过筛选数字创业企业、提供战略政策支持、优化园区建设、积极引入优势企业等方式加快要素汇聚过程，促进数字创业生态系统创建和发展（张玉利和白峰，2017）。杭州云栖小镇初始发展经历了两个重要节点。第一个节点是由政府主导正式成立，第二个节点是与阿里云达成战略合作。2011年10月，西湖区计划将转塘科技经济园区打造成一个以云生态为主导的产业小镇，并命名为"云栖小镇"，由政府主导建设。2012年，云计算作为中国"十二五"发展的二十项重点工程之一，被写入《"十二五"国家战略性新兴产业发展规划》。同年10月，杭州云计算产业园作为杭州试点示范工程正式落地，其发展方向明确，即重点培育以云计算为特色的产业基地。同年12月，西湖区政府下发《关于促进杭州云计算产业园发展的政策扶持意见（试行）》，该意见包含了租金减免、宽带补助、融资补贴等一系列优惠措施，大力推动云计算走向规模化发展。

尽管受政府强力支持，但在国内云计算技术推广弱势的制约下，杭州云栖小镇发展初遇瓶颈，仅有8家涉云企业入驻。此时国外云计算产业已经粗具规模，如亚马逊把自己的零售网站切换到了EC2和AWS上，而云计算技术在中国仍处于起步阶段，大部分企业对部署云计算仍持观望态度。消费者市场需求在此时具有明显的导向作用，潜在的巨大市场需求意味着国内云计算市场存在大量潜在创业机会。政府应当如何进行引导、突破瓶颈，形成产业集聚的共创价值优势？时任转塘科技经济园区管委会主任的吕钢锋提出，做好云计算产业的首要任务是把阿里云和总裁王坚引进来，利用阿里云的市场和技术优势吸引更多企业，建立产业园的核心轴，逐渐辐射到整个园区，使其不断发展进化。2013年小

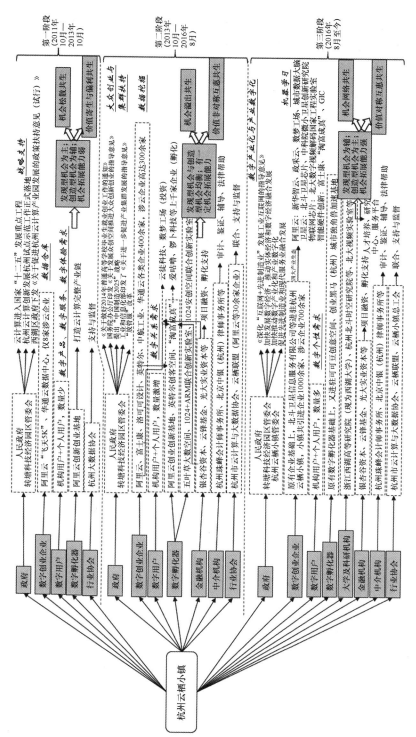

图5.9 杭州云栖小镇发展图示

镇与阿里云达成战略合作，在原有传统工业园区基础上实施腾笼换鸟、筑巢引凤，建设基于云计算大数据产业的特色小镇，阿里云自主研发的大规模分布式计算系统"飞天5K"数据中心启用并落户云栖小镇华通云数据中心，阿里云创业创新基地也正式揭牌，小镇顺利进入市场运行轨道。

2. 发展阶段："领先—跟随"效应与多主体互动（2013年10月—2016年8月）

在发展阶段，小镇表现出强烈的路径依赖效应，产业集聚的"领先—跟随"效应越发明显，数字创业生态系统核心层，即由领先型数字创业企业和跟随型数字创业企业组成的网络结构逐渐扩张。多主体围绕机会集开发实现更频繁和更深入的互动，数字创业生态系统开始具备自组织条件，初步实现自我维持和自我调节。市场力量逐渐接过政府的"接力棒"，领先型数字创业企业成为杭州云栖小镇"从小到大"成长过程中新的助力者，主要通过吸引、孵化和投资等方式为小镇规模发展注入新活力。小镇与云计算市场形成良性互动，累计引入各类企业400余家，其中涉云企业高达300余家。2013—2014年，阿里云开始发挥领先带头作用，而2015年富士康的加入加速了数字创业企业集聚过程。2013年10月，阿里云开发者大会（后升级为云栖大会）在云栖小镇举行，随后阿里云作为牵头单位，携手银杏谷资本、中软国际、博客园等30多家企业宣布成立云栖小镇联盟，这是全国首个云产业生态联盟，开启了各类多主体进驻小镇的热潮。2015年3月，富士康集团与杭州市政府正式签署全面战略合作协议，为小镇注入高端实体制造力量，推进技术与实体互利发展；9月，英特尔创客空间正式签约落户，小镇迎来全新世界级创业平台。2016年8月，阿里云正式入驻云栖小镇，吸引了如中科院卫星云产业基地等一大批关联的重点云产业项目入驻。领先型企业自身还积极进行投资成立新的创业企业，如阿里巴巴、银杏谷资本和光大实业资本等投资成立数梦工场，定位于新型互联网平台开发及服务。另外依托"淘富成真"等平台，开放阿里巴巴、富士康、银杏谷、猪八戒网和洛可可设计等大企业在资金、技术、网络等方面的核心能力，由领先型数字企业主导创业孵化、技术辐射、市场营销、资金投融多环节，为跟随型数字创业企业的创新创业项目赋能，已孵化爱咕噜、锣卜科技等上千家创业企业，数字市场潜力被极大激发。

3. 成熟阶段：子群落形成（2016 年 8 月至今）

在成熟阶段，杭州云栖小镇基于云计算技术基础形成了阿里云、卫星云、物联网芯片和智能硬件创新四大产业生态群。数字创业生态系统子群落形成，各群落内延续"领先—跟随"效应，群落间维持良好的产业联系与资源交换。多主体之间的地位更加平等、关系更为密切，系统自组织功能进一步提升，系统效应和社会效应充分显现。小镇整体保持稳定增长，已牢牢站稳国内云计算市场，共引进企业千余家、涉云企业700 余家。子群落的形成是产业发展细化的结果：①在阿里云产业生态中，以阿里云为龙头，以孵化"数梦工厂"等为重点项目，吸引政府采购平台"政采云"和媒体数据化成果"新华智云"等 400 余家企业。2017 年阿里云计划发布旗下机器学习和深度学习平台 PAI，努力为整个产业生态提供更高层次技术支持。②在卫星云产业生态中，中科院微小卫星创新研究院孙家栋院士带领的北斗卫星芯片"微系统模组""自主时空创新中心"和"北斗千寻位置服务"等项目先后落地，"卫星谷"产业集聚区的建设吸引了 200 余家企业。③在物联网芯片产业生态中，围绕中科院高文院士带领的北京大学数字视频解码国家工程实验室云栖中心，联合阿里云与富士康、云端 SOC 设计中心、中航微电子、中天微等机构打造了物联网芯片研发设计产业生态。④在智能硬件创新生态中，以"淘富成真"赋能平台为桥梁，吸引智能硬件研发设计企业 80 余家，同时全球未来智造创新基地落户小镇，致力于搭建前沿研究机构与创新创业企业间的良性互动。

五　数字创业生态系统动态演进机理

数字创业生态系统外在的演进路径表现为孕育、发展与成熟阶段的递进，内在机理则在于多主体围绕机会集开发，产生共生关系变化，遵循"多主体—机会集开发—共生关系"的循环路径动态演进，并以政府政策推动、企业数字技术驱动和用户数字需求拉动为主要动力。本部分将利用 IPO 理论分析框架，围绕杭州云栖小镇的纵向案例分析，探究数字创业生态系统的动态演进机理。

(一) 孕育阶段的 IPO 演进路径

1. IPO 路径

孕育阶段，IPO 路径表现为"较少的多主体—发现型机会集开发—机会松散共生和价值寄生与偏利共生"。"输入"表现为较少的多主体，杭州云栖小镇在创建初期的多主体仅有政府、数字创业企业、数字用户、数字孵化器和行业协会。"过程"以发现型机会集开发为主，创造型机会集开发为辅，机会集拓展能力弱。机会大多源自或受益于环境的变动，机会识别与评估更依赖于企业自身的知识经验和机会警觉性，基于资源互补的多主体互动和少量同类型主体的加入影响机会产生的数量。"输出"表现为机会松散共生和价值寄生与偏利共生。多主体总体实力较弱、数量较少、结构不完善且彼此不熟悉，围绕机会集开发的分工合作和资源共享机制尚未建立。多主体的机会网络不紧密，机会溢出效应不明显，机会共生关系以松散共生为主。同时，政府常以政策优惠、资金支持等方式单向输送价值以促进机会集开发，其他多主体则扮演"被输血者"角色。此外，数字孵化器为数字创业企业的初期成长过程提供了辅导、配套设施和服务支持，在系统围绕机会集开发的互动中产生新价值并由数字创业企业进行吸收。

2. 孕育阶段动力分析

政府战略支持、数字创业企业数字仓库技术、数字用户数字商品需求、数字服务需求和数字体验需求，共同为数字创业生态系统的机会集开发提供动力，推动数字创业生态系统孕育阶段的演进。首先，政府通过战略支持推动机会集开发，政府将云计算写入"十二五"发展规划，使之成为国家战略性支持产业，示范工作与政策扶持意见也逐渐落实。其次，数字创业企业积极创新数字技术，推进云计算技术从数字搜索阶段发展到数字仓库阶段，利用数字仓库技术驱动机会集开发，华通云数据中心作为数字仓库服务提供商应运而生。最后，数字用户利用数字产品、服务与体验需求拉动机会集开发。数字用户需求催生创业机会，使数字创业企业围绕数字用户需求开发数字创业机会，并实现数字创业企业的初步集聚。孕育阶段数字创业生态系统的 IPO 演进路径见图 5.10。

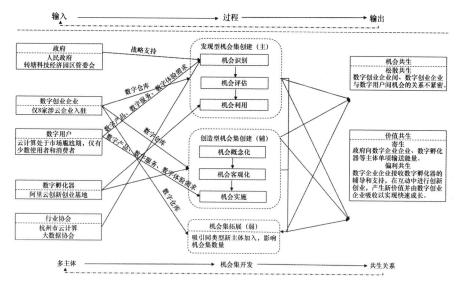

图 5.10　数字创业生态系统孕育阶段 IPO 演进路径

（二）发展阶段的 IPO 演进路径

1. IPO 路径

发展阶段，IPO 模型进入第一次循环，孕育阶段多主体的机会松散共生和价值寄生与偏利共生的"输出"影响了发展阶段的"多主体"输入。IPO 模型表现为"丰富的多主体—均衡的发现型与创造型机会集开发—机会溢出共生和价值非对称互惠共生"。"输入"表现为丰富的多主体，数字创业生态系统的多主体类型和数量增多。杭州云栖小镇发展阶段的多主体包括政府、数字创业企业、数字用户、数字孵化器、金融机构、中介机构和行业协会。"过程"表现为均衡的发现型与创造型机会集开发，数字创业系统已经具备一定的机会集拓展能力。多主体参与数字市场程度逐渐深入，机会不仅来自客观环境变化，各类企业如数梦工场、银杏谷资本等还能够基于市场认知，通过技术创新、信息交流等方式进行机会概念化，并主动与其他主体互动评估和开发创业机会，吸引同类与非同类型企业加入。"输出"表现为机会溢出共生和价值非对称互惠共生。阿里云、富士康等领先型企业在机会集开发过程中具有明显的机会溢出效应，能够引领和吸引跟随型数字企业创业。同时，创造型机会集开发过程大力推动了多主体基于机会互动创造新价值，并且领先型数字创业企业在价值获取方面更具优势。

2. 发展阶段动力分析

政府大众创业与集群扶持政策，数字创业企业数字挖掘技术，数字用户数字重视需求，共同为数字创业生态系统的机会集开发提供动力，推动数字创业生态系统发展阶段的演进。首先，政府通过制定和执行大众创业与集群政策扶持和推动机会集开发。《中国制造2025》《关于进一步促进产业集群发展的指导意见》等体现了政府一方面通过治理市场环境维护机会公平性，另一方面支持新产业新技术发展打破机会边界性，鼓励大众创业和集群发展，进一步刺激数字创业企业开发机会集。其次，数字创业企业积极创新数字技术，推进云计算技术从数字仓库阶段发展到数字挖掘阶段，数字创业企业凭借数字挖掘技术驱动机会集开发。阿里云的大数据计算与存储平台"飞天5K系统"正式启用，不久基于飞天的ODPS问世，具备数据仓库、数据挖掘和其他数据应用等功能。基于领先数字挖掘技术的应用与赋能，意味着小镇拥有了核心数字技术的支撑，促进了机会集的创建与拓展。最后，数字用户的关系需求拉动机会集开发。数字用户需求在数字产品、数字服务和数字体验层面得到满足后，会产生更高层次的需求—数字关系需求，它是数字用户获得社会的信任、尊重与认同，产生情感上满足感的需求。阿里云的数据挖掘技术带动整个小镇科学地分析用户数据并融于决策，以数字用户为中心，将数字用户需求导向纳入企业运营发展的"血液"，建立起用户与企业的稳固关系，使数字用户感到认同和尊重，这一过程既迎合机会又创造机会。发展阶段数字创业生态系统的IPO演进路径如图5.11所示。

（三）成熟阶段的IPO演进路径

1. IPO路径

成熟阶段，IPO模型进入第二次循环，表现为"多元的多主体—创造型机会集开发—机会网络共生和价值对称互惠共生"。"输入"表现为多主体开始多元化，杭州云栖小镇的多主体已经完善，包含政府、数字创业企业、数字用户、数字孵化器、大学及科研机构、金融机构、中介机构和行业协会。"过程"表现为机会集开发以发现型机会集为辅、创造型机会集为主，机会拓展能力强。机会主要来自多主体的主动追求和创新，

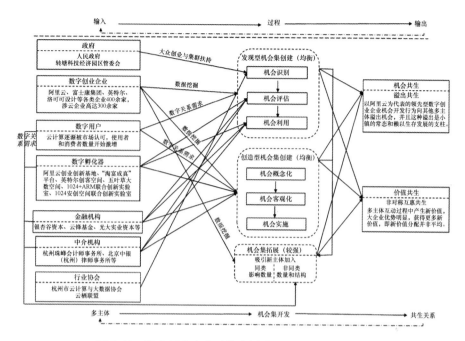

图5.11 数字创业生态系统发展阶段的 IPO 演进路径

杭州云栖小镇已经建立起市场地位、技术优势与资源互助机制，基于能力与资源定位，机会概念化与客观化扩展为系统内的互动补充，机会集开发与拓展成为多主体的共同活动，异质资源发挥重要作用，非同类主体吸引作用更强，创造型机会集的开发促进了机会集的拓展分化。"输出"表现为机会网络共生和价值对称互惠共生。创造型机会集使多主体关于机会的联系更加密切，四大子群落间形成庞大的机会共生网络，小镇内的共同规则和标准逐渐显性化，多主体的集聚效应进一步加强。同时，数字创业生态系统内各主体地位平等，对系统目标和价值创造形成共同理解，系统内实现更高程度和水平的物质、信息和能量的交换和衍生，多主体的竞合关系得以强化，新价值在各主体之间实现对称分配，数字创业生态系统内多主体实现共同进化。

2. 成熟阶段动力分析

政府对数字产业化与产业数字化的支持，数字创业企业机器学习技术，数字用户数字个性需求，共同为数字创业生态系统的机会集开发提供动力，推动数字创业生态系统成熟阶段的演进。首先，政府通过数字产业化与产业数字化支持推动机会集开发。《深化"互联网 + 先进制造业"发展工业互联网的指导意见》等强调推动实体经济和数字经济融合发展，鼓励数字技术的拓展性应用，这进一步增加了杭州云栖小镇四大产业生态中的机会数量和范围。其次，数字创业企业积极创新数字技术，推进云计算技术与人工智能深度结合，从数字挖掘阶段发展到机器学习阶段，数字创业企业利用机器学习技术驱动机会集开发。机器学习强调从历史数据中找出规律即可把握现在、掌控未来。阿里云正式商业化发布旗下阿里云机器学习和深度学习平台 PAI，提供了上百种算法和大规模分布式计算服务，轻松实现在线预测服务，极大地刺激了机会的数量和创造性。最后，数字用户的个性需求拉动机会集开发。数字个性需求是数字用户需求的最高层次，是用户对于满足自身个性化，实现自身价值的需求。小众化数字消费时代深度发展，数字企业不断创新突破，创造和满足各方需求以开发机会。云栖小镇的产业精细化发展为解决数字用户的多样需求做出回应，推动了数字创业企业更聚焦和专注于小领域的开拓，机会集开发的创造性特征凸显。成熟阶段的数字创业生态系统的 IPO 演进路径具体见图 5.12。

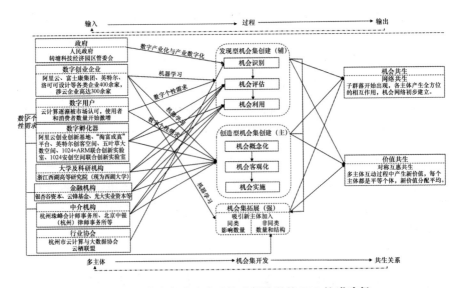

图 5.12　数字创业生态系统成熟阶段的 IPO 演进路径

（四）数字创业生态系统动态演进机理整合模型

借鉴王宏起等（2016）的新能源汽车创新生态系统演进模型，本部分以杭州云栖小镇为典型案例，基于各阶段 IPO 路径和动力分析，提出数字创业生态系统动态演进机理理论模型（见图5.13）。

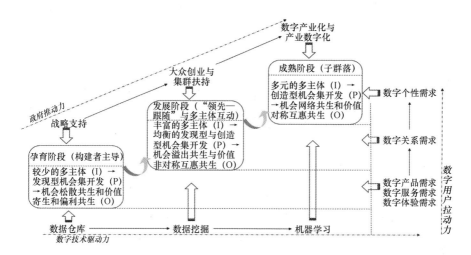

图5.13 数字创业生态系统动态演进机理理论模型

六 研究结论

综上分析，本研究得出如下研究结论：①数字创业生态系统遵循"多主体—机会集开发—共生关系"的 IPO 路径动态演进。孕育阶段，体现为"较少的多主体—发现型机会集开发—机会松散共生和价值寄生与偏利共生"；发展阶段，体现为"丰富的多主体—均衡的发现型与创造型机会集开发—机会溢出共生和价值非对称互惠共生"；成熟阶段，体现为"多元的多主体—创造型机会集开发—机会网络共生和价值对称互惠共生"。政府、数字创业企业和数字用户为数字创业生态系统的演进提供关键动力。政府的政策推动力表现为"战略支持—大众创业与集群扶持—数字产业化与产业数字化"，数字创业企业的数字技术驱动力表现为"数据仓库—数据挖掘—机器学习"，数字用户的数字需求拉动力表现为"数字产品需求、数字服务需求和数字体验需求—数字关系需求—数字个性需求"。②数字创业生态系统的演进遵循自组织规律。孕育阶段，政府作为数字创业生态系统的构建者，其主导作用非常重要，能够通过逐渐引入市场力量加速主体和要素等的集聚，将数字创业生态系统引导至市场运行轨道。发展阶段，多主体互动成为系统运行的核心，政府主导作用让位于数字创业生态系统多主体的协同治理机制，领先型数字创业企业发挥关键的辐射作用，吸引更多主体进驻和参与互动，系统开始具备自我演进的自组织特征。成熟阶段，基于规模更大且细化的市场机会形成子群落，产业规模、产业竞争力进一步提高，系统自组织特征得以进一步发展。

第三节　大企业主导型创业生态系统的共生发展过程

一　问题的提出

创业虽然可以有效促进经济发展，但在实践过程中具有较高的风险，因此必须建设基础设施来支持创业活动，构建能够支持创业活动的生态系统，才能在瞬息万变的环境中更好地促进新企业的创建和成长。在实践方面，无论是新兴国家还是发达国家，政府都极为重视如何构建创业生态系统。中国政府也开始用构建创业生态系统的方式促进创业的繁荣：2015 年，"大众创业、万众创新"被提出；2016 年，"创新驱动"被写入"十三五"规划。除了宏观举措外，微观层面上，大型互联网公司开始基于资本优势、独有的数据资源以及用户资源建立起由自身主导的生态系统或创业平台。搭建平台后，不仅能够吸引创业者以促进创业企业的发展，也可以使大型互联网公司获得自身利益发展，形成"共生、共创、共赢"的局面。

共生被视为一个动态的、随时间不断变化的过程（毛荐其等，2011），随着时间的变化，无论是主体之间的共生关系，还是生态系统的共生网络都会随时间改变，因此研究创业生态系统中的共生对创业生态系统和共生关系的理论发展都有重要意义。

被划分在不同类别的创业生态系统在结构、特征两个方面存在明显的不同（蔡莉等，2016），内部共生发展过程及其特征的差异也较为明显。现有实践中，对创业生态系统的划分里有一类是由某一个大企业或某几个大企业（the hub firm，Nambisan and Sawhney，2011）用联合其他相关主体的方式，形成一种以自身为主导的创业生态系统。例如，阿里巴巴、Apple 等大企业，为了促进自身发展而建立的生态系统能够增加其他主体创业的机会（Zahra and Nambisan，2011；Zahra and Nambisan，2012）。主导大企业能通过联合其他主体有效利用各种资源和建设基础设施，并设立创业生态系统的运行机制，主导大企业还能用自身所带的品牌效应为创业企业发展提供帮助（Iansiti and Levien，2004；Nambisan and Sawhney，2007）。主导型大企业利用自身优势与资源与各类主体所形成共生网络，同时还能联合各类主体对创业生态系统进行支持和参与（Teece，2007；Pierce，2009），以此来共同构建和维持生态系统。

二　阿里巴巴生态系统共生发展过程案例研究设计

本部分从实际出发，以阿里巴巴生态系统中的共生发展过程为案例深入理解大企业主导型创业生态系统的具体共生发展过程，以完善共生关系理论。

（一）研究方法选择

为了从深层次对大企业主导型创业生态系统进行探究，讨论其动态共生发展过程，本部分选择纵向单案例嵌入式研究。从理论出发，明晰了本部分研究问题，其中包括"大企业的共生主体是什么""共生过程是怎样的"以及"主要影响因素"等。案例分析方法能够回答"如何""怎么样"，因此，此方法能够解决本部分探究的问题。共生随时间变化，是一个动态的过程，纵向案例研究能够很好地从动态视角进行研究（Yin，1984；Eisenhardt，1989；李飞等，2010）。

案例的分析方法包括两种：多案例分析和单案例分析（Eisenhardt，1989）。当要对存在的某一个典型的现象或问题进行具体描述与深入分析时，单案例研究能够充分发挥其优势，而且可以在此基础上构建新理论或者对现有理论进行延伸（Yin，1984；李飞等，2010）。因此，采取单案例分析的方式，选择了具有典型性的大企业主导型创业生态系统，能够回答本部分的研究问题，且为下一步的研究检验奠定基础（李飞等，2010）。

单案例分析从根据具体分析单位的多少的角度可以划分为嵌入性研

究和整体性研究方法（Yin，1984）。本部分主要选取嵌入式分析研究，主导型大企业在进行生态系统构建和发展的过程涉及与多类主体的共生，并在分析中根据多案例分析的复制性和拓展性原则（Eisenhardt，1989），比较大企业与各类主体共生发展过程的相似性和差异性，从而得出研究结论。

（二）案例方法选择

本部分在案例选择的过程中严格遵守了理论抽样的原则（Eisenhardt，1989），其中单案例的选择标准十分直接，主要通过典型性、代表性、数据可获得性和真实性等多个指标（Eisenhardt，1989；Yin，1994）来选择所用的案例。基于这些标准，选择阿里巴巴在构建和发展创业生态系统中与各类主体的共生发展过程作为案例进行深入分析。

首先，阿里巴巴的主要发展目标是"让天下没有难做的生意"，因此，其基于本身的电子商务业务所建立的平台、信用、金融、物流和大数据系统，培育了一大批创业企业和其他服务与支持机构，构成了一个创业生态系统，符合大企业主导型创业生态系统的结构、特征和定义。而"共生和共享"是阿里巴巴的主要企业文化，阿里巴巴生态系统的成功是其通过不断地与其他主体合作共生的结果，因此符合案例代表性的要求。其次，阿里巴巴是中国近年来发展十分迅速、广受关注的互联网行业的龙头企业之一，并且生态系统战略是其发展的主要战略，其发展路径和运行机制具有典型性。

阿里巴巴是经济管理领域的经典案例，受到多方面多领域学者的关注，并且阿里巴巴在中国香港、美国上市，对外公开披露自身运行的相关信息。由于其发展迅速，成为很多企业竞相模仿的对象，也受到了媒体的关注，阿里巴巴的相关新闻层出不穷，且阿里巴巴的创业者和高层管理者相对乐于通过公众媒体来反映企业的发展情况，所以获得案例分析所需的收集资料相对容易，并且更具有客观性和准确性，符合案例数据可获得性和真实性的要求。

（三）数据收集过程

本部分的数据主要来源于以下几个方面：

关于阿里巴巴的相关研究，硕士、博士学位论文、期刊论文、相关书籍和研究报告是主要的收据来源。此外，还通过网络渠道收集了阿里巴巴相关的新闻、阿里研究院披露的相关报告和阿里巴巴公司网站的信息。在此基础上，还收集了马云及阿里巴巴高管在公开场合进行的演讲、访谈，他们面向公众在微博、微信等社交软件上所发布的信息等，作为之前所查阅内容的辅助。多种来自不同渠道的资料能够相互结合、相互印证，形成"三角验证"（Glaser and Strauss，1967），能够提高案例的可靠性，见图 5.14。

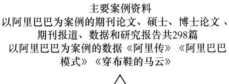
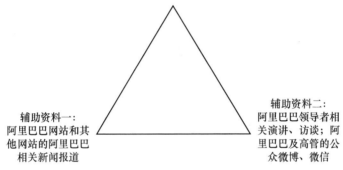

图 5.14　数据来源

数据收集主要经过以下几个阶段：

首先，以"阿里巴巴"为关键词在知网搜索相关文献和报告，主要选取对阿里巴巴生态系统和发展相关的研究，并在阿里研究院及其他阿里巴巴公司网站搜索阿里巴巴关于自身生态系统的报告，通读主要介绍阿里巴巴发展的书籍《阿里传》《阿里巴巴模式》和《穿布鞋的马云》，从而对阿里巴巴生态系统的整体发展和主要结构有初始了解。

其次，以阿里巴巴集团的相关主体如"阿里巴巴 B2B""淘宝""天猫""支付宝""阿里小贷""阿里金融""蚂蚁金服""菜鸟物流"等主体为关键词，在知网重新搜索以其为案例的文献和报道，在通读的基础上，选择其中与此部分生态和共生主要定义和研究内容相关的文章共 298 篇作为主要的案例资料，其中硕士、博士学位论文 59 篇、期刊论文 86

篇、报刊报道 155 篇。

最后，在百度和相关新闻网站搜索阿里巴巴创业者马云及阿里巴巴高管的相关演讲、访谈、报告的新闻稿和视频，检索阿里巴巴与其他企业合作有关的新闻报道，关注阿里巴巴及相关机构和主要高管的官方微博、微信公众号获取相关观点作为补充和对照。

（四）数据分析过程

本部分对获取的相关资料进行最初的内容分析，包括阿里巴巴生态系统的发展历程、阿里巴巴生态系统的结构以及其内部所包含的共生主体，对阿里巴巴生态系统的发展有了基础的把握。本部分通过滚雪球抽样的方法（Meyskens et al.，2010）识别出阿里巴巴的主要共生主体，并按照理论部分所提出的生态系统主要主体类型对阿里巴巴的共生主体进行分类，从而勾勒出阿里巴巴与各类主体所形成的共生网络和创业生态系统的主要结构。主要方式是通过阅读阿里巴巴生态系统的相关研究报告和文献，抓住生态系统的主要结构和主体类型，然后进一步收集相关资料，发现与主要主体相关联的主体，并判断是否有共生关系存在，以此方式不断迭代，直到资料不再出现新的主体。

本部分在完成上面的步骤后，采用扎根理论方法，在所得到的案例数据资料中编码归纳：将阿里巴巴的共生主体进行归纳，并同时分类整理案例资料，然后对阿里巴巴与各类主体共生发展的不同过程分别编码，建立阿里巴巴与各类主体之间的共生发展过程模型。

最后，将阿里巴巴与各类主体之间的共生发展过程进行深入对比分析，探讨大企业主导型生态系统中主导型大企业与各类主体之间共生发展过程的差异性，并建立大企业主导生态系统不同发展阶段共生的变化过程。扎根分析和对比分析过程中不断与理论进行对话，最终获得研究结论。

三 阿里巴巴生态系统共生发展过程案例分析和讨论

（一）阿里巴巴简介

阿里巴巴最初是以马云为首的 18 人所创立的电子商务零售交易平台企业，该平台主要为中小企业服务，推动中小企业的贸易和发展。该企业主要由阿里巴巴 B2B、淘宝网、天猫、聚划算、阿里云计算、蚂蚁金服、菜鸟网络、阿里影业、阿里健康等主要机构构成，业务范围包括电子商务企业运行所需的平台、广告、数据、软件、物流和金融等多方面的业务，是典型的服务型企业，并形成了一个创业生态系统，培育了大批的互联网相关行业创业企业。

阿里巴巴于 1999 年 6 月成立，成立之初为中小企业国际贸易提供电子商务服务。其于 1999 年 10 月、2000 年 1 月、2002 年 2 月，3 次获得了风险金融机构的注资，使其在国际贸易电子商务行业取得了长足的发展，逐步走向了国际市场，2001 年和 2002 年相继成立了阿里巴巴韩文和日文网站，并且完善了自身的业务，推出了"中国供应商""诚信通"等服务，取得了企业的核心竞争优势。

在非典疫情的刺激和 ebay 的竞争下，2003 年下半年，借助软银、富达创业等的新一轮注资，阿里巴巴抓住市场机会，成立淘宝，进军个人市场的电子商务服务市场（C2C），推动了电子商务产业链的建立和发展道路。2003 年 6 月，联合杭州政府和商业协会举办首届网商大会，自此网商大会成为每年的电子商务行业盛事；10 月，支付宝成立，进入第三方支付的市场。2004 年阿里巴巴发展战略从"meet at alibaba"转变为"work at alibaba"。在战略驱动下，阿里巴巴进行了产业链的纵向整合，阿里学院在 2004 年 9 月成立，是互联网行业第一个企业商学院，能够为阿里巴巴员工和平台上的企业提供培训。2005 年 6 月，阿里巴巴通过支付宝与天津大田集团和宅急送建立第三方物流联盟，支持电子商务企业的物流配送；8 月，与雅虎合作，成立雅虎中国，为阿里巴巴生态系统增加了搜索引擎资源的支持。2006 年 11 月，收购口碑网，打造电子商务分类社群。2007 年 1 月，阿里巴巴正式成立了阿里软件，并将"淘宝旺旺"和"贸易通"整合为"阿里旺旺"，开始为中小企业提供在线软件服务；5 月正式成立阿里妈妈，提供中小企业的电子商务广告服务。基于此，阿里巴巴打通了电子商务的产业链。

在 2007 年 9 月举行的第四届网商大会上，阿里巴巴"三步走"战略开始淡化，"生态系统"成为阿里巴巴发展的主要战略。2007 年 11 月，阿里巴巴国际电子商务部分于中国香港上市，并在年底发布了 2007 年度社会责任报告，宣告阿里巴巴生态系统战略的出台。除此之外，2007 年 4 月，阿里巴巴成立阿里集团研究中心，进行技术、经济、管理等领域的基础研发。2007年6月，正式成立淘宝大学负责对平台上的企业进行培训。2008年，在国际金融危机的影响下，提出"大淘宝"战略，阿里巴巴对自身的业务和战略进行了新一轮的布局。2008年4月，"淘宝商城"（天猫）上线，进军B2C市场，填补了阿里巴巴自身电子商务平台；5月，将雅虎和口碑合并为雅虎口碑；9月，成立阿里研究院，将阿里妈妈并入淘宝。阿里软件与阿里研究院在2009年7月合并，使软件基础设施的整合更进一步；9月，成立阿里云计算并收购互联网基础服务运营商中国万网，更好地为企业提供数据服务，并推出全球速卖通批发平台；10月，为了能够更好培育电子商务方面的优质人才，分拆阿里学院。2010年3月，面向中国小企业的交易市场更名为"1688"，淘宝网推出聚划算，电子商务平台进一步扩展；6月，阿里巴巴开始与银行合作向中小企业提供贷款业务，成立了小额贷款股份公司；7—8月，阿里巴巴收购Vendio及Auctiva（这两家是主要为美国小企业提供电子商务解决方案服务的供应商）；11月，阿里巴巴宣布收购国内的一站式出口服务供应商一达通，天猫启动独立域名。2011年，伴随"大阿里"战略的影响，阿里巴巴将淘宝分拆成淘宝、天猫和聚划算，阿里巴巴整体业务模式相对完善。

2012年，伴随着对阿里巴巴香港退市、从雅虎回购股权以及获得由银团和金融机构贷款和投资等共50亿美元投资的热议，阿里巴巴进行了新一轮的分拆和整合。2012年7月，阿里巴巴将全业务分拆为7大事业群，2013年1月，又拆成25个事业群，构成了完善的"CBBS"电商体系，并合并了阿里云计算和万网，组建了新的阿里云计算公司。除了对本身已有业务的整合外，阿里巴巴还不断拓展业务，为生态系统企业提供更好的服务。2013年2月，与中国平安保险、腾讯发起共同成立了众安在线财产保险公司；3月，整合支付、小贷、保险和担保等领域业务成立阿里小微金融服务集团；5月，联合三家资本财团和众多物流公司组建菜鸟网络科技有限公司；6月，与天弘基金合作成立余额宝；10月，入股美国物流商Shop Runner；11月，收购移动互联网数据分析平台友盟；12月，投资海尔电器及其旗下物流。2014年在美国收购成立了电子商务网站1.11main. com、1Stdibs、Fanatics；3月，战略投资银泰商业、构建一套打通线上线下商业的基础体系；5—6月，与多国邮政公司合作；10

月，在阿里小微金服集团的基础上整合成立蚂蚁金服，从而在云计算、金融、物流等电子商务基础设施领域进一步发展。2015 年 1 月，阿里巴巴集团战略投资并控股易传媒，逐步实现大数据营销能力的普及化；6 月，阿里巴巴与上海文广集团（SMG）宣布将共同把 SMG 旗下的第一财经传媒有限公司打造成新型数字化财经媒体与信息服务集团，阿里巴巴投资 12 亿元人民币参股第一财经，开拓数据服务领域；12 月，为了共同打造钢铁交易 B2B 平台，五矿发展股份有限公司与杭州阿里创业投资有限公司正式签约。2016 年 4 月，饿了么与阿里巴巴及蚂蚁金服正式达成战略合作协议。

　　2017 年 11 月，阿里巴巴与 Auchan Retail S. A. 和润泰集团达成新零售战略合作协议。2018 年 4 月，阿里巴巴对饿了么完成全资收购。海南省政府、阿里巴巴集团和蚂蚁金服集团在 2018 年 4 月签订全面深化战略合作框架协议，针对经济、社会、民生进行深层次的合作，尤其关注数字经济、电子商务等。

　　2019 年 9 月，阿里巴巴与网易达成战略合作，全资收购考拉（网易旗下跨境电商平台）。2019 年下半年，重庆市政府和中国工商银行均与阿里巴巴集团签订协议，深化合作。2020 年，易居中国与阿里巴巴签署协议，推动房产服务行业走向全面数字化、智能化。

　　除了在基础的电子商务服务领域，如云计算、金融和物流方面的进一步发展之外，从 2013 年开始，阿里巴巴还在现有业务的基础上进一步迭代，不断开发新的机会。如 2014 年收购高德、成立新口碑进军 OTO 行业；收购文化中国，成立阿里影业，收购优酷土豆、恒大体育等进军娱乐行业，并成立阿里音乐、阿里体育等进行对接；收购中信 21 世纪建立阿里健康进军医疗行业等，并在此基础上进行了新一轮的资源整合，使其生态系统的范围进一步扩大。

　　目前，阿里巴巴集团的主要结构（见图 5.15）包括：①以阿里巴巴 B2B 和淘宝网、天猫、聚划算、一淘网为基础的电子商务基础平台；②以阿里云计算、菜鸟物流、蚂蚁金服、阿里研究院为基础的电子商务互补资源平台和以阿里商学院、淘宝大学、湖畔学院为代表的电子商务人才培训机构；③以口碑、阿里影业、阿里健康、阿里音乐、阿里体育、阿里妈妈超级媒体等为代表的阿里巴巴新业务实体。

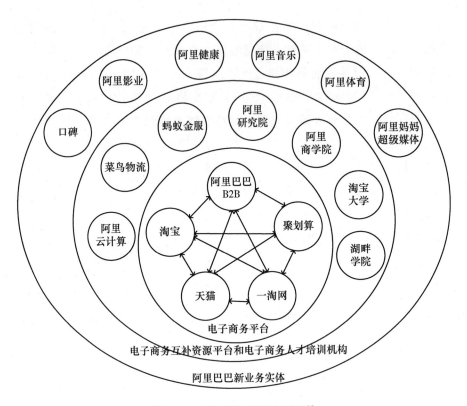

图 5.15 阿里巴巴集团主要结构

资料来源：根据案例相关资料整理。

（二）阿里巴巴和各类主体的共生发展过程

从成立到现在，阿里巴巴在自身业务不断发展和整合的基础上，通过不断与各类主体的共生来构建和发展生态系统。通过滚雪球抽样法，此部分从案例资料中提取了自 1999 年成立以来阿里巴巴主要共生的主体（见表 5.1）。与阿里巴巴共生的主体类型包括创业企业、支配型大企业、金融机构、政府公共机构、研究机构、专业服务机构等多种类型的实体。

表 5.1　　　　　　　1999 年以来阿里巴巴主要共生主体

	新增共生主体
1999 年	高盛、富达、新加坡发展投资基金等 5 家投资机构
2000 年	软银

续表

	新增共生主体
2001 年	工商联和国务院发展研究中心
2002 年	邓白氏、日本亚洲投资公司、新华信、华夏第三方
2004 年	中国电子商务协会、杭州市人民政府、英特尔、杭州电子科技大学、英国亨利商学院、北大网络经济研究中心、华夏信用咨询
2005 年	工商银行、建设银行、奥美国际、北京讯鸟科技、VISA、联想、MSN、雅虎中国、大田物流、宅急送、亚风物流、6 大互联网渠道商
2006 年	中国邮政、口碑、10 余家银行、华夏国际
2007 年	微软、科隆国际展览、方正科技、思科、通用电气、瑞星科技、中国银行、江浙地区高校、行业网站、香港莎莎、草莓网、日本 Jsoppers. com
2008 年	光大银行、日本软银电子、众多高校、印度 Infomedia、巨人网络、李连杰壹基金、亚马逊、同程旅游、非政府组织、PHPWind、万事达、网商融资平台
2009 年	湖南广电、华数传媒、携程旅行、各地卖场、十余家物流企业、澳门贸易投资局、优衣库、日本丸井百货、浙江日报、中国万网、春秋航空、UC 优视
2010 年	深圳一达通、上海宝尊、星辰急便、淘宝联盟、Paypal、复星、银泰、万向、Vendio Services、Auctiva、央视、100 多家银行、百世汇通、浙江出版联合集团、天下网商
2011 年	中国联通、交通银行、CNZZ、杭州残联、深圳残友、美团、安卡支付、浦发银行、浙江邮政速递、"物流宝"平台、博士基金、良无限、电商供应链企业、高校、警方、药监、海外禁毒机构
2012 年	腾讯、平安、众安财产保险、丁丁、陌陌、中国银行
2013 年	天弘基金、优酷土豆、高德地图、友盟、菜鸟物流、新浪微博、天天动听、在路上、快的打车、东证资管、穷游网、酷盘、民生银行、海尔日日顺物流、Fanatics 和 Shoprunner、虾米网、LBE 安全大师、多地政府
2014 年	中信 21 世纪、Tutorgroup、淘点点、珠江人寿、1. 11main. com、1stdibs、Tango、文化中国、美的、中信银行、佰程旅行网、银泰商业、Lyft、三通一达和顺丰等 13 个物流企业、气象局、恒大足球队、卡行天下、UPS、多地区邮政（包括澳洲、新加坡、英国皇家、美国、中国内地、中国香港）、7 - Eleven、4PX、深圳开拓者、证通股份、浙江融信、恒生电子、德邦基金、21 世纪传媒、石基信息、虎嗅、蚂蚁金服、华谊兄弟、民生保险、美的、燕文、今日头条

续表

	新增共生主体
2015 年	易传媒、魅族、12306 网站、印度 One97communication、光线传媒、融都科技、博时基金、中证指数、瑞云科技、阳光能源、数米基金、招联金融、瑞东集团、云峰基金、圆通、日本软件机器人、富士康集团、长城、华融、信达东方资产、雅座、第一财经、兴业银行、社保基金、广东粤科工程软件、北京银行、易保、趣分期、口碑、魅力惠、国泰产险、印度 Paytm、苏宁、春光电影、柴智屏、狮门影业、德邦物流、酷云互动、Face + +、多地医院、华夏银行、深圳、东方卫视、公安网等公共机构、韩国电信、Kbank、德邦证券、Paybang、三潭金融、Vkey、36 氪、南华早报、魅族、湖畔大学、Zulily、Snapchat、Snapdeal、Jet. com、Ezbob 及 Iwoca 等、上汽
2016 年 第一季度	Magic Leap、神舟专车、亚博科技、Lazada、饿了么

资料来源：根据案例相关资料整理。

1. 阿里巴巴和创业企业的共生发展过程

通过对阿里巴巴共生主体的分析，阿里巴巴主要与电商行业、物流行业、支付行业、云计算行业、软件技术行业、无线领域创业企业、智能领域创业企业和手机行业创业企业等多行业的创业企业产生了复杂的共生关系。通过对阿里巴巴和创业企业的共生发展过程的扎根分析，共形成聚焦编码 59 个，形成了 8 个类属和 23 个类属维度（见表 5.2，其中初始编码只进行了部分列举）。在发现类属之间的 10 条典型关系（见表 5.3）基础上，构建"阿里巴巴和创业企业共生发展过程"的故事线（见图 5.16）。

阿里巴巴和创业企业的共生发展过程可以描述为：在环境和机会、资源需求的驱动下，阿里巴巴产生了与创业企业共生的意图，在分析所需的创业企业的优势和需求的基础上，基于自身的优势确定了可以共生的创业企业，然后通过与创业企业进行共生形式、共生关系、目标和团队等多方面的融合后形成了共生利益。而在来自共生体、系统、环境等多个方面因素的影响下，阿里巴巴和创业企业的共生发展过程发生了变化，共生关系朝向一体化和复杂化的方向发展，但是由于创业企业自身的潜在劣势，也出现了共生关系终止的情况。

表 5.2 阿里巴巴和创业企业共生发展过程编码

轴心编码		聚焦编码	案例初始资料列举
类属	类属维度		
企业需求	机会需求	市场机会	2012 年移动端机会；2013 年 OTO 行业；2014 年云计算；2015 年创业服务行业、互联网教育行业、娱乐行业、企业服务、媒体行业
		技术机会	2013 年数据时代；2015 年对智能时代机会的把握和扩展；2014 年金融服务技术
	资源需求	技术资源	2009 年 UC 搜索技术、2008 年 phpwind 数据分析技术、2010 年一达通支付技术、2006 年万网云存储技术、2015 年"face +" + 人脸识别技术
		物流服务	2005 年获得大田、宅急送等物流企业的物流服务；2009 年、2010 年获得百世物流、星辰急便物流服务
		上市需求	2012 年阿里巴巴整体上市需求；2015 年蚂蚁金服上市需求
		数据资源	2013 年友盟获得移动互联网数据、2009 年华谊兄弟获得媒体数据
		入口资源	2013 年优土、微博获得平台流量入口；2009 年华谊媒体资源、2012 年陌陌获得社交资源需求
		市场需求	2015 年国际化市场；2013 年优土抢占视频电视市场；2013 年美团抢占细分市场
环境驱动	市场环境	行业发展	2005 年以来对互联网络发展方向的关注；2012 年移动互联网的爆发；2015 年消费结构的升级推动了文化娱乐需求的增长；2013 年并购的兴起、跨界现象以及无线互联网时代
		竞争对手	2013 年应对竞争对手的扩张；2013 年以来 BAT 在 OTO 方面竞争加剧；BAT 的流量入口之争
	制度环境	政策驱动	2014 年"大众创业　万众创新"政策；2015 年"互联网 +"政策
共生识别过程	主体优势识别	市场优势	媒体企业的区域覆盖能力；国外电商创业企业进入国际市场；微博、陌陌等社交平台流量入口；优土分视频企业流量入口；地图服务商高德不仅发展好且为阿里巴巴所需
		技术优势	VKEY 的加密技术全球领先，并和众多跨国企业战略合作；"Face +" + 刷脸支付技术；粤科的能力和互补作用；万网的移动互联网统计分析；MAGIC LEAP 的 VR 技术优势；Paytm 的国际支付技术；电子商务和快递行业的技术有一定的共性基础
		布局优势	36 氪的创业服务布局；高德软件持有中国政府签发的为数不多的绘图许可

续表

轴心编码		聚焦编码	案例初始资料列举
类属	类属维度		
共生识别过程	主体需求识别	资本需求	优土的盈利困境；加快VKEY关键项目推进，巩固领导地位；新浪和阿里合作打通商业渠道，实现商业变现
		市场需求	阿里巴巴给UC带来广告；物流企业需要扩展渠道网络
		竞争需求	高德竞争压力不断扩大、转型需求；UC面临百度腾讯夹击
		创业需求	降低试错时间、周期和资金成本；创业企业的制约因素为成本和资源
		技术需求	物流相关信息技术不足、金融资源支持不足
	自身优势识别	资本优势	2007年香港上市融资17亿美元；2012年获银团贷款30亿元；2012年获得投资企业20亿美元；2014年9月纽交所上市融资218亿美元
		服务优势	阿里巴巴的基本优势是中小企业服务
		数据优势	阿里云的数据分析、数据存储优势
		生态优势	阿里生态系统的资源优势；供应商选择方面强大讨价还价能力
共生形成过程	具体共生形式确定	控股并购	2006年口碑、2008年PHPWIND、2009年UC、2009年万网、2010年深圳一达通、2010年上海宝尊、2013年高德、2010年VENDIO SER-VICES、2011年安卡支付、2013年友盟、2014年TANGO、2014年石基信息、2014年21世纪传媒、2014年粤科工程、2013年优土；控股CNZZ、AUCTIVA、Fanatics和Shoprunner、陌陌、虾米网、酷盘
		战略投资	2010年注资星辰急便、百世物流；2011年注资美团、2013年新浪微博、"在路上"、穷游网；2014年Tutorgroup、佰程旅行网、2015年36氪、雅座C轮、趣分期E轮、VKEY B轮、圆通；2016年Magic Leap C轮
		资源支持	2014年补贴扶持淘点点；2014年蚂蚁金服为小微企业发放贷款；2009年淘宝成立扶持基金；2015年阿里云通过资金扶持计划与云计算产业链合作伙伴创业企业共生；2015年为小咖秀提供云计算服务
		共同出资	2013年和物流企业共同出资建设菜鸟物流公司
		技术合作	2015年和"Face＋"＋刷脸支付技术的合作
		资源共享	2015年通过"阿里百川计划"与创业企业进行资源的共享，通过开放自身的数据、资源和服务、成为创业者获取资源的通道；2013年通过"菜鸟物流"对接物流企业，和物流企业共享电商物流数据

续表

轴心编码		聚焦编码	案例初始资料列举
类属	类属维度		
共生形成过程	具体共生形式确定	平台开放	2015 年为创业企业开放云平台、电商平台、软件服务平台、信息分享平台、广告服务平台，并提供所需的全方位资源和服务
	业务整合	产品融合	蚂蚁将 VKEY 技术应用在自身产品中；阿里巴巴和高德在多方面合作；阿里巴巴和 36 氪建立对接方案与端对端解决方案
		业务融合	和高德在业务的整合；阿里巴巴原有业务和优土业务的整合；阿里巴巴和新浪微博的渠道融合；蚂蚁金服和 36 氪在业务服务定位上分别确认，在多层面合作，共同推进创业服务；深度整合丁丁与支付宝
	目标融合	共同发展目标	2015 年和 36 氪形成共同服务中产阶级创业的目标；2013 年和微博合作打通商业渠道
		战略协调	2013 年以来收购与公司战略相协调且顺应市场发展的公司
	团队融合	团队人员协调	2014 年陆兆禧进驻优土董事会；2013 年蔡崇信加入 Shoprunner 董事会、马云进入 UC 董事会
		文化融合	2014 年和高德、UC 在文化上的融合
	共生利益形成	并购和投资利益	发展壮大和多元化经营、弥补自身短板、快速进入新领域、降低交易成本、获得规模经济、消除竞争者威胁
		资源收益	掌握移动互联网交易数据资源；获得多元技术；加快项目推进，巩固领导地位；突破技术障碍；规避自主研发风险和成本
		估值增加	收购创业企业提高上市估值空间
共生变化过程	共生关系终止	创业企业死亡	2012 年北京星晨急便速递有限公司死亡
		合作结束	2015 年阿里巴巴抛售美团股份
	共生一体化	资本注入增加	2009 年战略投资 UC→2013 年增持→2014 年全资收购；2012 年投资丁丁→2013 年再次投资；2013 年投资高德→2014 年收购→2014 年全资收购；2013 年优土→2014 年入股→2015 年全面收购
	共生复杂化	多种共生形式	2015 年 6 月开始 36 氪就和蚂蚁金服在股权众筹平台方面战略合作→2015 年 7 月 36 氪接入支付宝→2015 年 10 月，蚂蚁金服战略入股 36 氪；2005—2010 年物流企业合作→2010 年投资百世汇通→2010 年物流宝平台→2013 年菜鸟物流平台→2015 年战略投资圆通

轴心编码		聚焦编码	案例初始资料列举
类属	类属维度		
共生变化过程	共生复杂化	产生竞争	百世物流成为物流方案提供商，成为菜鸟物流竞争对手；阿里巴巴和美团存在潜在的竞争；菜鸟和物流企业的市场之争
环境因素	市场环境	竞争环境	2013年以来电商企业间物流竞争增强；2013年依赖各大电商物流的竞争；2013年以来在移动端与百度腾讯竞争；移动端竞争激烈；2014年阿里巴巴腾讯的打车烧钱大战
		行业发展	近年来物流业发展迅速；移动互联网行业发展
	制度环境	政策促进	2011年电子商务发展规划提出电子商务和快递的联动
系统因素	平台开放性	物流平台开放性	菜鸟物流平台和电商物流数据的开放程度
		电商平台开放性	淘宝平台、软件服务平台和广告服务平台对创业企业的开放程度
		云平台开放性	云计算平台对创业企业开放程度
		金融平台开放性	蚂蚁金服对于创业企业的支持力度和程度
共生体因素	介入	第三方投资	腾讯的不断投资和新美大的合并让阿里巴巴股权不断稀释
	目标一致性	目标达成度	入股高德未达到阿里巴巴和高德的目的；入股优土没有达到阿里巴巴和优土的目的
	利益关系	利益协调	菜鸟物流和物流企业间的利益协调机制
	团队关系	团队成员变动	收购高德后过半数高德管理层退出；并入阿里巴巴后，UC又调整了组织架构与人事
		企业文化融合	UC企业文化的改变存在问题
	联系紧密度	合作密切程度	阿里巴巴和美团的合作不密切，未达到目的
		内部吸收风险	UC面临被阿里巴巴内部吸收的风险
		协作稳定性	菜鸟与物流企业的协作存在不稳定性

资料来源：根据案例相关资料整理。

表5.3　　　　　阿里巴巴和创业企业共生发展过程类属典型关系整理

关系	具体案例资料说明
市场环境→ 共生变化	与百度和腾讯的移动端竞争促进了阿里巴巴对高德的进一步收购，使双方形成了一体化的共生关系
制度环境→ 共生变化	对于电子商务和物流企业联动的促进政策加速了阿里巴巴和物流企业合作的步伐
第三方介入→ 共生变化	腾讯对美团的进一步注资和新美大的合并降低了阿里巴巴的股权和利益，影响了阿里巴巴和美团的关系
目标一致性→ 共生变化	由于入股方式未能使阿里巴巴和高德、优土之间形成紧密合作关系，难以完成双方的共生目标，阿里巴巴对高德、优土进行了进一步的收购
利益关系→ 共生变化	菜鸟物流和物流企业之间的利益分配程度，会对菜鸟物流和物流企业之间的合作产生影响
团队关系→ 共生变化	收购高德后，高德过半数的管理层退出高德，给阿里巴巴和高德的整合增加了难度
联系紧密度→ 共生变化	美团认为阿里和自身存在潜在的竞争关系，因此未与阿里巴巴形成紧密的联系，影响了阿里巴巴和美团的共生关系
平台开放性→ 共生识别	云平台、电商平台是创业企业进入阿里巴巴生态系统的主要因素，阿里巴巴通过平台为创业企业共享数据，因此平台的开放性影响创业企业与主导大企业的共生
平台开放性→ 共生形成	平台是阿里巴巴和创业企业共生的主要通道，通过平台，创业企业和阿里巴巴共享资源和利益，因此平台的开放性影响共生形成
平台开放性→ 共生变化	阿里巴巴通过搭建平台与原合作的物流企业进行共生关系的拓展，与物流企业共享资源，物流平台的开放性影响共生关系的转变

资料来源：根据案例相关资料整理。

2. 阿里巴巴和支配型大企业的共生发展过程

阿里巴巴与 MSN、银泰、印度 Infomedia、亚马逊、丸井百货等电商业务支配型大企业，雅虎、微软、思科、英特尔、联想、苏宁、海尔、邮政等电商互补行业大企业，天语等硬件制造企业，华数和其他媒体行业及其他多类型的传统行业等大型企业进行共生，这些企业本身控制了阿里巴巴构建和发展生态系统所需的关键资源。通过对阿里巴巴和支配型大企业的案例数据资料进行扎根分析，共形成聚焦编码 75 个，并通过轴心编码将其分为 8 个类属和 24 个类属维度（见表 5.4，其中初始编码

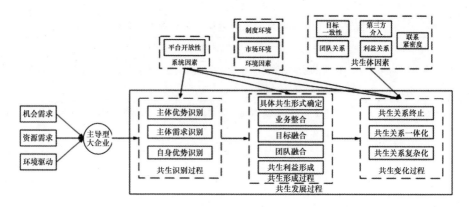

图 5.16 阿里巴巴和创业企业共生发展过程

资料来源：根据案例相关资料整理。

只进行了部分列举）。在发现类属之间的 13 条典型关系（表 5.5）基础上，构建"阿里巴巴和支配型大企业共生发展过程"的故事线（见图 5.17）。

由此，阿里巴巴和支配型大企业的共生发展过程可以描述为：阿里巴巴在资源或机会需求及环境因素的驱动下，通过识别支配型大企业的优势、需求及与自身优势需求的匹配来选择可以共生的大企业。在确定具体共生形式、形成统一发展目标，并且融合团队之后形成共生利益，建立了共生关系。在受到来自系统、环境、共生体多方面因素的影响下，共生关系发生变化，主要朝复杂化的方向发展，但是由于环境、系统和共生体多种影响因素的作用，共生关系也会出现终止的情况。

表 5. 4　　　　　阿里巴巴和支配型大企业共生发展过程编码

轴心编码		聚焦编码	案例初始资料列举
类属	类属维度		
企业需求	资源需求	技术需求	2005 年雅虎获得搜索引擎技术、2007 年微软、思科获得 IT 技术、2012 年自主生产手机失败；2015 年获取电影制造能力
		资金需求	2005 年免费模式需求资本；2010 年复星万向资本需求
		国际化需求	2005 年借雅虎走出国门；2015 年积极进入国际贸易领域
		战略需求	2004 年从 meeting 到 work；2007 年大淘宝战略；2008 年电子商务产业链战略；2015 年阿里云战略定位

续表

轴心编码		聚焦编码	案例初始资料列举
类属	类属维度		
企业需求	资源需求	品牌宣传	2009 年宣传淘宝，提高网络广告的效益；2014 年获得媒体资源；2015 年阿里巴巴收购南华早报目的是国外市场宣传
		用户需求	2015 年对用户的引流，2008 年为淘宝商家进行广告宣传
		运输能力	2015 年获得国际物流企业和苏宁、邮政、海尔的物流能力和经验
		数据需求	2015 年媒体数据的需求、2015 年用户数据的需求
		生态链资源	2015 年阿里云对于 ISP/SI 的产业链资源需求；2008 年阿里巴巴对于供应链资源的需求
	机会需求	技术机会	2011 年三网融合的机遇、2015 年数据驱动；2015 年智能技术
		市场机会	2015 年"互联网＋"机会；2015 年媒体行业机会；2015 年电影行业发展；2015 年医疗卫生行业机会
环境驱动	市场环境	行业市场	2004 年非典疫情带来互联网变革、2010 年移动互联网的融合趋势；2015 年消费结构的升级推动了文化娱乐需求的增长；2015 年媒体行业不断发展；2013 年 OTO 行业的发展
		竞争对手	2004 年 ebay 的竞争、2005 年腾讯拍拍的竞争、2011 年亚马逊的经验启发；2015 年 BAT 对于媒体的竞争；2010 年京东、顺丰对阿里巴巴物流的威胁；2015 年京腾计划对苏阿同盟的推动
	制度环境	政策驱动	2006 年政府对电子商务产业的支持；2011 年政府鼓励自主研发操作系统；2014 年"互联网＋"政策的影响；2015 年政府不断扶持媒体企业；2015 年"互联网＋"计划推动互联网和传统行业的融合
共生识别过程	主体优势识别	技术优势	雅虎搜索引擎老大地位；思科、微软、英特尔的 IT 技术优势；华数数字电视平台优势；天语宏基海尔的硬件生产能力；河南日报集团的移动数据优势；魅族硬件优势；美的的硬件优势、Paytm 的金融服务能力
		市场优势	雅虎庞大的注册客户群体；Infomedia 是印度最大 B2B 媒体公司；宏基的国际影响力；邮政的区域覆盖能力；苏宁的北京区域覆盖优势；MSN 用户资源和用户平台；搜狗市场占有率高
		资本优势	复星的资本优势；邮政的资本优势
		行业优势	复星、银泰的房地产背景；与银泰构建线上线下基础体系；媒体行业经验优势；《南华早报》的行业优势；中邮的物流、邮储和国企优势；海尔的行业标杆作用
		数据优势	宝船网的数据优势，酷云互动的数据优势

续表

轴心编码		聚焦编码	案例初始资料列举
类属	类属维度		
共生识别过程	主体需求识别	市场需求	雅虎深入中国市场需求；苏宁对于物流电商的需求；物流企业对于电商的愿景
		机会需求	三网融合机遇；美的、海尔、魅族建设智慧城市；智能家居；智能电器；传统企业"互联网＋"
		技术需求	天语对手机系统的需求；宝船网对于数据共享和分析技术的需求；海尔对于平台、技术的需求
		战略需求	海尔的移动互联网战略
		转型需求	媒体行业转型需求；传统行业转型需求；邮政转型升级的需求
	自身优势识别	电商优势	淘宝电商优势；营销优势；客户优势
		技术优势	yunOS 系统；云技术优势；阿里云的数据挖掘和存储能力
		数据优势	用户和数据资源；大数据优势
		品牌优势	2012 年阿里巴巴上市带来的国际品牌优势
		资本优势	2012 年上市、借款获得大量资金
共生形成过程	具体共生形式确定	战略入股	2005 年阿里巴巴对雅虎中国进行了收购，雅虎入股阿里巴巴；2014 年买下华数 20% 股权；2015 年投资光线传媒；收购文化中国；投资恒大足球队；收购香港《南华早报》；投资新加坡邮政；投资银泰；邮政战略入股蚂蚁金服；投资海尔日日顺物流；入股中信 21 世纪，投资印度支付巨头 Paytm
		联合成立新组织	2010 年、2013 年、2015 年联合成立阿里小贷、菜鸟物流、蚂蚁金服，浙商银行；2010 年联合成立"华数淘宝数字科技有限公司"；2015 年与《四川日报》一起打造封面传媒；和财讯集团、新疆网信一同成立无界新闻；上海第一财经和蚂蚁金服发起成立英凡研究院；2009 年和湖南广电合资成立，快乐淘宝文化传播有效公司，和浙江日报报业联合推出淘宝天下；2015 年与迪拜 Meraas 集团合资建立技术企业，为中东地区企业机构提供服务；2012 年与搜狐成立合资公司；2015 年成立子公司和澳大利亚企业 Paybang 合作
		互相持股	2015 年阿里巴巴和苏宁互相持股
		研发合作	2009 年阿里巴巴与微软进行软件服务技术的研发合作
		技术合作	2007 年思科为其提供软件技术；2011 年和联通合作基础通信服务；2015 年阿里云和华数华通云数据中心合作提供解决方案；2009 年 IE 嵌入淘宝功能；2015 年与迪士尼、深圳卫视等合作 T2O 模式

续表

轴心编码		聚焦编码	案例初始资料列举
类属	类属维度		
共生形成过程	具体共生形式确定	业务合作	2011 年阿里为天语提供 OS 系统和线上营销；2015 阿里巴巴与迪士尼合作由淘宝电影 2015 年牵头，天猫联合 40 多个迪士尼正版授权品牌发行电影衍生品；2015 年与狮门影业签订战略合作协议推出狮门娱乐天地服务项目；2015 年和香港邮政、澳洲邮政、巴西邮政、UPS 的物流业务合作；2015 年为 12306、中石化等提供云计算服务；2006 年联合邮政推出 E 邮宝；2012 年阿里与海尔的业务合作；2015 年阿里巴巴和邮政进行全方面、多层次的合作
		供应链合作	2011 年推出"良无限"，沿着整条供应链，和不同的独立专家及营办商合作，互相运用大家的知识和专长服务
		资源共享	2013 年阿里巴巴为华数提供飞天平台，阿里巴巴利用华数的计算能力；2015 年阿里巴巴为宝船网提供云计算平台，宝船网向阿里巴巴开放数据；2015 年阿里巴巴为酷云互动提供云计算平台，酷云互动提供媒体用户数据；2015 年为瑞云科技供给云服务，获得瑞云科技电影特效技术；2015 年云产业链企业嵌入阿里云，获得平台数据，并提供资金支持
		深度融合	2015 年和美的在物流、云、电商方面深度融合；2015 年和苏宁在物流方面进行平台对接，深度整合，苏宁还参与天猫的售后服务
	业务融合	调整运营模式	2005 年阿里巴巴重新定位雅虎，推出新经营模式；2015 年对阿里影业的运营模式和产业定位全面调整
		合作形式确定	2015 年瑞云打通互联网与数字电视的平台终端；2012 年阿里巴巴与天语、海尔的手机制作和销售方式；2012 年阿里巴巴提供 OS 和线上影响，海尔提供生产和线下营销；2015 年阿里巴巴与光线传媒签订战略合作协议，规定合作内容；2015 年阿里巴巴和苏宁的平台对接和服务提供方式
	目标融合	模糊初始目标	2005 年雅虎和阿里巴巴初始目标相左，模糊初始目标和共生方式
		未来共同愿景	2005 年马云和雅虎杨致远分享对于伙伴关系的共同愿景；2012 年阿里、天语和海尔对于智能手机的一致目标；2012 年阿里巴巴和海尔双方可以在家电其他范围展开合作，形成一致的未来发展方向
		合作目标	2013 年阿里巴巴和华数专注于数字电视分享交易；2015 年阿里巴巴和阳光能源共同推动"互联网＋"的发展

轴心编码		聚焦编码	案例初始资料列举
类属	类属维度		
共生形成过程	团队融合	团队文化	2005 年阿里巴巴和雅虎的团队之间很有共同语言
		团队人员协调	2015 年阿里影业董事长进光线传媒公司担任董事；2015 年为阿里影业补充影视人才；2015 年阿里和苏宁技术人员的无缝对接
	共生利益形成	规避风险	阿里巴巴和雅虎合作可以规避搜索引擎广告费用升高的危险
		创新	阿里巴巴与雅虎合作可以创造新商业模式；和媒体企业合作创新技术 T20 模式；"互联网＋"模式创新
		市场扩大	获得国际市场；借助传统媒体进行区域覆盖
		提升形象	和媒体合作提升品牌形象
		专注核心业务	使共生主体更专心自己的核心业务
		获得经验	阿里巴巴向海尔选择大件物流运作经验、海尔向阿里学习电商发展经验
共生发展过程	共生关系终止	股权回购	2012 年回购雅虎股份
		业务终止	2015 年雅虎邮箱停止服务
		合作失败	2006 年阿里凭雅虎进入搜索引擎战略失败；2012 年天语手机不再搭载 OS 系统
	共生关系增强	交叉持股	2013 年、2015 年阿里巴巴和复星在联合成立小贷的基础上，联合成立菜鸟物流、蚂蚁金服、浙商银行；2015 年阿里入股银泰
		合作内容增加	2015 年海尔在手机业务合作的基础上增加智能家具、物流的合作
	共生关系复杂化	合作形式复杂化	2015 年阿里巴巴买下华数 20% 股权，并通过阿里云平台与华数数据中心对接；2015 年蚂蚁金服向 Paytm 投资资金的同时，也提供金融云计划；2015 年通过投资海尔物流获得与海尔物流的合作
		业务竞争	2015 年阿里巴巴和苏宁在物流、金服方面的竞争
共生体因素	社会关系	个人网络关系	马云和雅虎杨致远的私交；马云和银泰沈国军、复星郭广昌都是江南会成员
		社会网络关系	雅虎和软银的合作关系；阿里巴巴借助万国邮政联盟国际组织来与多国邮政建立合作关系
	介入	第三方收购	2008 年微软对雅虎收购邀约加速阿里巴巴回购进程

续表

轴心编码		聚焦编码	案例初始资料列举
类属	类属维度		
共生体因素	团队关系	团队融合困难	融合阿里巴巴和雅虎团队文化困难
		团队矛盾	阿里巴巴管理层和雅虎之间的矛盾
		团队成员变化	雅虎团队进入新 CEO 使阿里巴巴和雅虎再次携手
	权力关系	控制权争夺	2006—2012 年马云和雅虎的公司控制权之争
	利益关系	利益博弈	阿里巴巴、雅虎、软银之间的利益博弈
	信任	信任受损	2011 年、2012 年阿里巴巴欺诈门丑闻和支付宝剥离事件
环境因素	制度环境	政府批准	2005 年阿里巴巴和雅虎的合作需要政府的批准
		政策要求	2012 年央行政策要求支付牌照获得不能外资控股；2015 年中东地区政策法规要求本地存储数据
		政策支持	2010 年云计算战略新兴产业；相继出台的政策支持物流发展
		政府支持	2015 年英凡研究院获得人民银行金融研究所、北京市金融局、上海市金融办支持
	市场环境	竞争对手	2005 年 ebay 阻碍阿里巴巴和雅虎的合作；2005 年收购雅虎后带来和百度、谷歌、奇虎的新竞争；2012 年安卓对云 OS 的竞争；2012 年谷歌对阿里巴巴和宏基共生的介入
		客户	2012 年用户对 yunOS 系统的争议
		行业发展	2012 年 OTO 的发展，2011 年物流行业的发展，2015 年云计算行业的发展
系统因素	平台开放性	飞天平台的开放性	2015 年以来企业选择阿里云基于阿里云的成本和灵活性；2015 年阿里巴巴通过开放云平台鼓励生态链企业转型

资料来源：根据案例相关资料整理。

表 5.5　阿里巴巴和支配型大企业共生发展过程类属典型关系整理

关系	具体案例资料说明
社会关系→共生识别	在马云与杨致远的个人私交和雅虎与阿里巴巴风投公司软银的合作关系的影响下，软银向阿里巴巴推荐了雅虎，促成了雅虎与阿里巴巴的合作

关系	具体案例资料说明
主体介入→ 共生变化	由于雅虎自身发展不畅,2008 年微软提出了对雅虎的收购计划,为了保证自己的利益,阿里巴巴加速了对雅虎的回购计划
团队关系→ 共生变化	阿里巴巴和雅虎管理层之间的矛盾使阿里和雅虎之间的共生关系产生了破裂,而在雅虎更换 CEO 后,阿里巴巴和雅虎的团队发展目标产生了一定的统一,双方再次携手
权力关系→ 共生变化	控制权是雅虎和阿里巴巴共生关系破裂的主要因素。在阿里巴巴认为自身存在控制权丧失风险的情况下,阿里巴巴对雅虎手中的股票进行了回购
利益关系→ 共生变化	阿里巴巴和雅虎之间的利益分配关系也是引致双方关系变化的因素之一
信任→ 共生变化	在未经雅虎允许情况下,阿里巴巴将支付宝转移出阿里巴巴集团,引发了雅虎对阿里巴巴的不信任,也加速了阿里巴巴对于股票回购的速度
制度环境→ 共生形成	阿里巴巴和雅虎的合作需要政府的批准;阿里巴巴和第一财经共同成立的英凡研究院获得了政府的支持,加速共生的形成;阿里巴巴与迪拜数据企业的合作受到政府政策的影响,由于中东地区法规要求必须本地存储数据,因此双方在本地建立了合资企业
市场环境→ 共生形成	阿里巴巴和雅虎的合作受到了来自阿里巴巴竞争对手 ebay 的阻止; 阿里巴巴和宏基的合作受到了来自阿里巴巴竞争对手谷歌的阻止而失败
制度环境→ 共生变化	政府不断出台云计算和物流的扶持政策,支持阿里巴巴与相关大企业的合作,导致了双方的合作关系不断增强
市场环境→ 共生变化	阿里巴巴和天语的合作受到了安卓系统和用户的影响,由于安卓系统的强大,和客户对于阿里云系统的争议,天语放弃使用阿里系统
平台开放性→ 共生形成	阿里巴巴通过云计算平台对接与之合作的大企业,飞天平台是共生的主要通道,其开放性影响共生的形成过程
平台开放性→ 共生变化	阿里巴巴通过开放云计算平台,鼓励原有合作企业的转型,通过开放自身资源、技术来换取合作企业的资源,其开放性影响共生关系的转变
平台开放性→ 共生识别	平台是阿里巴巴和大企业合作的基础,大企业基于平台的灵活性和成本来选择与阿里共生

资料来源:根据案例相关资料整理。

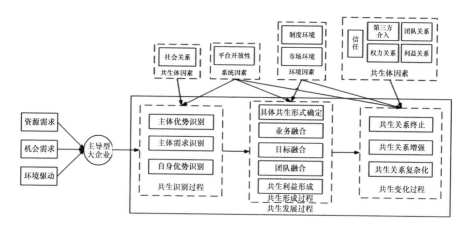

图5.17　阿里巴巴和支配型大企业的共生发展过程

资料来源：根据案例相关资料整理。

3. 阿里巴巴和金融机构的共生发展过程

1999 年以来，阿里巴巴和多个金融机构进行共生，包括以软银为代表的风险投资机构，以中国工商银行、邮储银行等为代表的银行，以天弘基金为代表的基金机构，及以众安保险、国泰产险为代表的保险机构等多种类型，共计200 多个主体。通过对阿里巴巴和金融机构的案例数据资料进行扎根分析，共形成聚焦编码45 个，并通过轴心编码将其分为 8 个类属和21 个类属维度（见表5.6，其中初始编码只进行了部分列举）。在识别类属之间的9 条典型关系（见表5.7）基础上，构建"阿里巴巴和金融机构共生发展过程"的故事线（见图5.18）。

由此，阿里巴巴和金融机构的共生发展过程可以描述为：在制度、市场环境的影响下，产生对于资源的需求，从而选择与金融机构进行共生。在共生发展过程中主导型大企业通过识别主体的优势与自身的需求进行对应，并且识别对方的需求与自身优势匹配的后，通过确定具体的共生资源交换形式和共生关系，形成统一的发展目标来获得共生利益。在环境因素、系统平台开放性和共生体间关系的影响下，大企业和金融机构的共生关系发生变化，共生关系增强、复杂化、终止等趋势出现。

表5.6　　　　　阿里巴巴和金融机构共生发展过程扎根编码

轴心编码		聚焦编码	案例初始编码列举
类属	类属维度		
企业需求	资源需求	资金需求	1999年自身发展艰难、生存和发展需要资金支持、2005年需要资金注入、2008年微贷融资需求、解决中小企业贷款难问题
		备付金率	2013年推出余额宝降低自身备付金率的压力、巨大资金沉淀
		支付需求	2005年解决国际支付难题、2005年解决网上交易支付安全问题
		行业利益	2010年保险行业的利益驱动、保险可以深入各类领域中
		进入需求	2014年德邦基金获得券商和期货两类牌照
环境驱动	市场环境	行业市场	2005年互联网寒冬、2008年国际金融危机、2015年个人信用行业刚刚起步、2015年指数行业的机会
		竞争对手	2005年吸收美国Paypal的经验、2015年百度等巨头抢滩指数市场
	制度环境	政策驱动	2013年人民银行全面放开金融机构贷款利率管制、"互联网+"政策、法律法规对小贷公司发展的限制、保险投资新政策；2013年6月央行支付机构备付金办法规定抑制备付金规模扩大
共生识别过程	主体优势	专业优势	招联金融的业务优势、软银互联网经验和隐性知识、软银品牌优势、软银国际化优势、Paypal国际支付能力、工商银行雄厚实力
		风控优势	东方资产的资产和风控能力、银行的风险控制能力
		布局优势	恒生电子在互联网行业充分布局、兴业银行在农村金融、普惠金融方面布局前瞻、德邦基金一直将互联网金融作为突围抓手、华夏银行积极布局互联网金融业
		社会关系	天弘基金稳健可靠的股东背景、软银的互联网社会关系
	主体需求	服务需求	金融公司提供更好金融服务需求
		转型需求	金融机构互联网转型需求、基金公司想打破依赖银行的被动局面
		市场需求	银行存款需求、风险投资意向、保险公司互联网市场需求
	自身优势	互联网优势	灵活性和互联网优势、客户优势、沉淀资金优势、技术优势、数据优势、平台优势
共生形成过程	具体共生关系确定	业务合作	2010年和保险公司合作推出多种保险；2013年与天弘基金合作推出余额宝；2015年与博时基金合作推出"淘宝100"指数
		多方面合作	2015年东方资产和阿里在招财宝和多个业务板块进行合作；2005年以来与银行合作推出多种业务；2013年民生银行与阿里在互联网终端业务上形成合作战略；2015年华夏银行与蚂蚁金服多方面合作
		平台销售	2010年通过淘宝平台销售保险，通过淘宝平台销售基金

续表

轴心编码		聚焦编码	案例初始编码列举
类属	类属维度		
共生形成过程	具体共生关系确定	资源共享	2015年"互联网推进器计划"与金融机构共享自身数据、平台、技术、云等资源，换取金融机构专业资源；2015年通过"招财宝"为金融机构融资提供支持服务
	具体共生形式确定	投资	2013年投资保险公司、2015年间接持股恒生电子；2015年邮政、人寿等金融机构战略注资蚂蚁金服；2013年投资天弘基金；2015年投资数米基金；1999—2002年高盛、软银、亚洲投资公司的风险投资
		合资成立新组织	2013年合资成立保险公司、2015年合作成立三潭金融、共同投资恒生聚源和数米基金
	业务整合	业务融合	2010年通过阿里巴巴平台销售保险；2013年德邦和蚂蚁金服合作，双方系统对接；2013年支付宝和天虹基金形成对于余额宝产品起售点的讨论和统一；2005年转账业务合作方式；2008年贷款业务合作方式；2015年"淘宝指数"合作方式
		资源整合	2015年蚂蚁金服的客户和数据和恒生电子的金融上市平台深度整合；蚂蚁金服投资资本用途；2015年蚂蚁金服和金融机构的资源互换；2000年阿里巴巴和风投机构的资金融入协议
	目标融合	共同目标	2005年和银行共同进军第三方支付市场；2015年共同推动普惠金融的发展；软银对阿里巴巴发展目标的理解和跟随
		目标互补	华夏银行的第二银行目标和蚂蚁金服的目标互补
	共生利益	共同发展	有助于双方协同和进一步发展；支付宝、基金公司和客户均可以从余额宝获取收益；扩大市场范围；扩张海外市场
		规模经济	蚂蚁金服和多金融机构合作获得规模经济，享受共生红利
		降低失败率	降低金融机构转型失败率，缩短转型时间
共生发展过程	共生关系增强	合作增加	与银行合作推出转账、快捷支付、贷款、兑换等多种业务
		资本合作增加	在持股恒生电子的基础上，与恒生电子合作成立三潭金融，共同投资恒生聚源，并投资恒生数米基金
		资本注入增加	2013年与天弘基金的合作从投资到绝对控股；2015—2016年邮政两次注资蚂蚁金服；2000年、2004年软银两次注资阿里巴巴

轴心编码		聚焦编码	案例初始编码列举
类属	类属维度		
共生发展过程	共生关系复杂化	多种共生方式	2010 年保险公司在淘宝销售保险产品的基础上与淘宝共同推出保险业务；2015 年博时基金在淘宝上销售基金产品的基础上与蚂蚁金服共同推出"淘宝 100"指数；2015 年在与银行、保险机构、基金机构等多种金融机构合作的基础上，通过蚂蚁金服的"互联网推进器"计划共享资源；2008 年软银与阿里巴巴成立日本公司
		竞争出现	2013 年银行与阿里巴巴在余额宝业务方面的冲突、2015 年银行与阿里在网商银行业务方面的冲突
	共生关系终止	合作关终止	2010 年阿里巴巴和工商银行、建行银行的贷款合作中途停止
		投资退出	2004 年高盛退出、2005 年软银要求套现
环境因素	制度环境	政策监督	2013 年支付宝销售基金面临政策严管，采用多种规定限制余额宝的增长；2015 年蚂蚁金服的活动受到央行的限制
		政策支持	2014 年"互联网＋政策"的支持，2015 年互联网金融多次被写进政府工作报告；2013 年保险投资新政策的支持；阿里金融获得政府支持
	市场环境	行业环境	2013 年互联网金融产业发展活跃；"互联网＋金融"的融合趋势；互联网技术对金融机构发展的冲击和挑战
		竞争对手	2015 年蚂蚁和德邦的联合受到来自券商和平台对手的竞争；2015 年蚂蚁金服的竞争不断加剧
系统因素	平台开放性	平台开放性	蚂蚁金服"金融云平台"开放性；蚂蚁金服"招财宝"平台的开放性
	网络密度	合作伙伴数量	和阿里巴巴合作的银行数量
共生体关系	团队关系	股东内讧	天弘基金股东内蒙古君正和阿里巴巴的内讧
	利益关系	利益分配	银行和阿里巴巴对于贷款合作的利益分配
	目标一致性	目标一致性	银行和阿里巴巴对于贷款发放的目标不一致
	社会关系	社会网络关系	德邦基金母公司的德邦证券，德邦证券的控股公司是上海复星，上海复星是阿里巴巴的主要合作企业；恒生聚源和数米基金是恒生电子下属企业，阿里巴巴和恒生共同为其注资

资料来源：根据案例相关资料整理。

表 5.7　　　阿里巴巴和金融机构共生发展过程类属典型关系整理

关系	具体案例资料说明
制度环境→ 共生变化	余额宝是由支付宝与天弘基金合作合作推出的，支付宝没有基金销售牌照而受到制度监管，支付宝通过入股天弘基金获取基金牌照，降低制度的影响作用
市场环境→ 共生变化	互联网金融行业发展迅速，互联网技术的使用及利率市场化等给金融业的发展带来冲击，在市场环境的影响下，传统金融机构面临转型，阿里巴巴通过搭建蚂蚁金服平台，在与金融机构合作的基础上，通过自身的技术、资源帮助金融机构的改革，实现了进一步的共生
共生网络密度→ 共生形成	支付宝基于自身的沉淀资金资源与银行开展转账业务的合作，由于资源的有限性，在自身沉淀资金总量变化不大的情况下，不断增加合作银行的数量摊薄了银行的利益，限制了共生关系的形成
平台开放性→ 共生关系形成	蚂蚁金服搭建平台，通过开放云计算、数据和技术等资源来换得金融机构的专业资源，形成平台共享的共生方式。平台开放使金融机构易于获得自身所需的资源，和蚂蚁金服达成共享模式
平台开放性→ 共生变化	蚂蚁金服推动全面开放，增加主体与蚂蚁金服共生的灵活性，从而便于共生关系的转换
团队关系→ 共生变化	阿里巴巴与天弘基金另一股东的关系破裂导致了共生关系的改变，阿里巴巴增资并获得天弘基金的绝对控制权
利益关系→ 共生变化	阿里巴巴和银行在贷款业务上的利益分配出现问题，导致了阿里巴巴和银行初期贷款业务的合作中断
目标一致性→ 共生变化	阿里巴巴希望银行为其生态系统中发展良好的中小企业提供贷款业务，但是由于银行客户群体和行业规范的限制，双方对于共生目标一致性发生变动，导致了阿里巴巴和银行初期贷款业务的合作中断
社会关系→ 共生识别	德邦基金的大股东德邦证券，而上海复星集团又是德邦证券的控股母公司，上海复星集团与阿里巴巴的合作源远流长：复星是蚂蚁金服发起设立的浙江网商银行的出资人之一，占股比例仅次于阿里巴巴，同时还是阿里小贷的发起股东之一，因此蚂蚁金服确认参股德邦基金

资料来源：根据案例相关资料整理。

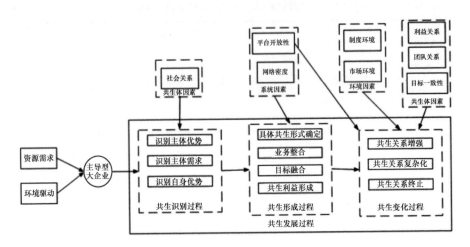

图5.18 阿里巴巴和金融机构的共生发展过程

资料来源：根据案例相关资料整理。

4. 阿里巴巴和政府及公共机构的共生发展过程

阿里巴巴主要与杭州市人民政府、工商联、各地政府、药监局、公安部及多国家政府机构等多个政府及公共服务部门产生了共生关系，通过阿里巴巴与政府及公共机构共生发展过程的扎根分析，共形成了25个聚焦编码，通过轴心分类形成了6个类属和8个类属维度（见表5.8，其中对初始编码只进行了部分整理），在识别了类属之间1条典型关系（见表5.9）的基础上，形成了"阿里巴巴和政府及公共机构共生发展过程"的故事线（见图5.19）。

阿里巴巴和政府及公共机构共生的过程描述为：在阿里巴巴基于自身对资源需求和市场环境影响的基础上，阿里巴巴选择与政府合作来获取自身所需的资源。阿里巴巴主要识别了政府及公共机构的优势和需求，通过自身的优势满足对方的需求达成共生的一致目标。之后，阿里巴巴和政府及公共机构的共生开始演进，双方确定了共生的具体形式，形成了典型的共生关系。而随着生态系统的不断发展，阿里巴巴和政府及公共机构的合作朝向稳定的方向发展。

表5.8 阿里巴巴和政府及公共机构共生发展过程编码

轴心编码		聚焦编码	初始编码列举
类属	类属维度		
企业需求	资源需求	资金需求	2015 年蚂蚁金服融资需求
		治理需求	2010 年对网络秩序的管理
		市场需求	2015 年阿里云服务需要政府市场的支持；2015 年阿里巴巴国际化需求；2004 年扩大电商市场
		土地资源需求	2013 年菜鸟物流和多地政府合作建立仓储节点
		数据需求	2013 年公安网数据、2014 年气象局数据需求
环境驱动	市场环境	行业发展	2010 年农产品的巨大商机；农产品的销售难度较大，供应链不完善，发展问题被广泛讨论
		市场监督	2010 年淘宝假货事件引发市场和舆论的反应
共生识别过程	主体优势	准入优势	政府的支持和许可
		资金优势	社保基金的资金优势
		数据优势	公安网、气象局的数据优势
		治理优势	药监、工商、警方的治理优势
		信用优势	公安部的信用优势
	主体需求	经济发展	农业发展需求；税收；2015 年韩国政府着眼于普惠金融；2009 年澳门当局和阿里巴巴合作，可以提升电子商务能力；看好互联网金融的发展
		就业	阿里巴巴及阿里生态的发展带动就业
		经验	社保基金获得资本运作经验
		互联网需求	韩国、意大利、法国、阿拉伯国家、中国澳门对于互联网技术及互联网金融的需求
	自身优势	互联网优势	电商交易数据和蚂蚁金服的互联网金融数据
共生形成过程	具体共生形式确定	进入当地市场	2009 年阿里巴巴进入中国澳门市场，中国澳门企业购买阿里巴巴服务；2015 年进入意大利、法国、阿拉伯市场，提供电子商务服务
		当地企业合作	2015 年与韩国电信等企业成立 KBANK；2015 年与阿拉伯企业合作成立合资企业
		建立合作机构	2012 年菜鸟物流在多地购买土地建立仓储节点；2010 年建立淘宝特色馆与多地政府合作

续表

轴心编码		聚焦编码	初始编码列举
类属	类属维度		
共生形成过程	具体共生形式确定	协同合作	2004 年和杭州市人民政府合作联合举办网商大会；2013 年合作对接建立仓储设施；2015 年与公安网、气象局数据合作；"只恋爱不结婚"
		双元治理	2002 年与工商联和国务院发展研究中心发起设立诚信日倡议；2010 年与警方、药监、海外禁毒机构等协同合作
		产品服务	2015 年推出面向政府开放的大数据产品
共生发展过程	共生关系稳定化	长期共生	阿里巴巴和政府的合作一直存在，且合作内容不断增加
环境因素	市场环境	经济危机	2009 年经济危机对澳门出口的影响

资料来源：根据案例相关资料整理。

表 5.9   阿里巴巴和政府及公共机构共生类属典型关系整理

关系	具体案例资料说明
市场环境→共生识别	经济危机影响中国澳门出口，导致当地经济发展困难，中国澳门贸易投资局选择阿里巴巴，依靠阿里巴巴的互联网技术，通过阿里巴巴与当地企业合作，促进当地企业的发展

资料来源：根据案例相关资料整理。

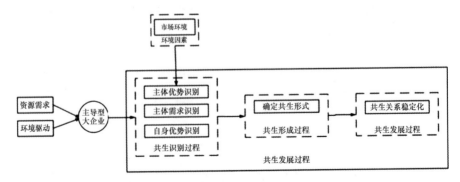

图 5.19   阿里巴巴和政府及公共机构共生发展过程

资料来源：根据案例相关资料整理。

5. 阿里巴巴与大学及研究机构的共生发展过程

从成立到现在，阿里巴巴通过建立学校、学院、发起培训计划的方式与杭州电子科技大学、杭州师范大学等众多大学共同培训电子商务人才；也与研究机构进行相关技术的合作，更通过建立研究院的方式与研究机构和研究者进行基础研究的合作。通过对阿里巴巴与大学及研究机构的共生发展过程进行扎根编码分析，形成了 22 个聚焦编码，通过轴心编码分类，形成了 6 个类属和 10 个类属维度（见表 5.10，其中对初步编码只进行了部分整理），通过识别了 1 条类属间的典型关系（见表 5.11）后，形成了"阿里巴巴与大学及研究机构共生发展过程"的故事线（见图 5.20）。

阿里巴巴与大学及研究机构的共生发展过程可以描述为：在对技术、人才等资源和环境的驱动下，主导型大企业通过识别大学及研究机构的优势、需求和自身所能提供的优势，与它们建立合作关系，通过确定共生形式和关系，共生得以形成，而随着生态系统的发展，阿里巴巴与大学及研究机构的共生关系不断增强。

表 5.10　　　　阿里巴巴与大学及研究机构的共生发展过程编码

轴心编码		聚焦编码	初始编码列举
类属	类属维度		
企业需求	资源需求	人才需求	2005 年电子商务技术人才、2015 年创业者需求
		基础研究需求	2015 年互联网行业相关基础研究需求
		技术需求	2015 年量子技术需求
		生态资源	2015 年创业文化、创业企业资源
环境驱动	市场环境	竞争对手	2015 年云相关技术的中美争夺
		行业环境	电子商务行业的发展；2015 年 DT 时代的到来
	制度环境	政策推动	2015 年"大众创新万众创业"；2015 年政府对跨境电商的支持
共生识别过程	主体优势	技术优势	中科院的科研能力
		专业优势	杭州师范大学的电商重点专业；关注跨境电商、DT 技术的业界顶尖学者、机构
	主体需求	知识需求	对于电子商务知识的需求

续表

轴心编码		聚焦编码	初始编码列举
类属	类属维度		
共生识别过程	主体需求	发展需求	杭州师范大学希望成为省内、国内顶尖大学
	自身优势	互联网优势	互联网平台优势、互联网数据优势、电商知识优势
		成功经验	阿里创业成功经验和品牌优势
共生形成过程	具体共生形式确定具体共生关系确定	联合成立学院	联手杭州电子科技大、英国亨利成立阿里学院；与杭州师范大学合作成立阿里巴巴商学院；2015 年联合复星、银泰和清华、北大管理学院院长联合成立民办大学——湖畔大学
		合作培训	2006 年淘宝大学给高校老师讲课，为学生提供实战场景；2007 年和江浙地区 20 所高校合作建立实训基地；2008 年与多所学校共同发起"明日网商计划"；2010 年阿里学院通过"阿里 e 学院""鱼苗计划"等与众多高校合作电子商务人才培训
		技术合作	2015 年阿里云与中科院合作进行量子技术的研究；2005 年联手北京大学网络经济研究中心和华夏信用咨询公司推出阿里指数
		成立研究院	2015 年通过阿里研究院与业界顶尖学者机构合作；2015 年成立研究中心对接跨境电商、DT 相关研究者
		开放研究计划	2013 年通过开放阿里数据与互联网行业众多研究者合作
	确定合作内容	合作方式确定	共同推出创新数据产品、研究报告和研究案例；确定成立阿里商学院的具体设置、定位和规则
		负责内容确定	不同位置的高校、社科院和阿里研究中心贡献不同的知识；中科院负责技术前端性基础研究，阿里负责应用层技术转化
共生发展过程	共生关系增强	培训合作方式增加	阿里巴巴不断推出多种培训方式与众多高校合作培训电子商务人才
共生体因素	社会关系	个人社会关系	杭州师范大学是马云的母校

资料来源：根据案例相关资料整理。

表5.11 阿里巴巴与大学及研究机构的共生发展过程类属典型关系整理

关系	具体案例资料说明
社会关系→ 共生关系识别	杭州师范大学是马云的母校，为了更好地促进母校的发展，阿里巴巴与杭州师范大学联合成立阿里商学院

资料来源：根据案例相关资料整理。

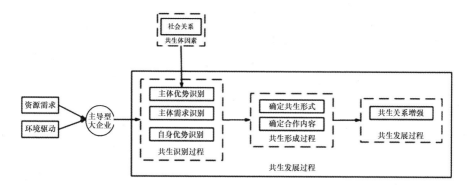

图5.20 阿里巴巴与大学及研究机构的共生发展过程

资料来源：根据案例相关资料整理。

6. 阿里巴巴与专业服务机构的共生发展过程

阿里巴巴发展过程中，主要与信用评价机构、电子商务协会、行业网站、展览协会、公益机构为主体的专业服务进行共生。通过对阿里巴巴与专业服务机构的公共过程编码分析，共得到了聚焦编码17个，形成了5个类属和8个类属维度（见表5.12，其中初始编码只进行了部分列举），基于对类属之间典型关系的整理形成了阿里巴巴和专业服务机构的共生发展过程故事线（见图5.21）。

阿里巴巴与专业服务机构的共生发展过程可以描述为：在阿里巴巴对多种服务资源的需求和环境影响下，阿里巴巴与专业服务机构产生了共生关系。共生发展过程经过了识别、形成到发展的阶段，在识别阶段，主要是阿里巴巴对所需服务机构专业优势的识别，通过识别选择可以共生的服务机构，双方形成确定的共生方式，释放共生利益，从而形成共生关系。渐渐地，部分专业服务机构由于不再符合生态系统的需求而退出生态系统，而部分专业服务机构也由于自身的独有服务，始终在生态系统中起到稳定的作用。

表 5.12   阿里巴巴与专业服务机构的共生发展过程扎根编码

轴心编码		聚焦编码	初始编码列举
类属	类属维度		
企业需求	资源需求	信用评价	2002 年电子商务企业信用瓶颈需求
		信息需求	2007 年电子商务垂直行业信息需求
		服务需求	2007 年线下服务需求、客户服务需求
		广告需求	2005 年自身品牌宣传需求
		社会责任	2008 年环保、残障等方面的企业责任
环境驱动	市场环境	竞争环境	2008 年 B2C 电子商务企业分分涉足会展业；2005 年 ebay 与中国主要门户网站签订广告协议
		行业发展	会展和电子商务结合是发展趋势
共生识别过程	主体优势	专业优势	信用评价专业优势；服务优势、会展服务优势
		灵活性优势	中小广告企业的灵活性
		信息优势	电子商务协会的会员优势；行业协会的信息优势
共生形成过程	共生关系确定	合作推出新服务	2002 年联手邓白氏推出"诚信通业务"；2007 年和行业网站合作提供行业咨询；2008 年合作成立国际会展联盟；联合环保厅、环境组织发起水环境保护项目；2010 年与杭州残联、深圳残友集团合作，培训残障人士
		委托合作	2002 年开始委托信用评价机构进行身份认证、信用调查；2005 年委托进行呼叫服务；2005 年委托广告服务
		合作方式确定	2010 年为残障人士推出培训项目，帮助就业；2008 年成立展览联盟，作为主要发起者，联合展览行业产业链主体；成立"网商大会"，阿里巴巴负责召开
	形成共生利益	降低成本	降低企业运营成本
		专注自身优势	与信用评价机构的合作，专注自身电商业务
		优化商业模式	与行业协会等的合作，帮助优化电子商务商业模式
共生发展过程	共生关系稳定化	长期共生	阿里和公益机构、行业协会的共生具有长期性
	共生关系终止	合作结束	阿里和信用评价机构的合作由于自身业务的发展而结束

资料来源：根据案例相关资料整理。

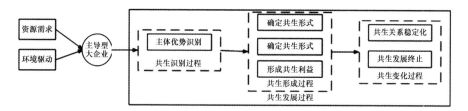

图 5.21 阿里巴巴与专业服务机构的共生发展过程
资料来源：根据案例相关资料整理。

（三）阿里巴巴和各类主体的共生发展对比分析

1. 共生发展过程对比分析

通过对阿里巴巴和创业企业、互补大企业、金融机构、政府及公共机构、大学及研发机构、专业服务机构的共生发展过程的扎根分析，发现阿里巴巴和各类主体的共生均经历了从共生识别、共生形成和共生发展的过程。在共生识别过程中，主要基于自身的需求经历了识别主体优势需求和自身的优势，这是一个与主体互相匹配的过程。例如，在和创业企业的共生识别过程中，阿里巴巴首先基于自身的机会和资源需求去寻找与之匹配的主体，发现创业企业在该方面的优势，如阿里巴巴在发现了金融服务的创新机会时，基于对这方面的需求，发现了"Face +" +在刷脸技术方面和 VKEY 在加密技术方面的优势，并且识别到"Face +" +和 VKEY 作为创业企业所具有资源、发展方面需求，而创业企业也识别到了阿里巴巴在资本、服务、生态方面的优势，从而形成彼此的需求和优势匹配关系。同理，在与支配型大企业、大学及研究机构、金融机构、政府及公共机构和专业服务机构的共生发展过程中也存在双方的匹配。

而在匹配成功后，双方为了获得共生的利益，基于双方的匹配关系产生共生形成过程，双方会进行业务的交换和整合，也会进行其他方面的融合，进而形成具体的共生关系，释放出共生的利益。如阿里巴巴在和苏宁等支配型大企业共生形成过程中存在"平台对接、确定双方所要提供的服务和资源、形成在物流、服务方面的深度融合，并且无缝对接双方的技术团队成员，并且通过双方交叉持股的方式"来达成一致的发展目标，形成共生关系。同样在与创业企业、大学及研究机构、金融机构、政府及公共机构和专业服务机构的共生也会存在双方融合进而形成共生的过程。

而阿里巴巴和各类主体的共生形成后都不是一成不变的，会经历复杂的变化。从扎根编码中可以发现，阿里巴巴和各类主体的共生基本都朝向"一体化""复杂化""不断增强""稳定发展"的方向变化。

命题1：共生发展过程是一个动态变化的过程，会经历从共生识别、形成到发展的三个不同阶段。

命题1.1：识别阶段是主导型大企业和各类主体之间互相匹配的过程；

命题1.2：形成阶段是主导型大企业和共生主体在业务、目标、团队等多方面进行融合，确定共生形式，释放共生利益的阶段；

命题1.3：发展阶段是主导型大企业和共生主体共生关系发生复杂变化的阶段；

命题1.4：在大企业主导型创业生态系统中，主导型大企业和各类主体的共生发展主要朝向更加紧密和稳定的方向发展。

通过对上述过程对比发现，阿里巴巴和不同类型主体的共生发展过程是不同的。从阿里巴巴和创业企业的扎根中发现，阿里巴巴和创业企业的共生发展方向是共生的一体化。其主要原因可能在于主导型大企业与对于创业企业所带来的机会和资源的强大需求，以及由于主导型大企业对创业企业的发展不断注入资金，支持创业企业的发展，或由于主导型大企业为了更好地掌握创业企业的管理权力和资源，以及规避竞争对手的竞争和创业企业的机会主义，通过并购的一体化共生方式，完全掌握创业企业，从而在降低资源交易成本的同时更进一步地整合双方的资源和优势。

而和支配型大企业以及金融机构的共生发展过程主要朝复杂化的方向发展，从而达成稳定长期的共生关系。相对于创业企业的共生，和支配型大企业和金融机构的共生具有较低的稳定性，更容易导致共生关系的破裂。首先由于支配型大企业和主导型大企业均具有整合上下游资源的能力和扩大自身生态系统地位的需求，因此会产生业务重叠，进而导致双方关系的弱化。而由于双方对于权力和利益的要求、双方之间权力和利益等方面的不协调，也会导致共生关系的破裂。因此，为了更好地和支配型企业共生，主导型大企业通过与支配型大企业多方资源的整合而建立复杂的共生关系，形成双方业务的深度交叉，进而更好地使共生关系朝向稳定的方向发展。和金融机构的共生也朝复杂化的方向发展。金融机构的主要存在目的是为生态系统的发展注入源源不断的资金，保证生态系统内部主体的金融资源需求。在对阿里巴巴和金融机构共生发展过程的研究中发现，阿里巴巴通过不断地与金融机构共生，从而满足生态系统的各类主体金融资源需求，因此共生关系不断复杂化。

和政府及公共机构、大学及研究机构和专业服务机构的共生主要朝稳定化的方向发展。阿里巴巴和政府及公共机构的共生是为了网商发展的合法性以及获取土地、资金、公共数据等资源，而政府及公共机构通过对阿里巴巴的合作，扶持促进经济的发展。政府的资源是阿里巴巴生态系统任何发展阶段不可缺少的资源，政府是一个不可或缺的合作伙伴，因此需要和政府及公共机构保持稳定的合作共生关系。人才是生态系统得以存续和发展的基础，因此主导型大企业基于人才和基础技术的需求不断与大学及研究机构合作。阿里巴巴和大学及研究机构的合作主要基于人才培养的合作，阿里巴巴和大学及研究机构共建学院、学校、培训机构来培训相关人才；而技术方面相对较少，主要原因在于国内研究机构相关技术的落后，如阿里巴巴在云计算相关领域的技术和智能领域的技术合作，主要是通过与企业的联合来实现的。除了政府及公共机构、大学及研究机构外，主导型大企业也和专业服务机构进行共生，在阿里巴巴生态系统中专业服务机构是典型的服务者（Commodity）角色，为阿里巴巴生态系统的主体提供如信用评价、广告服务和展览等专业服务，而随着阿里巴巴自身的发展，信用评价、广告等相关服务被阿里巴巴自身业务所替代，专业服务机构的作用消失，从而退出了生态系统。还有一类机构如行业服务、展览机构、公益服务机构等是阿里巴巴生态系统与外界联系的桥梁，这类机构与阿里巴巴的共生主要朝稳定的方向发展，阿里巴巴通过与该类主体的长期合作源源不断地获取外部信息和提升自身形象。

命题2：大企业主导型创业生态系统中主导型大企业和各类主体的共生发展方向具有差异性。

命题 2.1：主导型大企业和创业企业的共生发展方向朝一体化的方向发展；

命题 2.2：主导型大企业和支配型大企业、金融机构的共生方向朝复杂化的方向发展；

命题 2.3：主导型大企业和政府及公共机构、支配型大企业、金融机构的共生方向朝稳定化的方向发展。

2. 共生驱动因素对比分析

从阿里巴巴和创业企业、支配型大企业、政府及公共机构、金融机构、大学及研究机构、专业服务机构的共生发展过程扎根编码中可以发现，阿里巴巴和各类主体共生的驱动因素均来自环境和自身需求两部分，但是也存在区别。和创业企业共生的驱动因素主要在于对机会的需求，为了获得创新性技术和新进入优势，而选择创新性的创业企业共生。但是也会选择与生态系统利基位置的创业企业形成共生关系，从而弥补自身的缺陷，填补生态系统的利基位置，完善生态系统。和支配型大企业共生的主要驱动因素在于阿里巴巴产生了对生态系统发展关键资源的需求，为了获得优质的相关资源，产生更强的生态系统竞争优势，从而选择与支配型大企业共生，但是为了获得相关行业的发展机会，也会与该行业发展良好的支配型大企业进行共生，从而更好地获得进入该行业的机会，通过强强联合的方式获得该机会的开放。对比分析创业企业和支配型企业的需求，发现阿里巴巴通过机会需求来选择共生主体，与该行业的发展情况相关，在创新性较强的机会发现后，如阿里巴巴对 OTO、智能领域、无线领域的机会发现后，主要选择与该行业的创业企业进行共生，因为行业的整体发展相对不成熟，创新性强，尚未有占据核心资源的支配型大企业出现；而对于成熟行业，阿里巴巴主要与该行业的支配型大企业共生，从而获得该行业的关键资源，更好地开发机会，但同时也会和该行业的创业企业进行共生，获得创新性的机会和资源，从而更好地发展。

与金融机构、政府及公共机构、大学及研究机构和专业服务机构共生的主要驱动因素是对资源的需求。从扎根编码中发现，阿里巴巴与政府及公共机构共生的主要驱动因素在于对合法性、资源和治理的需求，为了获得政府及公共机构相关资源的需求以及与政府等共同治理生态系统，而选择与政府进行共生。而与金融机构的共生主要是对资金、专业服务能力和相关行业经验的资源需求，与大学及研究机构的合作在于对人才资源的需求，与专业服务机构的合作在于对相关行业专业服务的资源需求。这与 Meyskens et al.（2010）所发现的结论具有相似性，和不同类型主体共生的目的是获取不同的资源，和政府及公共机构的共生是为了获得物质、金融、政策等资源，和大学及研究机构的共生是为了获得人才等资源，和专业服务机构的共生是为了获得专业领域的相关技能。

命题 3：大企业主导型创业生态系统中主导型大企业与各类主体的共生主要在于自身需求和环境因素的驱动。

命题 3.1：和创业企业共生的主要驱动因素在于对机会的需求，也有对互补资源的需求；

命题 3.2：和支配型大企业共生的主要驱动因素在于对关键资源的需求，也有机会的需求；

命题 3.3：和金融机构、政府及公共机构、大学及研究机构和专业服务机构共生的主要驱动因素在于对所需资源的需求。

（四）阿里巴巴生态系统发展过程共生变化分析

阿里巴巴基于自身电子商务平台、物流、金融、大数据、技术等方面的发展，形成了一个相对完整的生态系统。该生态系统的形成是阿里巴巴不断与各类主体共生所带来的结果，因此阿里巴巴和各类主体的共生是随着阿里巴巴生态系统的整体发展而不断变动的。

从阿里巴巴的发展历程中可以发现，阿里巴巴的发展经历了四个主要阶段（李华军，2015），其中 1999—2004 年是阿里巴巴的生存阶段。在该阶段，其主要目的是促进自身的生存和发展，其主要关注的是 B2B 业务，也通过与投资机构、信用评级机构的合作来获得自身发展所需的资金和其他资源，但是并未形成生态系统的战略。而阿里巴巴构建生态系统的战略始于 2003 年建立淘宝、推出支付宝等业务，并提出"meet at alibaba"战略，不断与银行、企业等主体共生搭建电商业务的产业链条，阿里巴巴从自身的电子商务平台业务开始进行多元化发展，进入生态系统的发展过程。随后阿里巴巴生态系统的发展经历了初创、成长和更新三个不同的发展阶段（Moore，1993），通过案例分析，在不同的发展阶段，阿里巴巴首先不断整合自身的业务，采取不同的战略类型（Rong et al.，2013），不断将新的主体类型引入生态系统与之共生，也伴有主体的退出；根据扎根分析，阿里巴巴和各类主体的共生关系发生了复杂的变动，从而导致了阿里巴巴生态系统共生网络的变动，进而使阿里巴巴的生态系统不断发展（见图5.22）。

2004—2007年是阿里巴巴生态系统的初创阶段，在该阶段阿里巴巴推出了"work at alibaba"三步走战略，旨在建设一个电子商务行业的完整生态链。在这个阶段，阿里巴巴的主要共生需求是对电商生态链资源的需求，包括电商市场、搜索、广告、物流以及支付等相关资源的需求。首先，阿里巴巴自身业务范围扩大，在B2B业务的基础上，增加了C2C电商业务，并在电商链条端增加了支付宝、阿里妈妈、阿里软件等负责完成电商中小企业所需的相关服务，还建立了阿里学院培训相关的电子商务人才。而这些业务的形成和拓展是建立在阿里巴巴与各类主体共生的基础上的，首先，阿里巴巴通过与软银等投资机构的共生获得资本，拓展了自身业务，建立了淘宝和支付宝业务，也开始与金融机构一起为电商企业的发展提供相关服务。以与英国亨利学院、杭州电子科技大学为代表的研究机构合作，为自身、电商行业企业提供人才培训；与联想、MSN、英特尔、微软、思科等大企业合作，为电商相关企业提供软、硬件设施；和雅虎在搜索引擎方面合作，提供电商所需技术的服务；和大田物流、宅急送、亚风物流等创业企业合作，提供物流服务；和奥美国际、讯飞科技等专业服务机构合作，提供信用和客服相关服务；也开始和政府、行业发展协会合作，举办网商大会，为电商行业相关企业进行宣传和服务。通过与这些主体的合作，阿里巴巴自身不断得到发展，并于2007年年底在香港成功上市，实现了生态链的初步建立。在该阶段，阿里巴巴生态系统共生网络的主要特征是处于阿里巴巴与各类主体共生关系的识别和形成阶段，通过大企业与各类主体的联合构建自身的相关服务，基于与各类主体的共生形成初步的生态链条。

2007—2011年是阿里巴巴生态系统的成长阶段，在该阶段，在大淘宝战略和生态系统战略影响下，阿里巴巴开始建立电子商务生态系统。驱动阿里巴巴共生的主要需求在于电商生态系统相关资源和电商生态相关利基机会，如对于物流、电商、搜索、支付、贷款等资源的进一步需求，以及对于数据分析、社交媒体、团购等电商生态利基机会的需求。在这些需求的促进下，阿里巴巴自身的业务和共生主体数量及类型都进一步扩大。在自身业务方面，形成了以阿里巴巴 B2B、天猫、淘宝网等为主要基础的完整电商平台，并且合并了雅虎口碑，阿里妈妈并入电商，以阿里软件为基础成立阿里研究中心，并成立阿里云中心、阿里商学院和淘宝大学等，从而使自身的业务进一步发展。阿里巴巴的共生主体数量进一步扩大，金融机构包括以光大银行、浦发银行、交通银行等为代表的 100 多家银行，与亚马逊、丸井百货、巨人网络、联通、华数、天语、海尔等多家电商生态业务的支配型大企业进行合作；与浙江地区的众多高校进行了合作，与杭州师范大学合作建立阿里商学院；与澳门投资局、警方等政府投资和监管机构进行合作；还与 UC、万网、星辰急便、一达通、CNZZ、美团、上海宝尊、丁丁、陌陌等电商生态初创企业合作，从而使共生主体的数量扩大，从链条状网络转向网状网络。通过与这些主体的进一步合作，阿里巴巴电商生态链条的互补缺口得以打通，物流、社交、数据分析等多方面的互补主体融入生态系统。除了新主体的加入，阿里巴巴与原主体的共生关系也得到了发展，通过建立良无限等平台对原有供应链主体和新的电商共生主体进行了融合，并与联想、微软等支配型大企业进一步合作，还与金融机构在支付业务的基础上增加贷款等多项合作业务，并通过物流宝等平台与更多的物流企业形成联盟，通过注资的方式促进物流企业的发展，使共生关系更加复杂化；另外不断和高校签订培训协议。同时，在与政府合作宣传的基础上，通过与政府及公共机构的合作对生态系统整体展开治理。此时以高盛为主要代表的投资机构和以信用评价为主体的专业服务机构退出了生态系统，而以行业服务和公益机构为主体的专业服务进入生态系统，这些机构通过与阿里共生，为阿里巴巴生态系统内部的电商行业创业企业和大企业提供所需的信息和品牌的逐步形成，搭建了生态系统与外界沟通的桥梁。阿里巴巴和各类主体的共生也为生态系统各类主体之间的共生提供条件，如阿里巴巴和金融机构合作为电商创业企业提供贷款等业务，阿里巴巴和政府联合为生态系统内部企业发展提供治理，阿里巴巴和支配型大企业的合作为创业企业和生态系统内其他企业的发展提供了所需的技术和市场等资源，阿里巴巴和行业服务、会展服务、公益机构的合作为生态系统内企业与外界沟通提供服务等。在该阶段，大企业主导型生态系统中共生网络的主要变化是共生主体数量和类型的进一步增加，而原各类主体与主导型大企业之间的关系也更加复杂化，并且各类主体之间的共生关系也开始出现。

2011 年以来是阿里巴巴生态系统的更新阶段，在该阶段，阿里巴巴电商生态系统基本形成，并以互联网技术为基础不断进行现有生态系统的完善和扩展，此时驱动阿里巴巴共生的主要因素为对外部机会的需要。在该阶段，阿里巴巴进行了自身业务的进一步整合和拓展，如建立菜鸟物流、蚂蚁金服、阿里云计算等平台，将现有业务和生态系统主体之间的共生进一步整合。通过菜鸟物流，阿里巴巴和物流企业的共生关系进一步融合，阿里巴巴将电商数据开放给物流企业，和物流企业对接平台，共同与电商相关企业进行共生；通过蚂蚁金服，阿里巴巴和金融机构的共生关系进一步融合，阿里巴巴为金融机构搭建平台，使金融机构获得资金，并将电商数据开放给金融机构，一同为电商企业提供资金；阿里云计算能够为生态系统内企业提供云计算服务，获得电商数据并通过与云计算行业企业进行技术合作，促进云计算的发展，然后将云计算所获得的数据对外开放，促进了整个生态系统的完善。除了电商生态系统主体间共生关系的完善外，阿里巴巴也引入新的共生主体进入电商生态系统，如天弘基金、东证资管、博时基金、保险公司、中证指数等多种类型的金融机构，与菜鸟物流合作的多地政府和物流企业。在电商生态系统完善的基础上，进行了生态系统的扩展。阿里巴巴生态系统的扩展主要集中在云计算、OTO、无线、智能、健康、娱乐、教育、创业服务、跨境电商等多个行业，与来自这些行业的支配型大企业、创业企业等多种类型的主体进行共生，使共生网络不断扩大。例如，高德、优酷土豆、新浪微博、快的打车、友盟等多行业的互联网创业企业，以及美的、中国邮政、阳光能源等各个行业的支配型大企业均进入阿里巴巴生态系统与阿里巴巴共生。由于电商共生网络基本形成，生态系统中汇集了大量的资源，阿里巴巴此时主要通过将现有生态系统的资源如数据、技术等开放给生态系统中原有的主体和新进入的主体，并通过蚂蚁金服提供资金支持，不断扩大生态系统的范围。除此之外，与阿里巴巴合作的研究机构进一步增加，开始与研究中心进行技术方面的合作，如阿里巴巴云计算和中科院的合作，同时进一步加强人才培训，此时不再仅仅培训电商方面的人才，而是成立湖畔学院，主要培训互联网领域的创业者。在该阶段，共生网络的特征是共生主体和类型的进一步扩大化和共生关系的进一步复杂化，电商生态系统内部形成复杂稳定的共生关系，并且在这个共生网络的基础上，通过共生网络的整体优势不断与新的主体共生形成更复杂的共生网络。

由此，通过对阿里巴巴生态系统共生网络和驱动因素的研究，发现大企业主导型创业生态系统发展阶段下共生的主要变化。

命题4：主导型大企业不断引入新的主体，并且不断发展与生态系统内部共生主体的共生关系，进而促进大企业主导型创业生态系统的发展。

命题4.1：在大企业主导型创业生态系统的不同阶段，驱动主导型大企业与各类主体共生的需求因素会发生变化。在初创阶段，驱动主导型大企业共生的主要因素是对生态链资源的需求；在成长阶段，驱动主导型大企业共生的主要因素是对生态系统资源的需求，也有对生态系统互补机会的需求；而在更新阶段，驱动主导型大企业共生的主要因素是对生态系统发展机会的需求。

命题4.2：在大企业主导型创业生态系统的不同阶段，共生网络会发生变化。从整体发展趋势来看，共生网络主体数量不断增加，共生主体类型不断增多，共生关系复杂性不断增加。在初创阶段，大企业主导型创业生态系统的共生主要是主导型大企业与各类主体的合作；在成长阶段，大企业主导型创业生态系统的共生特征是共生主体数量和类型的增加，主要共生方式是主导型大企业与各类主体的共生，并且共生关系进一步发展，开始出现主体间的共生；在更新阶段，共生特征是主导型大企业对各类主体之间的共生进行整合，形成大企业与各类主体之间的复杂共生关系，构成完善的共生网络，并且不断增加共生主体的数量和类型，通过共生网络的整体优势不断与新的主体共生形成更复杂的共生网络。

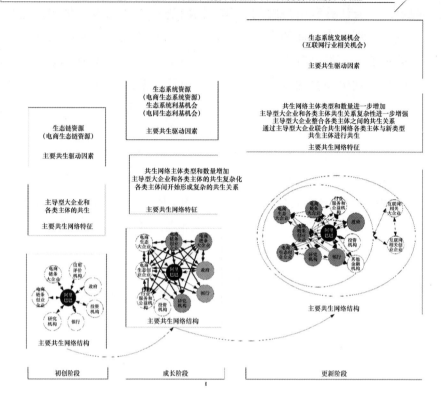

图5.22 阿里巴巴生态系统不同发展阶段的共生发展

资料来源：根据案例相关资料整理。

四 研究结论

本章发现了大企业主导型创业生态系统的结构特征，并分析了大企业主导型创业生态系统的主要共生发展过程及影响因素。选取阿里巴巴作为研究案例，通过扎根和内容分析方法相结合的方式对阿里巴巴的生态系统结构、共生主体类型和共生发展过程进行了分析，形成以下研究结论。

（一）大企业主导型创业生态系统结构

大企业主导型创业生态系统的本质是以主导型大企业为核心搭建的商业生态系统，这种生态系统汇集了多种资源，成为支撑创业的基础设施，从而构成了创业生态系统。在该生态系统中，主导型大企业发挥了主要的作用，其搭建了创业生态系统的基础平台，汇集了创业企业、支配型大企业、政府及公共机构、金融机构、大学及研究机构、专业服务机构等不同类型的主体，各类主体在生态系统中各自发挥作用，从而保证了生态系统的稳定运行。

（二）大企业主导型创业生态系统共生发展过程

1. 大企业与各类主体的动态共生发展过程

生态系统的形成和发展是主导型大企业不断与各类主体共生的过程。通过不断地与主体的共生，生态系统形成了复杂的共生网络。首先，大企业和各类主体的共生是一个动态的变化过程。共生识别、共生形成和共生发展三个不同的阶段组成了共生的动态过程。主导型大企业和不同类型主体共生发展方向存在差异性。与创业企业的共生发展朝向一体化，和支配型大企业、金融机构的发展朝向复杂化，和政府、研究机构及专业服务机构的发展朝向稳定化。大企业和各类主体共生的驱动因素来自环境和自身需求两部分，其中环境因素是诱导自身需求发生变化的原因，而自身需求是驱动共生的主要原因。从需求分析，大企业和各类主体的共生主要来自对机会和资源两类需求，其中创业企业的共生主要来自对机会的需求，也有对资源需求的影响；和支配型大企业的共生主要来自对资源的需求，也有对机会需求的影响；而和政府及公共机构、金融机构、专业服务机构、大学及研究机构的共生主要在于对各类资源的需求。

2. 生态系统发展过程中的共生变化

随着大企业主导型创业生态系统的发展，主导型大企业不断引入新的主体，从而使生态系统内部的共生关系发生变化。从整体发展趋势来看，共生网络主体密度不断增加，共生主体类型不断增多，共生关系复杂性不断增加。而在不同的发展阶段，生态系统的共生网络呈现出不同的特征。

在大企业主导型创业生态系统的不同阶段，驱动主导型大企业与各类主体共生的需求因素会发生变化。在初创阶段，驱动主导型大企业共生的主要因素是对生态链资源的需求；在成长阶段，驱动主导型大企业共生的主要因素是对生态系统资源的需求，也有对生态系统互补机会的需求；而在更新阶段，驱动主导型大企业共生的主要因素是对生态系统发展机会的需求。

第四节 创业生态系统的共生演化模型及仿真

此部分探讨创业生态系统主体的共生演化过程，基于创业企业与其他各类主体的共生关系，构建了创业生态系统共生演化模型，分析了创业生态系统主体间演化的均衡点和稳定条件以及均衡点和共生模式之间的关系，并用仿真实验分别呈现不同共生模式、初始种群规模、最大规模、自然增长率下的创业生态系统的共生演化路径。此部分所要研究的创业生态系统的共生是种间的共生，而不是种内的共生。

一 创业生态系统的共生及共生演化

从资源依赖理论来说，创业生态系统的各类主体需要不断地获取外部资源，在资源的专门性及互补性基础上（Thomas and Autio，2014），各类主体相互依赖，彼此促进，共同演化。

共生性是生态系统的特性之一，生态系统内的主体基于共同价值创造的愿景形成共生关系（Nambisan and Baron，2013），基于各自的技术和知识进行合作以构建利益共同体实现资源互补和知识共享（Nikolaou et al.，2016；Battistella et al.，2013）。对共生的需要导致系统中主体的多种互动，如认知互动、信息交换、知识流动、资源互补等（Aner and Kapoor，2010；Li and Garnsey，2014），主体间互相联系、互相影响、互相依赖（Peltoniemi，2006），共同开发新产品、新服务或开拓新市场（Zahra and Nambisan，2011），促进主体与系统的共同发展。

根据企业生命周期理论，一个相对稳定、良性循环的创业生态系统的形成需要经历一个简单线性结构向复杂网络转变的过程（Adizes，1979），而这个过程就是创业生态系统的共生演化过程。以往研究主要从知识转移、演化阶段的界定、系统层次的分析等方面探究创业生态系统的共生演化过程。Avram 和 Avasilcai（2014）从学习、知识转移的视角提出创业生态系统的共生发展过程框架。Chertow 等（2012）阐述了产业共生演化过程中在不同阶段下的系统状态及共生情况。宋晓洪等（2017）构建了共生关系识别、共生关系形成和共生关系发展三个阶段的创业生态系统共生关系模型。项国鹏等（2016）提出创业生态系统的多层级动态模型。因为创业生态系统共生关系的复杂程度较高，其演化过程的数据获取具有很大的难度，所以以往研究多以逻辑模型构建为主。而计算机仿真是一种适用于动态、复杂问题研究的科学的、直观的方法，能够帮助打开创业生态系统共生演化过程的"黑箱"，直观地呈现创业生态系统共生演化的路径。

很多学者基于 Logistic 生长函数，运用计算机仿真方法研究了产业或者创新生态系统的共生演化模型。产业共生演化的研究中，Dong 和 Ma（2017）分析了农业设备制造产业价值网络的共生演化过程，但是缺乏模型的验证。还有一些学者研究不同产业间的共生关系（刘明广，2012；于斌斌等，2014；庞博慧，2012），但是局限于两类主体之间的共生关系研究，不适用于系统层面的共生演化研究。有研究对创新生态系统共生演化的路径、稳定均衡点、影响因素进行了分析，但并不适用于创业生态系统的共生演化，且缺乏实践可行性验证。叶斌等（2015）的区域创新网络竞争和合作共生演化研究对主体的界限模糊。欧忠辉等（2017）以大企业为核心构建了创新生态系统的共生演化模型，但大企业与除大企业外的其他主体作为两类主体的共生演化忽略了多类主体间的共生关系，不能充分打开共生演化过程。胡浩等（2011）试图打开区域创新系统多类主体间的共生演化过程，但是并没有对多类主体的演化过程进行仿真模拟，而且面临模型数据规模和数据全面性的重大挑战。

以上关于产业或者创新生态系统共生演化的计算机仿真文献与创业生态系统的主体类别、主体的地位、主体间的共生关系并不一致。首先，以往文献中的两个产业或者创新生态系统中的两类主体并不能呈现创业生态系统主体的多样性特征，与创业生态系统的多样性主体类别不一致。其次，创业生态系统中以创业企业为核心，以创业活动的提升为目标，以创业企业作为系统输出，而创新生态系统是以创新水平的提升为目标，大企业占据核心地位。所以宽泛的主体设定和以大企业为核心的共生演化均与创业生态系统的主体地位并不一致。最后，产业集群是基于产业供应链上下游之间的关系，创新生态系统是以大企业为核心辐射的共生关系，与创业生态系统基于创业企业主体间复杂的共生关系并不一致。所以，上述研究不能揭示创业生态系统的共生演化过程，而且对共生演化模型的验证缺乏仿真验证与实证数据验证的统一性。在接下来的研究中，笔者更希望通过计算机仿真和实证数据从理论分析与实践检验两方面共同研究创业生态系统主体的共生演化模型。

二 创业生态系统的共生演化模型

创业生态系统的共生演化伴随着主体的规模、主体间共生关系的演化，所以此部分通过不同共生关系下主体规模的演化探索创业生态系统的共生演化路径。此部分的共生演化模型包括模型构成、运行规则、前提条件等。

（一）模型构成

创业生态系统的共生演化模型的构成包括参与共生演化的主体及主体间关系。创业生态系统由多类主体构成（Graham，2014），集聚了众多的创业企业，形成了以创业企业为核心，大企业、投资机构、中介机构、大学及科研院所共同参与的创业生态系统（Cohen，2006；Isenberg，2011）。主体间彼此依赖，不可或缺，各类主体发挥不同作用，占据不同的市场空间和位置（Zahra and Nambisan，2011），通过主体间合作以及资源、能力的互补驱动创业生态系统的发展（Thomas and Autio，2014；林嵩，2011）。

本部分从创业企业的视角分析创业生态系统的共生演化，有以下原因：首先，创业生态系统主要关注创业活动，新企业创建的数量规模和创业企业存活率被视为创业生态系统的创业水平评价指标（Mason and Brown，2014）。其次，创业企业是创业生态系统中规模和数量最为庞大的一类主体（Sheriff and Muffatto，2015），也是系统创造和保证系统健康的核心参与者（Stam，2015）。

从创业企业的视角出发，可以发现大企业为创业企业提供技术、人才等支撑（Mason and Brown，2014），为新企业的创建和发展提供机会（Isenberg，2014）。同时，新企业的建立与成长也为大企业提供新视野、新机会，提供大企业需要的新产品、新服务；大学和科研院所为创业活动提供必要的知识和人才，显著地促进新企业的创建（Cohen，2006）。大学及科研院所能够通过与企业的共生合作，获得更多的科研成果转化机会、接触其他组织的高水平技术以及获取更多的科研经费（周正等，

2013）；投资机构有助于创业企业获得资金，降低创业壁垒（Arruda et al.，2015），创业企业能回馈投资机构高收益的回报；风险投资机构获取创业企业的股权，在直接承受风险的同时，分享创业企业的高收益；中介服务机构（会计师事务所、律师事务所、专利机构、政府等）了解创业企业的专业性需求，能帮助企业专注于自己的核心业务（Suresh and Ramraj，2012），它们为创业企业服务的同时，获取资金收益，或者在新企业没有资金的情况下，获取公司股份作为酬金等，而政府的配套政策影响创业企业的创业行为（Bruton et al.，2014），有利于创业企业识别机会和利用资源，促进创业企业的创建和发展（Sheriff and Muffatto，2015）。因此，创业企业视角下的创业生态系统共生关系如图5.23所示。

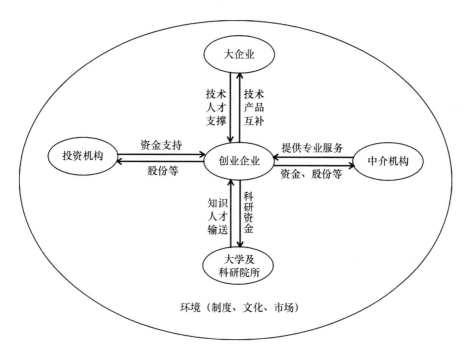

图 5.23　创业生态系统共生关系

创业生态系统的共生关系建立在创业企业与其他各类主体的共生关系基础之上，通过探究各类主体之间的共生模式、演化路径、稳定状态，能够从整体上衡量创业生态系统的共生演化，从而掌握创业生态系统的共生发展现状和主体规模的未来发展趋势。

（二）运行规则

创业生态系统主体间的共生演化是基于不同共生关系的演化过程。主体间不同的共生关系代表不同的共生模式。共生模式是指两个共生单元相互作用的方式，可分为寄生、偏利共生、非对称性互惠共生和对称性互惠共生（吴勇民等，2014）。

不同的共生模式具有不同的利益分配方式。此部分的创业生态系统共生演化模型中具有四种共生模式。（1）寄生模式下，一种主体利益的增加是建立在另一种主体利益受损的基础上；（2）偏利共生模式下，一种主体利益增加，而另一种主体的利益并未增加或受损；（3）非对称性互惠共生模式下，两种主体的利益均增加，而且一方主体增加的利益大于另一方主体；（4）对称性互惠共生模式下，两种主体的利益同时增加，而且两方主体增加的利益相同。对称性互惠共生是最佳激励兼容状态或最佳资源配置状态（叶斌，2015），显然，对称性互惠共生是维持生态系统健康发展最长远的共生模式。

创业生态系统的共生演化要经历初始期、成长期、成熟期和衰退期。在共生演化的过程中，主体间的共生关系并不是一成不变的，而是随着外部环境发生变化的。此部分构建的创业生态系统的共生演化模型的演化阶段包括初始期、成长期、成熟期，在成熟期后进入动态的稳定均衡期。

（三）模型的前提条件

计算机仿真模拟能够为创业生态系统的研究打开一个新的视角。创业生态系统的仿真过程中，动态的演化过程一定涉及主体的规模生长过程。以往的仿真研究中，主体的规模增长采用线性的、指数增长的或者随机产生的形式增长，与现实情境并不符合。从生态学来说，logistic 生长函数适用于具有共生关系的种群研究。所以此部分基于 logistic 生长函数模型构建创业生态系统的共生演化模型。

logistic 生长函数模型能够很好地描述生态系统中生态种群的成长过程，种群的规模增长受制于资源、技术、政策和制度等外在环境因素，种群的增长速度会随着种群密度的增加而逐渐缓慢，最后趋于平稳（Garcia-Algarra et al. ，2014）。创业生态系统中，资源是有限的，创业企业、大企业、投资机构、中介机构、大学及科研院所的成长都会受到资源的约束，随着种群密度的增加，主体的增长都会变缓，主体的成长过程符合生态种群的演化过程。此部分的创业生态系统的共生演化模型具有如下前提条件。

1. 创业生态系统的参与主体包括创业企业、大企业、投资机构、中介机构和大学及研究院所。除创业企业外的任意一类主体均为相关主体。创业生态系统的共生演化建立在多类主体间的共生演化基础之上。

2. 创业企业和相关主体的规模变化表示主体的成长过程。随着创业生态系统的演化，各类主体的规模代表其成长过程。主体的规模越大，在创业生态系统中掌握的资源数量和种类越多，成长得越好。反之，主体的规模越小，在创业生态系统中掌握的资源数量和种类越少，成长得越差。

3. 创业企业和相关主体之间的规模变化相互影响，其成长过程均服从 logistic 成长规律。由于资源数量有限，主体的成长受到资源的约束，所以在此部分的模型中，一类主体的增长会受到另一类主体的密度的影响。另一类主体密度的增加，会带来该类主体增长率的下降。

4. 当参与主体的边际收益等于边际成本时，主体规模停止增长，进入稳定状态。

（四）独立生长的两类主体的生长模型

创业企业和相关主体在独立生长情况下的生长演化过程可用 logistic 生长函数的表示，如公式 5 - 1。

$$
\begin{cases}
\dfrac{dy_1}{dt} = r_1 \left[1 - \dfrac{y_1(t)}{N_1} \right] y_1(t), y_1(0) = y_{10} \\[3mm]
\dfrac{dy_2}{dt} = r_2 \left[1 - \dfrac{y_2(t)}{N_2} \right] y_2(t), y_2(0) = y_{20}
\end{cases}
\tag{5 - 1}
$$

在公式（5 - 1）中，y_1、y_2 分别代表创业企业和相关主体的规模。$y_1(t)$、$y_2(t)$ 分别代表创业企业和相关主体随着时间变化的规模函数。$\dfrac{dy_1}{dt}$、$\dfrac{dy_2}{dt}$ 分别代表创业企业和相关主体规模的增长率。r_1、r_2 分别代表创业企业和相关主体随着时间变化的自然增长率。N_1、N_2 分别代表创业企业和相关主体的最大规模。y_{10} 和 y_{20} 分别代表创业企业和相关主体的初始种群规模。

因为创业生态系统内的主体的生长受到资源有限性的约束，所以主体的增长具有阻滞系数，$1 - \dfrac{y_1(t)}{N_1}$ 为创业企业生长的阻滞系数，$1 - \dfrac{y_2(t)}{N_2}$ 为相关主体生长的阻滞系数。在阻滞系数的影响下，随着时间的演化，主体规模逐渐增大，阻滞系数逐渐变小，主体的规模增长速度也逐渐变缓，最后趋于稳定。

（五）共生的两类主体的生长模型

在生态系统中，当两个种群相互作用、相互影响时，种群的增长率会受到两个因素的影响：自身种群数量和另一个种群数量的影响。所以在独立生长的两类主体的生长演化模型基础上，加入共生系数来代表其他类别主体数量带来的影响。

改进的 logistic 函数如公式 5 - 2 所示。

$$\begin{cases} \dfrac{dy_1}{dt} = r_1 \left[1 - \dfrac{y_1(t)}{N_1} - \alpha \dfrac{y_2(t)}{N_2} \right] y_1(t), y_1(0) = y_{10} \\ \dfrac{dy_2}{dt} = r_2 \left[1 - \dfrac{y_2(t)}{N_2} - \beta \dfrac{y_1(t)}{N_1} \right] y_2(t), y_2(0) = y_{20} \end{cases} \quad (5-2)$$

在公式（5-2）中，α 和 β 代表共生系数。α 代表相关主体对创业企业的共生系数，β 代表创业企业对相关主体的共生系数。观察公式 5-2 可以得出 α 和 β 的不同取值，代表创业生态系统的创业企业和相关主体之间的不同共生演化模式，如表 5.13 所示。

表 5. 13　创业生态系统的创业企业和相关主体的共生演化模式

取值组合	共生演化模式
$\alpha\beta < 0$	创业企业和相关主体处于寄生关系
$\alpha < 0$，$\beta = 0$ 或 $\alpha = 0$，$\beta < 0$	创业企业和相关主体处于偏利共生关系
$\alpha < 0$，$\beta < 0$ 且 $\alpha \neq \beta$	创业企业和相关主体处于非对称性互惠共生关系
$\alpha < 0$，$\beta < 0$ 且 $\alpha = \beta$	创业企业和相关主体处于对称性互惠共生关系

创业生态系统能够自组织和自维持（Isenberg，2016）。在自维持作用下，创业生态系统处于动态平衡状态，能够维持创业生态系统整体的稳定发展，而演化均衡点就是系统达到动态平衡状态的点。不同的共生

模式下，创业生态系统的演化均衡点和稳定状态也不同。均衡点意味着创业企业和相关主体的规模不再扩大，保持稳定状态，规模达到最大容量。为了求得创业企业和相关主体共生演化的平衡点，令 $\frac{dy_1}{dt} = 0, \frac{dy_2}{dt} = 0$，通过求解，得出创业企业和相关主体的四个均衡点，分别为 $E_1(0,0)$、$E_2(N_1,0)$、$E_3(0,N_2)$、$E_4\left[\frac{N_1(1-\alpha)}{1-\alpha\beta}, \frac{N_2(1-\beta)}{1-\alpha\beta}\right]$。通过式（5-3）的雅可比矩阵求解创业生态系统共生演化模型的均衡点。

$$J = \begin{bmatrix} r_1(1-2y_1/N_1-\alpha y_2/N_2) & -r_1\alpha y_1/N_2 \\ -r_2\beta y_2/N_1 & r_2(1-2y_2/N_2-\beta y_1/N_1) \end{bmatrix}$$

$$(5-3)$$

获取雅可比矩阵的行列式 $Det(J)$ 和迹 $Tr(J)$，当 $Det(J) > 0$ 且 $Tr(J) < 0$ 时，局部均衡点为稳定的状态，否则不是稳定的均衡点。表5.14 列出了雅可比矩阵的行列式和迹的讨论，从而获取创业生态系统共生演化模型的稳定均衡点和稳定性条件。在表 5.14 中，此部分假设 $r_1 > 0$，$r_2 > 0$，所以仅通过确定 α 和 β 取值即可确定 $Det(J)$ 和 $Tr(J)$ 的值，得出局部均衡点为稳定均衡点的条件。

表 5.14　　创业生态系统共生演化的均衡点及稳定条件

均衡点	$Det(J)$	$Tr(J)$	稳定性条件
$E_1(0,0)$	$r_1 r_2$	$r_1 + r_2$	不稳定
$E_2(N_1,0)$	$-r_1 r_2(1-\beta)$	$-r_1 + r_2(1-\beta)$	$\beta > 1$
$E_3(0,N_2)$	$-r_1 r_2(1-\alpha)$	$-r_1 + r_2(1-\alpha)$	$\alpha > 1$
$E_4\left[\frac{N_1(1-\alpha)}{1-\alpha\beta}, \frac{N_2(1-\beta)}{1-\alpha\beta}\right]$	$\frac{r_1 r_2(\alpha-1)(\beta-1)}{1-\alpha\beta}$	$\frac{r_1(\alpha-1)+r_2(\beta-1)}{1-\alpha\beta}$	$\alpha < 1$ 且 $\beta < 1$

通过表 5.13 和表 5.14 进一步总结不同的 α 和 β 取值下的共生演化模式和稳定均衡点之间的关系，如表 5.15 所示。观察表 5.15 可以得出，偏利共生、非对称性互惠共生和对称性互惠共生的均衡点均为

$E_4\left[\dfrac{N_1(1-\alpha)}{1-\alpha\beta},\dfrac{N_2(1-\beta)}{1-\alpha\beta}\right]$，寄生的均衡点可能为$E_2$、$E_3$、$E_4$，要根据$\alpha$和$\beta$值具体分析。所以，创业生态系统的共生演化均衡点与共生模式相关。

表5.15 创业生态系统共生演化模式及均衡点

取值组合	共生演化模式	均衡点
$\alpha\beta<0$	创业企业和相关主体处于寄生关系	E_2、E_3、E_4
$\alpha<0$，$\beta=0$ 或 $\alpha=0$，$\beta<0$	创业企业和相关主体处于偏利共生关系	E_4
$\alpha<0$，$\beta<0$ 且 $\alpha\neq\beta$	创业企业和相关主体处于非对称性互惠共生关系	E_4
$\alpha<0$，$\beta<0$ 且 $\alpha=\beta$	创业企业和相关主体处于对称性互惠共生关系	E_4

（六）创业生态系统共生演化模型

本部分以创业企业为研究视角，基于图5.23中创业企业和各类相关主体之间的共生关系，在共生的两类主体的生长模型基础上，构建基于多类主体的创业生态系统的共生演化模型，如公式5-4所示。

$$\begin{cases} \dfrac{dy_1}{dt}=r_1\left[1-\dfrac{y_1(t)}{N_1}-\alpha_{1i}\dfrac{y_i(t)}{N_i}\right]y_1(t),y_1(0)=y_{10} \\ \dfrac{dy_i}{dt}=r_i\left[1-\dfrac{y_i(t)}{N_i}-\alpha_{i1}\dfrac{y_1(t)}{N_1}\right]y_i(t),y_i(0)=y_{i0} \end{cases},i=2,3,4,5$$

$$(5-4)$$

在公式（5-4）中，i类主体分别代表大企业（$i=2$）、投资机构（$i=3$）、中介机构（$i=4$）、大学及科研院所（$i=5$）。y_1、y_2、y_3、y_4、y_5分别代表创业企业、大企业、投资机构、中介机构、大学及科研院所的规模。α_{1i}代表i类主体对创业企业的共生系数，α_{i1}代表创业企业对i类主体的共生系数。$\dfrac{dy_1}{dt}$、$\dfrac{dy_2}{dt}$、$\dfrac{dy_3}{dt}$、$\dfrac{dy_4}{dt}$、$\dfrac{dy_5}{dt}$分别代表创业企业、大企业、投资机构、中介机构、大学及科研院所规模的增长率。r_1、r_2、r_3、r_4、r_5分别代表创业企业、大企业、投资机构、中介机构、大学及科研院所随着时间变化的自然增长率。N_1、N_2、N_3、N_4、N_5分别代表了创业企业、大企业、投资机构、中介机构、大学及科研院所的最大规模。y_{10}、y_{20}、y_{30}、

y_{40}、y_{50} 分别代表创业企业、大企业、投资机构、中介机构、大学及科研院所的初始种群规模。

在两类主体共生演化的理论分析基础上，通过公式 5-4，可以分别探知创业企业与大企业、投资机构、中介机构、大学及科研院所之间的共生模式、共生演化路径以及稳定状态，然后形成对创业生态系统共生演化的整体认知。

（七）数值仿真分析

通过 Matlab 软件 2016 版，同样参数下，设定相关主体分别为投资机构、大企业、中介机构或大学及科研院所时发现，创业企业与投资机构、创业企业与大企业、创业企业与中介机构、创业企业与大学和科研院所的共生演化过程一致，由于篇幅原因，此部分以创业企业和投资机构的共生演化路径为例，模拟创业生态系统主体的共生演化路径。相关主体在下文的仿真结果中代表投资机构。

首先，探究不同共生模式下，创业企业与相关主体之间的共生演化。我们假设不同共生系数情况下的主体的自然增长率、最大规模、初始规模不变，创业企业和相关主体的自然增长率分别为 0.1 和 0.05，即 $r_1 = 0.1$，$r_2 = 0.05$（欧忠辉等，2017；叶斌等，2015）。创业企业和相关主体之间在特定资源约束下的最大规模均为 1000，即 $N_1 = 1000$，$N_2 = 1000$。两类主体的初始种群规模均为 100，即 $y_{10} = 100$，$y_{20} = 100$。演化周期为 800 个仿真时间（欧忠辉等，2017）。通过探究表 5.13 中不同的 α 和 β 之间的关系，获取创业生态系统的演化过程及路径。

1. 寄生。分别取 $\alpha = -0.15$，$\beta = 0.15$，得到创业企业和相关主体之间的寄生演化结果如图 5.24 所示。由图 5.24 可以看出，α 取负值，创业企业在寄生关系中属于利益增加的一方，相关企业对创业企业规模的生长起到了正向推动作用，稳定状态值超过了其独立生长最大容量。β 取正值，相关主体在寄生关系中属于利益受损的一方，创业企业对相关主体规模的生长起到了负向减弱作用，稳定状态值小于其独立生长的最大容量。

2. 偏利共生。分别取 $\alpha = -0.15$，$\beta = 0$，得到创业企业和相关主体之间的偏利共生演化结果如图 5.25 所示。由图 5.25 可以看出，α 取负值，创业企业在偏利共生关系中属于利益增加的一方，相关企业对创业企业规模的生长起到了正向推动作用，稳定状态值超过了其独立生长最大

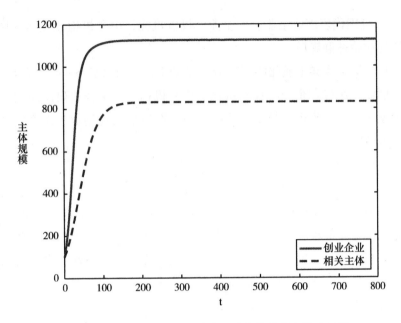

图5.24 寄生模式下创业企业和相关主体的共生演化结果

容量。β 取 0，相关主体在偏利共生中属于利益没受到影响一方，创业企业对相关主体规模的生长没有影响，稳定状态值等于其独立生长最大容量。

3. 非对称性互惠共生。分别取 $\alpha = -0.35$，$\beta = -0.15$，得到创业企业和相关主体之间的非对称性互惠共生演化结果如图 5.26 所示。由图 5.26 可以看出，α 和 β 均取负值，创业企业和相关主体的规模生长均受益于另外一方主体，创业企业和相关主体的规模生长均受到对方的正向推动作用，两类主体的稳定状态值均超过了各自独立生长的最大容量。但是 $|\alpha| > |\beta|$，代表相关主体对创业企业的影响更大，所以创业企业的稳定状态规模大于相关主体的稳定状态规模。

4. 对称的互惠共生。分别取 $\alpha = -0.35$，$\beta = -0.35$，得到创业企业和相关主体之间的对称性互惠共生演化结果如图 5.27 所示。由图 5.27 可以看出，α 和 β 均取负值，且 $|\alpha| = |\beta|$，创业企业和相关主体的规模生长均受益于另外一方主体且受到的影响程度相同。创业企业的稳定状态规模等于相关主体的稳定状态规模，且都大于各自独立生长的最大规模。

通过以上仿真结果，可以发现，不同的 α 和 β 取值，代表了不同的共生模式，不同的共生模式影响了创业生态系统共生演化的稳定均衡点，

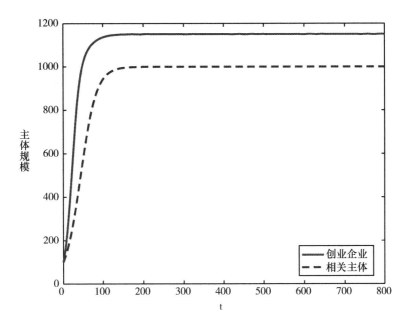

图 5.25　偏利共生模式下创业企业和相关主体的共生演化结果

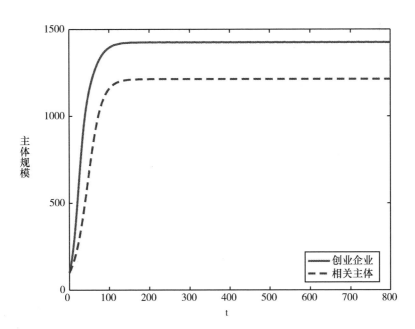

图 5.26　非对称性共生模式下创业企业和相关主体的共生演化结果

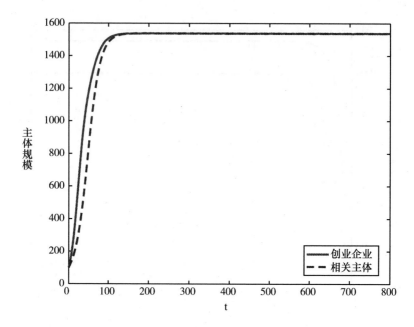

图 5.27 对称性共生模式下创业企业和相关主体的共生演化结果

最终导致主体的演化路径不同。而创业生态系统的共生演化是多类主体间的共生演化共同作用决定的，由此可以得出命题 5。

命题 5：创业生态系统的共生演化路径受到多类主体间的共生模式的影响。

观察图 5.24—图 5.27，可以发现，不同的共生系数代表不同的共生模式，不同的共生模式下，主体的演化均衡点不同，主体的最终的稳定规模不同，由此可以得出命题 6。

命题 6：创业生态系统的共生演化均衡点与共生系数有关。

同时发现互惠共生最有利于双方主体的成长。主体在初期建立共生关系时，可能很难直接建立互惠共生模式，主体之间的共生模式也是随着时间演化的，不同共生模式下的主体，可以逐步将寄生、偏利共生模式转变为互惠共生模式。

5. 进一步探究互惠共生模式下，共生系数绝对值的大小对创业生态系统共生演化的影响，构建了三种不同的互惠共生模式下的共生系数的组合，结果如图 5.28 所示。在图 5.28 中，可以发现，$\alpha = -0.15$、$\beta = -0.15$ 情况下的创业企业和相关主体的共生演化稳定状态规模最小，$\alpha =$

-0.15、$\beta = -0.35$ 情况下，创业企业对相关主体的共生系数的绝对值的增大，带来了二者稳定状态规模增大，而 $\alpha = -0.35$、$\beta = -0.35$ 情况下的创业企业和相关主体的共生演化的稳定状态规模最大。由此可以看出，互惠共生模式下，共生系数的绝对值的增大带来两类主体的稳定状态值增大，得出命题7。

命题7：互惠共生模式下的共生系数的绝对值越大，主体的稳定状态值越大。

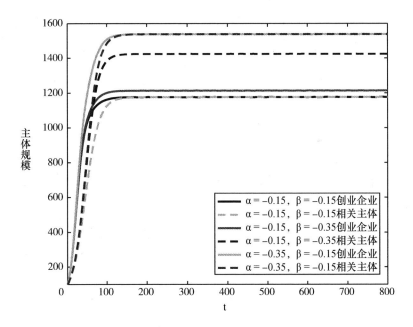

图5.28 互惠共生关系下不同共生系数情况下的创业企业和相关主体的共生演化结果

其次，进一步探究同种共生模式下、共生系数不变的情况下，初始种群规模、种群自然增长率，以及最大规模对创业生态系统共生演化的影响。

6. 初始种群规模不同。假设 $\alpha = -0.35$，$\beta = -0.35$，$r_1 = 0.1$，$r_2 = 0.05$，$N_1 = 1000$，$N_2 = 1000$。图5.29为不同初始种群规模的情况下，创业企业和相关主体的共生演化。由图5.29可以看出，$y_{10} = 100$，$y_{20} = 100$、$y_{10} = 300$，$y_{20} = 300$、$y_{10} = 500$，$y_{20} = 500$ 三种情况下的创业企业和

相关主体的共生演化的稳定状态值不变，没有受到初始种群规模的影响。但是初始种群规模越大，主体的增长速度越快。由此得出命题7和命题8。

命题7：创业生态系统的共生演化的稳定状态规模与初始种群规模无关。

命题8：创业生态系统的初始种群规模越大，其共生演化的速度越快。

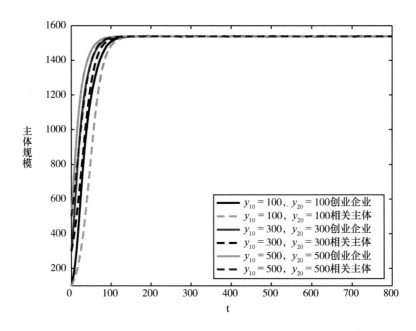

图5.29　不同初始种群规模情况下的创业企业和相关主体的共生演化结果

7. 最大规模不同。假设 $\alpha = -0.35$，$\beta = -0.35$，$r_1 = 0.1$，$r_2 = 0.05$，$y_{10} = 100$，$y_{20} = 100$。图5.30为不同最大规模的情况下，创业企业和相关主体的共生演化。由图5.30可以看出，$N_1 = 1000$ 且 $N_2 = 1000$、$N_1 = 1500$ 且 $N_2 = 1500$、$N_1 = 2000$ 且 $N_2 = 2000$ 三种情况下的创业企业和相关主体的共生演化的稳定状态值是随着最大规模的增加而增大的，由此得出命题9。

命题9：创业生态系统的各类主体的最大规模越大，其达到稳定状态的规模越大。

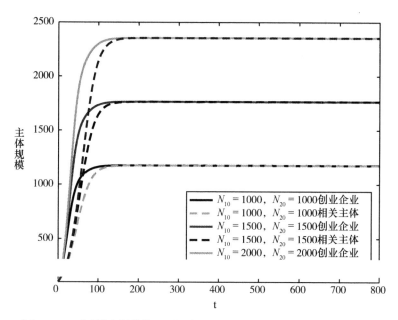

图5.30　不同最大规模情况下的创业企业和相关主体的共生演化结果

8. 自然增长率不同。假设 $\alpha = -0.35$，$\beta = -0.35$，$y_{10} = 100$，$y_{20} = 100$，$N_1 = 1000$，$N_2 = 1000$。图5.31 为不同自然增长率的情况下，创业企

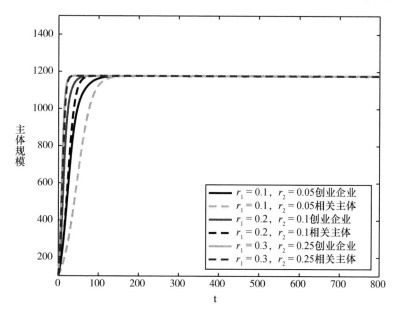

图5.31　不同自然增长率情况下的创业企业和相关主体的共生演化结果

业和相关主体的共生演化。由图 5.31 可以看出 $r_1 = 0.1$ 且 $r_2 = 0.05$、、$r_1 = 0.2$ 且 $r_2 = 0.1$、$r_1 = 0.3$ 且 $r_2 = 0.25$ 三种情况下的创业企业和相关主体的共生演化的稳定状态值是不变的，而创业企业和相关主体达到稳定轧状态的速度随着自然增长率的增加而增快，由此得出命题 10 和命题 11。

命题 10：创业生态系统的共生演化的稳定状态规模与主体的自然增长率无关。

命题 11：创业生态系统的各类主体的自然增长率越大，其达到稳定状态的速度越快。

三　实证数据验证

(一) 数据选取

在对创业生态系统的共生演化模型进行仿真分析后，本部分试图通过真实的创业生态系统的主体规模数据验证本部分模型在实践中的有效性。而中关村作为全球领先的创业生态系统，其 30 年的演化过程也能够验证创业生态系统的共生演化过程。30 年来，中关村发生了深刻的变化，成为中国创业生态系统的龙头和典范。中关村坚持"以企业为主体、市场为导向、产学研相结合、政府构建和优化发展环境"的原则，推动创业生态系统多主体共生关系的建立，为创业企业提供良好的生态环境。

本部分通过 2006—2015 年的《中关村统计年鉴》，选取中关村 2006—2015 年的新创企业、大企业和投资机构的数量验证本部分提出的创业生态系统共生演化模型在实践中的适用性。中关村的新创企业作为模型中的核心主体，大企业（百亿以上企业）和投资机构分别作为上文模型中的相关主体。对共生演化模型的验证中，对于衡量主体生长规模参数的选取，有学者采用了产业产值作为主体演化规模参数（刘明广，2012；于斌斌等，2014；庞博慧，2012），也有学者采用了主体数量作为仿真实验中主体规模参数（叶斌，2015），本研究选择主体的数量作为主体生长规模的衡量指标。因为新创企业数量是衡量创业生态系统活力和水平的重要指标，所以新创企业的数量是我们应该重点关注的。同时 logistic 生长函数的定义中，种群的增长会受到资源的约束，而各类主体数量的变化能够一定程度上代表主体掌握资源的变化。当然，在未来研究中，还可以进一步通过主体的利润产值等作为衡量主体生长的指标，从而对模型进行多重验证。

（二）验证过程

通过本研究模型，探究中关村的新创企业、大企业、投资机构三类主体规模的演化过程，并与真实的中关村数据进行对比，从而验证本部分创业生态系统共生演化模型的有效性。同时，探究新创企业和大企业、新创企业和投资机构的共生演化模式，并解释其所处的共生模式的合理性。验证过程如下：

1. 将中关村 2006—2015 年的新创企业和大企业在 2006—2015 年中每一年的数量作为数据组一数据，新创企业和投资机构在 2006—2015 年中每一年的数量作为数据组二的数据。

2. 对数据组一的数据进行验证。通过新创企业主体数量 $y_1(t)$，大企业数量 $y_2(t)$，其中 $t = i - 2006, i = 2006, 2007, \cdots, 2015$，计算新创企业数量增长率 $\dfrac{dy_1(t)}{dt} = y_1(t) - y_1(t-1)$，大企业数量增长率 $\dfrac{dy_2(t)}{dt} = y_2(t) - y_2(t-1)$，其中 $t = i - 2006, i = 2007, \cdots, 2015$。将数据代入创业生态系统共生演化模型中，用 Matlab 软件求解此部分模型中新创企业、大企业的规模演化，以及新创企业与大企业间的共生系数，从而模拟主体的共生演化路径。

3. 对数据组二的数据重复上一过程。

（三）验证结果及分析

1. 新创企业和大企业的共生演化

由数据组一得到中关村的新创企业和大企业两类主体的共生演化路径如图 5.32 和图 5.33 所示。在图 5.32 和图 5.33 中，曲线代表主体规模生长的拟合曲线，空心点代表中关村主体规模发展的实际数据。从图 5.32 和图 5.33 可以看出，拟合的曲线能够代表真实数据的走势。

同时求得中关村的新创企业和大企业的共生系数 $\alpha_{12} = -4.27$，$\alpha_{21} = 0.01$。根据表 5.13 可知，$\alpha\beta < 0$ 时，中关村的新创企业和大企业处于寄生模式。大企业对新创企业的影响是正向的，而新创企业对大企业的影响是负向的。从图 5.32 和图 5.33 也可以看出，新创企业规模高速增长的同时大企业的规模增长速度减缓。对比图 5.24 可以发现，同为寄生模式下的图 5.32、图 5.33 与图 5.24 中的共生演化路径形状不同，是因为图 5.24

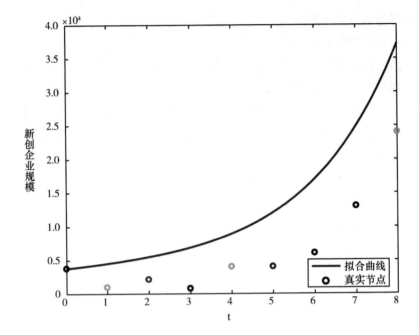

图 5.32 数据组一的新创企业共生演化路径

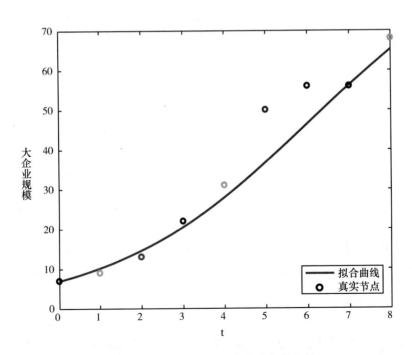

图 5.33 数据组一的大企业共生演化路径

中的横轴代表的演化周期是 800，是长期的演化过程，而图 5.32、图 5.33 中的横轴代表的演化周期是 8，是为了更加细致地描绘中关村的真实数据与此部分模型预测的数据的拟合性，其长期的形状走势仍与图 5.24 中的演化路径形状一致。造成中关村新创企业和大企业处于寄生模式的原因可能是新创企业单方面受益于大企业的人才、技术和信息，而大企业因为人才、技术、信息的流失，利益受到损害，短期内并未通过新创企业发现新的机会、开发新的产品和服务。大企业不断兼并、收购有价值的新创企业，改变了彼此间的共生关系。所以，新创企业和大企业之间处于寄生模式是符合现实情境的。

2. 新创企业和投资机构的共生演化

由数据组二得到中关村的新创企业和投资机构两类主体的共生演化路径如图 5.34 和图 5.35 所示。在图 5.34 和图 5.35 中，曲线代表主体规模生长的拟合曲线，空心点代表中关村主体规模发展的实际数据。从图 5.34 和图 5.35 可以看出，拟合的曲线能够代表真实数据的走势。

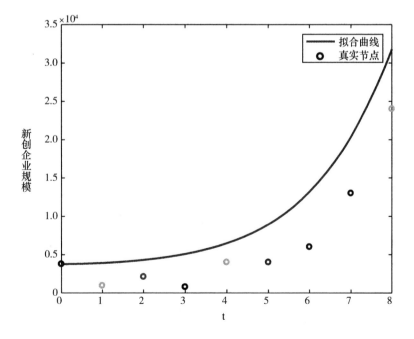

图5.34　数据组二的新创企业共生演化路径

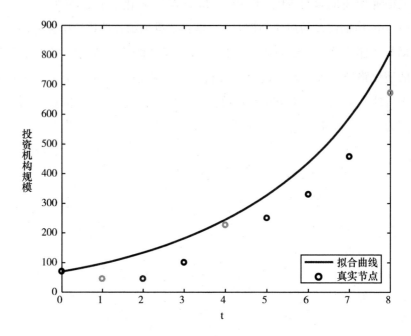

图 5.35　数据组二的投资机构共生演化路径

同时求得中关村的新创企业和投资机构的共生系数 $\alpha_{13} = -93$，$\alpha_{31} = -0.02$。根据表 5.13 可知，$\alpha < 0$，$\beta < 0$，且 $\alpha \neq \beta$ 时，共生单元处于非对称性互惠共生模式。由此可知，中关村的新创企业和投资机构处于非对称性互惠共生模式。新创企业和投资机构彼此互利共生，实现双赢，互相促进对方的演化，由图 5.34 和图 5.35 也可以看出，新创企业规模高速增长的同时，投资机构的规模也高速增长。新创企业从投资机构获取利益的同时，并未能对称性地回馈投资机构利益，造成这种非对称互惠共生模式的原因可能是投资机构盲目投资新创企业带来投资泡沫，未能利用大数据、优化投资算法等手段逐步提高自身投资策略的准确性和投资回报率以及增进彼此间的依赖。所以，新创企业和投资机构处于非对称性互惠共生模式是符合现实情境的。

根据以上两组数据的验证结果，发现中关村的新创企业、大企业和投资机构的主体规模的演化与此部分模型模拟的演化路径趋势一致，且模型所得出的主体间的共生模式符合现实情境，从而验证了此部分创业生态系统共生演化模型在实践应用中的可行性。

（四）总结

对以上命题进行总结和讨论，得出本研究创业生态系统共生演化路径的相关结论如下：

在创业生态系统中，（1）由命题5可知，创业生态系统的共生演化路径受到多类主体间的共生模式的影响。（2）由命题4、8、10、11可以得出，创业生态系统的共生演化稳定状态规模与其共生系数和最大规模有关，与初始种群规模和自然增长率无关。（3）由命题9和命题12可以得出，创业生态系统的共生演化速度与主体的自然增长率和初始种群规模有关。（4）由命题7可以得出，提升创业生态系统互惠共生模式下主体间的依赖程度更有利于创业生态系统的规模壮大。互惠共生模式下主体间的依赖程度提升能够增加共生系数的绝对值，从而增大主体的稳定状态规模。创业生态系统的多类主体在演化过程中，不会保持一致的共生模式，会呈现不同的共生演化路径。虽然最终的理想模式是各主体间保持互惠共生模式，但是这需要经历一定的时间演化来实现，需要多种主体的共同努力，达成创业生态系统多主体共同价值创造的愿景。在实践中，我们更应该掌握创业生态系统共生演化路径，从而促进创业生态系统的健康稳定发展。

在以上结论的基础上，从政府和主体两个方面对创业生态系统的建设和发展提出建议和对策。

政府方面，一是积极引进更多的主体，从而加大各类主体的初始规模，促进主体的共生演化速度。二是鼓励主体构建互惠共生关系，平衡各类主体在共生关系中的地位。三是正确把握配套政策对创业生态系统的影响，帮助创业生态系统累积更多的资源，开放创业生态系统的边界，从而扩大创业生态系统的最大规模，提升创业生态系统的稳定状态。四是积极构建鼓励创新创业的文化氛围，鼓励创新创业，提升主体的专门性和互补性，从而在主体共生关系构建初期形成互惠共生模式，随着共生关系的演化，主体逐步提升自身技术的创新水平与创新能力，不断增加彼此依赖的程度，从而增大主体间共生关系的共生系数绝对值，促进创业生态系统的共生演化朝着更大规模的方向发展。

主体方面，创业生态系统的各类主体可以从初期合作就积极构建互惠共生关系，或者随着主体自身能力的增强、技术专门性的提升、市场占有率的扩大，创业资源的积累，逐步将寄生、偏利共生关系转变为互惠共生关系，并且提升共生伙伴之间的依赖程度。

参考文献

袁纯清：《金融共生理论与城市商业银行改革》，商务印书馆 2002 年版。

赵昌文、陈春发、唐英凯著：《科技金融》，科学出版社 2009 年版。

白峰：《基于生命周期理论视角的创业生态系统研究》，《现代管理科学》 2015 年第 12 期。

蔡莉、崔启国、史琳：《创业环境研究框架》，《吉林大学社会科学学报》 2007 年第 1 期。

蔡莉、鲁喜凤、单标安、于海晶：《发现型机会和创造型机会能够相互转化吗？——基于多主体视角的研究》，《管理世界》2018 年第 12 期。

蔡莉、彭秀青、Satish Nambisan、王玲：《创业生态系统研究回顾与展望》，《吉林大学社会科学学报》2016 年第 1 期。

蔡莉、汤淑琴、马艳丽、高祥：《创业学习、创业能力与新企业绩效的关系研究》，《科学学研究》2014 年第 8 期。

蔡莉、尹苗苗：《新创企业学习能力，资源整合方式对企业绩效的影响研究》，《管理世界》2009 年第 10 期。

蔡义茹、蔡莉、杨亚倩等：《创业生态系统的特性及评价指标体系——以 2006～2015 年中关村发展为例》，《中国科技论坛》2018 年第 6 期。

陈海涛、宋姗姗、单标安：《创业生态系统的共生演化模型及仿真研究——基于中关村历史数据的分析》，《管理学季刊》2018 年第 3 期。

陈海涛、宋姗姗、李健佳：《创业生态系统的信息传播机制及路径研究》，《情报理论与实践》2017 年第 9 期。

程郁、崔静静：《孵化器税收优惠政策的传导效应评估》，《科研管理》 2016 年第 3 期。

崔金栋、郑鹊、孙硕：《微博信息传播模型及其演化研究综述》，《图书馆论坛》2018 年第 1 期。

崔静静、程郁：《孵化器税收优惠政策对创新服务的激励效应》，《科学学研究》2016 年第 1 期。

戴亦舒、叶丽莎、董小英：《创新生态系统的价值共创机制——基于腾讯众创空间的案例研究》，《研究与发展管理》2018 年第 4 期。

范钧、郭立强、聂津君：《网络能力、组织隐性知识获取与突破性创新绩效》，《科研管理》2014 年第 1 期。

傅首清：《区域创新网络与科技产业生态环境互动机制研究——以中关村海淀科技园区为例》，《管理世界》2010 年第 6 期。

葛宝山、高洋、蒋大可：《Timmons 的思想演变及其贡献：对创业学的再思考》，《科学学研究》2013 年第 8 期。

郭润萍、韩梦圆、邵婷婷、冯子晴：《生态视角下数字化转型企业的机会开发机理——基于海尔和苏宁的双案例研究》，《外国经济与管理》2021 年第 9 期。

何剑、魏涛、董春风、乔智宏：《金融供给空间结构影响区域创新能力了吗》，《科技进步与对策》2021 年第 9 期。

何科方、钟书华：《中国企业加速器发展路径研究》，《科研管理》2012 年第 1 期。

何宗樾、宋旭光：《数字金融发展如何影响居民消费》，《财贸经济》2020 年第 8 期。

侯杰、陆强、石涌江、戎珂：《基于组织生态学的企业成长演化：有关变异和生存因素的案例研究》，《管理世界》2011 年第 12 期。

胡浩、李子彪、胡宝民：《区域创新系统多创新极共生演化动力模型》，《管理科学学报》2011 年第 10 期。

崔群臻：《论孵化器与风险投资融合的博弈决策》，《运筹与管理》2005 年第 6 期。

李北伟、董微微：《基于演化博弈理论的网络信息生态链演化机理研究》，《情报理论与实践》2013 年第 3 期。

李飞、陈浩、曹鸿星、马宝龙：《中国百货商店如何进行服务创新》，《管理世界》2010 年第 2 期。

李海舰、郭树民：《从经营企业到经营社会——从经营社会的视角经营企业》,《中国工业经济》2008 年第 5 期。

李华军:《阿里巴巴商业生态系统演化及其投融资战略协同——基于生命周期的视角》,《财会月刊》2015 年第 21 期。

李梅芳、王俊、王彦彪、王梦婷、赵永翔:《大学—产业—政府三螺旋体系与区域创业——关联及区域差异》,《科学学研究》2016 年第 8 期。

李宇、张雁鸣:《网络资源、创业导向与在孵企业绩效研究——基于大连国家级创业孵化基地的实证分析》,《中国软科学》2012 年第 8 期。

林嵩:《创业生态系统:概念发展与运行机制》,《中央财经大学学报》2011 年第 4 期。

林嵩、姜彦福:《创业活动为何发生:创业倾向迁移的视角》,《中国工业经济》2012 年第 6 期。

刘成梅、蔡建峰:《孵化网络影响高层次人才创业绩效的机理研究》,《科学学研究》2016 年第 11 期。

刘刚、熊立峰:《消费者需求动态响应、企业边界选择与商业生态系统构建——基于苹果公司的案例研究》,《中国工业经济》2013 年第 5 期。

刘明广:《区域产业集群的共生演化模型及实证研究》,《科技管理研究》2012 年第 22 期。

刘瑞明、赵仁杰:《国家高新区推动了地区经济发展吗?——基于双重差分方法的验证》,《管理世界》2015 年第 8 期。

刘友金、罗发友:《基于焦点企业成长的集群演进机理研究——以长沙工程机械集群为例》,《管理世界》2005 年第 10 期。

卢珊、蔡莉、詹天悦、蔡义茹:《组织间共生关系:研究述评与展望》,《外国经济与管理》2021 年第 10 期。

鲁钊阳、廖杉杉:《农产品电商发展的区域创业效应研究》,《中国软科学》2016 年第 5 期。

罗峰:《企业孵化器商业模式价值创造分析》,《管理世界》2014 年第 8 期。

毛荐其、刘娜、陈雷:《技术共生机理研究——一个共生理论的解释框架》,《自然辩证法研究》2011 年第 6 期。

毛蕴诗、周燕:《硅谷机制与企业高速成长——再论企业与市场之间的关系》,《管理世界》2002 年第 6 期。

梅亮、陈劲、刘洋:《创新生态系统:源起,知识演进和理论框架》,《科学学研究》2014 年第 32 期。

苗红、黄鲁成:《区域技术创新生态系统健康评价研究》,《科技进步与对策》2008 年第 8 期。

牛仁亮、高天光:《科技企业孵化器制度变迁的瓶颈约束与创新途径》,《管理世界》2006 年第 2 期。

欧忠辉、朱祖平、夏敏、陈衍泰:《创新生态系统共生演化模型及仿真研究》,《科研管理》2017 年第 12 期。

潘剑英、王重鸣:《商业生态系统理论模型回顾与研究展望》,《外国经济与管理》2014 年第 9 期。

庞博慧:《中国生产服务业与制造业共生演化模型实证研究》,《中国管理科学》2012 年第 2 期。

钱平凡、李志能:《孵化器运作的国际经验与我国孵化器产业的发展对策》,《管理世界》2000 年第 6 期。

申明浩、隋广军:《高科技创业环境与区域发展循环悖论》,《科研管理》2005 年第 1 期。

宋晓洪、丁莹莹、焦晋鹏:《创业生态系统共生关系研究》,《技术经济与管理研究》2017 年第 1 期。

孙健、丁雪萌:《金融集聚对科技人才开发效率提升的空间溢出效应研究》,《企业经济》2019 年第 1 期。

孙庆川、山石、兰田田:《一个新的信息传播模型及其模拟》,《图书情报工作》2010 年第 6 期。

滕堂伟:《促进张江国家自主创新示范区协同发展的战略举措》,《科学发展》2017 年第 9 期。

佟金萍、陈国栋、曹倩:《区域科技创新、科技金融与科技贸易的耦合协调研究》,《金融发展研究》2016 年第 6 期。

王大洲:《关于大学科技园的一个网络分析》,《科学学研究》2004 年第 2 期。

王宏起、汪英华、武建龙等:《新能源汽车创新生态系统演进机理基于比亚迪新能源汽车的案例研究》,《中国软科学》2016年第四期。

王兴元:《商业生态系统理论及其研究意义》,《科技进步与对策》2005年第2期。

王正沛、李国鑫:《线上线下资源融合的新型创业生态系统研究》,《管理学报》2018年第15期。

文庭孝、侯经川、汪全莉、刘晓英:《论信息概念的演变及其对信息科学发展的影响——从本体论到信息论再到博弈论》,《情报理论与实践》2009年第3期。

吴勇民、纪玉山、吕永刚:《金融产业与高新技术产业的共生演化研究——来自中国的经验证据》,《经济学家》2014年第7期。

项国鹏、黄玮:《创业扶持方式与新创企业绩效的关系研究》,《科学学研究》2016年第10期。

项国鹏、宁鹏、罗兴武:《创业生态系统研究述评及动态模型构建》,《科学学与科学技术管理》2016年第2期。

肖静华、汪鸿昌、谢康、陈行:《信息共享视角下供应链信息系统价值创造机制》,《系统工程理论与实践》2014年第11期。

谢雪燕、朱晓阳:《数字金融与中小企业技术创新——来自新三板企业的证据》,《国际金融研究》2021年第1期。

邢蕊、王国红、周建林:《基于GEM模型的区域创业合成能力评价研究》,《中国管理科学》2015年第1期。

徐子尧、张莉沙、刘益志:《数字普惠金融提升了区域创新能力吗》,《财经科学》2020年第11期。

薛虎圣:《硅谷和斯坦福创新体系发展历程及启示》,《全球科技经济瞭望》2015年第4期。

颜永才:《产业集群创新生态系统的构建及其治理研究》,《新华出版社》2015年第5期。

杨隽萍、陆哲静、李雪灵:《风险信息识别在创业领域的作用机理研究》,《图书情报工作》2013年第7期。

姚晶晶、鞠冬、张建君:《企业是否会近墨者黑:企业规模、政府重要性与企业政治行为》,《管理世界》2015年第7期。

叶斌、陈丽玉：《区域创新网络的共生演化仿真研究》，《中国软科学》
　2015 年第 4 期。

于斌斌、胡汉辉：《产业集群与城市化共生演化的机制与路径——基于制
　造业与服务业互动关系的视角》，《科学学与科学技术管理》2014 年第
　3 期。

原长弘、贾一伟：《国内大学科技园区技术创业企业创新网络初步研究》，
　《科研管理》2005 年第 6 期。

张斌、陈详详、陶向明等：《创业机会共创研究探析》，《外国经济与管
　理》2018 年第 40 期。

张力、戚汝庆、周勇涛：《在孵企业成功毕业的影响因素——基于孵化互
　动视角的研究》，《科学学研究》2014 年第 5 期。

张梁、相广平、马永凡：《数字金融对区域创新差距的影响机理分析》，
　《改革》2021 年第 5 期。

张世晓、王国华：《区域创新集聚与金融结构协同演化机制实证研究》，
　《社会科学辑刊》2009 年第 5 期。

张书军、李新春：《集群资源，战略网络与企业竞争力》，《产业经济评
　论》2005 年第 4 期。

张帏：《中关村留学人员创业企业发展的瓶颈调研》，《中国软科学》2007
　年第 8 期。

张维迎、周黎安、顾全林：《经济转型中的企业退出机制——关于北京市
　中关村科技园区的一项经验研究》，《经济研究》2003 年第 10 期。

张炜、邢潇：《高技术企业创业孵化环境与成长绩效关系研究》，《科学学
　研究》2007 年第 1 期。

张玉利、白峰：《基于耗散理论的众创空间演进与优化研究》，《科学学与
　科学技术管理》2017 年第 38 期。

赵放、曾国屏：《多重视角下的创新生态系统》，《科学学研究》2014 年
　第 12 期。

赵向阳、李海、Andreas Rauch：《创业活动的国家（地区）差异：文化与
　国家（地区）经济发展水平的交互作用》，《管理世界》2012 年第
　8 期。

郑万腾、赵红岩、范宏：《数字金融发展对区域创新的激励效应研究》，《科研管理》2021 年第 4 期。

周东浩、韩文报、王勇军：《基于节点和信息特征的社会网络信息传播模型》，《计算机研究与发展》2015 年第 1 期。

周方涛：《基于 AHP-DEA 方法的区域科技创业人才生态系统评价研究》，《管理工程学报》2013 年第 1 期。

周正、尹玲娜、蔡兵：《我国产学研协同创新动力机制研究》，《软科学》2013 年第 7 期。

朱桂龙、蔡朝林、许治：《网络环境下产业集群创新生态系统竞争优势形成与演化：基于生态租金视角》，《研究与发展管理》2018 年第 4 期。

朱瑞博、刘志阳、刘芸：《架构创新、生态位优化与后发企业的跨越式赶超——基于比亚迪、联发科、华为、振华重工创新实践的理论探索》，《管理世界》2011 年第 7 期。

朱秀梅、林晓玥、王天东：《数字创业生态系统动态演进机理——基于杭州云栖小镇的案例研究》《管理学报》2020 年第 4 期。

朱昱州：《基于空间杜宾模型的互联网金融与区域创新效率关系研究》，《商场现代化》2020 年第 23 期。

高钰莉：《大企业主导型创业生态系统共生过程研究》，硕士学位论文，吉林大学，2016 年。

高月姣：《区域创新主体及其交互作用产出效应研究》，博士学位论文，南京航空航天学，2017 年。

何小三：《资本市场促进战略新兴产业成长研究》，博士学位论文，中国社会科学院研究生院，2013 年。

林婷婷：《产业技术创新生态系统研究》，博士学位论文，哈尔滨工程大学，2012 年。

刘文光：《区域科技创业生态系统运行机制与评价研究》，博士学位论文，天津大学，2012 年。

潘剑英：《科技园区创业生态系统特征与企业行动调节机制研究》，博士学位论文，浙江大学，2014 年。

宋姗姗：《创业生态系统的共生形成及演化研究》，博士学位论文，吉林大学,2018 年。

覃荔荔:《高科技企业创新生态系统可持续发展机理与评价研究》,博士
学位论文,湖南大学,2004 年。

王倩倩:《组织合法性视角下的企业自愿性社会责任信息披露研究》,博
士学位论文,辽宁大学,2013 年。

王秀丽:《生态产业链运作机制研究》,天津大学,2007 年。

吴丹丹:《中国高校研发活动的知识溢出机制和效应研究》,中国科学技
术大学,2016 年。

赵杰:《中国电动汽车创业生态系统机会集构念研究》,吉林大学,
2017 年。

Abdelgawad, S. A., Zahra, S. A. and Svejenova, S., 2013, "Strategic
Leadership and Entrepreneurial Capability for Game Change", *Journal of
Leadership & Organizational Studies*, Vol. 20, No. 4, pp. 394 – 407.

Abrahamson, E., Fombrun, C., et al., 1994, "Macrocultures: Determi-
nants and Consequences", *Academy of Management Review*, Vol. 19, No. 4,
pp. 728 – 755.

Acemoglu, D. andZilibotti, F., 1997, "Was Prometheus Unbound by
Chance? Risk, Diversification, and Growth", *Journal of Political Economy*,
Vol. 105, No. 4, pp. 709 – 751.

Acs, Z., Autio, E. and Szerb L., 2014, "National Systems of Entrepreneur-
ship: Measurement Issues and Policy Implications", *Research Policy*,
Vol. 43, No. 1, pp. 476 – 494.

Adams, J. D. and Jaffe, A. B., 1996, "Bounding the Effects of R and D:
An Investigation Using Matched Establishment-firm Data", *RAND Journal of
Economics* (*RAND Journal of Economics*), Vol. 27, No. 4, pp. 700 – 721.

Adizes, I., 1979, "Organizational Passages—Diagnosing and Treating Lifecy-
cle Problems of Organizations", *Organizational dynamics*, Vol. 8, No. 1,
pp. 3 – 25.

Adle, L., 1966, "Symbiotic Marketing", *Harvard Business Review*, Vol. 44,
No. 6, pp. 59 – 71.

Adner, R. , 2017, "Ecosystem as Structure an Actionable Construct for Strategy", *Journal of Management*, Vol. 43, No. 1, pp. 39 – 58.

Adner, R. & Kapoor, R. 2010, "Value creation in innovation ecosystems: how the structure of technological interdependence affects firm performance in new technology generations", *Strategic Management Journal*, Vol. 31, No. 3, pp. 306 – 333.

Afuah, A. , 2000, "How Much do Your Co-opetitors' Capabilities Matter in the Face of Technological Change?", *Strategic Management Journal*, Vol. 21, No. 3, pp. 387 – 404.

Agerfalk, P. J. , Fitzgerald, B. , 2008, "Outsourcing to an Unknown Workforce: Exploring Opensourcing as a Global Sourcing Strategy", *MIS Quarterly*, Vol. 32, No. 2, pp. 385 – 409.

Aghion, P. , Reenen, J. V. and Zingales, L. , 2013, "Innovation and Institutional Ownership", *American Economic Review*, Vol. 103, No. 1, pp. 277 – 304.

Agostini, L. , Nosella, A. , 2017, "Interorganizational Relationships in Marketing: A Critical Review and Research Agenda", *International Journal of Management Reviews*, Vol. 19, No. 2, pp. 131 – 150.

Ahlstrom, D. , Bruton, G. D. , 2010, "Rapid Institutional Shifts and the Coevolution of Entrepreneurial Firms in Transition Economies", *Entrepreneurship Theory and Practice*, Vol. 34, No. 4,

Ahlstrom, D. , Bruton, G. D. and Yeh, K. S. , 2007, "Venture Capital in China: Past, Present, and Future", *Asia Pacific Journal of Management*, Vol. 24, No. 3, pp. 247 – 268.

Ahuja, G. , 2000, "Collaboration Networks, Structural Holes, and Innovation: A Longitudinal Study", *Administrative Science Quarterly*, Vol. 45, No. 3, pp. 425 – 455.

Aldrich, H. E. , Martinez, M. A. , 2001, "Many are Called, but Few are Chosen: An Evolutionary Perspective for the Study of Entrepreneurship", *Entrepreneurship Theory and Practice*, Vol. 25, No. 4, pp. 41 – 56.

Aldrich, H. E. , Martinez, M. A. , 2010, "Entrepreneurship as Social Construction: A Multilevel Evolutionary Approach", *Handbook of Entrepreneurship Research. Springer New York*, pp. 387 – 427.

Alvarez, S. A., Barney, J. B., 2007, "Discovery and Creation: Alternative Theories of Entrepreneurial Action", *Strategic Entrepreneurship Journal*, Vol. 1, No. 1 – 2, pp. 11 – 26.

Alvarez, S. A., Barney, J. B., 2014, "Entrepreneurial Opportunities and Poverty Alleviation", *Entrepreneurship Theory and Practice*, Vol. 38, No. 1, pp. 159 – 184.

Alvarez, S. A., Barney, J. B. and Anderson, P., 2013, "Forming and Exploiting Opportunities: The Implications of Discovery and Creation Processes for Entrepreneurial and Organizational Research", *Organization Science*, Vol. 24, No. 1, pp. 301 – 317.

Amezcua, A. S., Grimes, M. G., Bradley, S. W., et al, 2013, "Organizational Sponsorship and Founding Environments: A Contingency View on the Survival of Business-incubated Firms, 1994 – 2007", *Academy of Management Journal*, Vol. 56, No. 6, pp. 1628 – 1654.

Amit, R., Brander, J. and Zott, C., 1998, "Why Do Venture Capital Firms Exist? Theory and Canadian Evidence", *Journal of Business Venturing*, Vol. 13, No. 6, pp. 441 – 466.

Andersson, M., Xiao, J., 2016, "Acquisitions of Start-ups by Incumbent Businesses: A Market Selection Process of 'High-quality' Entrants?", *Research Policy*, Vol. 45, No. 1, pp. 272 – 290.

Andresen, E., H. Lundberg and J. Wincent, 2014, "Processes in Collaborative Entrepreneurship: A Longitudinal Case Study of How Multiple Actors Exploit a Radically New Opportunity", *International Entrepreneurship and Management Journal*, Vol. 10, No. 4, pp. 713 – 726.

Ansari, S. S., Garud, R. and Kumaraswamy, A., 2016, "The Disruptor's Dilemma: TiVo and the US Television Ecosystem", *Strategic Management Journal*, Vol. 37, No. 9, pp. 1829 – 1853.

Ardichvili, A., R. Cardozo and S. Ray, 2003, "A Theory of Entrepreneurial

Opportunity Identification and Development", *Journal of Business Venturing*, Vol. 18, No. 1, pp. 105 – 123.

Armanios, D. E., Eesley, C. E., Li, J., et al, 2017, "How Entrepreneurs Leverage Institutional Intermediaries in Emerging Economies to Acquire Public Resources", *Strategic Management Journal*, Vol. 38, No. 7, pp. 1373 – 1390.

Arruda, C., Nogueira, V. S., Cozzi, A., et al., 2015, "The Brazilian entrepreneurial ecosystem of startups: An analysis of entrepreneurship determinants in Brazil and the perceptions around the Brazilian regulatory framework", *Entrepreneurship in BRICS*, pp. 9 – 26.

Audia, P. G., Freeman, J. H. and Reynolds, P. D., 2006, "Organizational Foundings in Community Context: Instruments Manufacturers and Their Interrelationship with Other Organizations", *Administrative Science Quarterly*, *MEMO*, No. 51, pp. 381 – 419.

Audretsch, D. B., Keilbach, M., 2004, "Does Entrepreneurship Capital Matter?", *Entrepreneurship Theory and Practice*, Vol. 28, No. 5, pp. 419 – 429.

Auerswald, P. E., 2014, *Enabling Entrepreneurial Ecosystems*, Kansas City: Ewing Marion Kauffman Foundation.

Auerswald, P. E., Dani, L., 2017, "The Adaptive Life Cycle of Entrepreneurial Ecosystems: The Biotechnology Cluster", *Small Business Economics*, Vol. 49, No. 1, pp. 97 – 117.

Autio, E., 2017, "Strategic Entrepreneurial Internationalization: A Normative Framework", *Strategic Entrepreneurship Journal*, Vol. 1, No. 3, pp. 211 – 227.

Bakos, Y., Katsamakas, E., 2008, "Design and Ownership of Two-sided Networks: Implications for Internet Platforms", *Journal of Management Information Systems*, Vol. 25, No. 2, pp. 171 – 202.

Barney, J., 1991, "Firm Resources and Sustained Competitive Advantage", *Journal of Management*, Vol. 17, No. 1, pp. 99 – 120.

Battistella, C., Colucci, K., De Toni, A. F. &Nonino, F., 2013, "Methodology of Business Ecosystems Network Analysis: A Case Study in Telecom Italia Future Centre", *Technological Forecasting & Social Change*, Vol. 80,

No. 6, pp. 1194 – 1210.

Bauernschuster, S., 2013, "Dismissal Protection and Small Firms' Hirings: Evidence from a Policy Reform", *Small Business Economics*, Vol. 40, No. 2, pp. 293 – 307.

Baum, J. A. C., Calabrese, T., & Silverman, B. S, 2000, "Don't go it alone: Alliance Network Composition and Startups' Performance in Canadian Biotechnology", *Strategic Management Journal*, Vol. 21, No. 3.

Baumol, W. J., 2002, "Entrepreneurship, Innovation and Growth: The David-Goliath Symbiosis", *Journal of Entrepreneurial Finance and Business Ventures*, Vol. 7, No. 2, pp. 1 – 10.

Belitski, M., Caiazza, R., Lehmann, E. E., 2019, "Knowledge Frontiers and Boundaries in Entrepreneurship Research", *Small Business Economics*, No. 7, pp. 521 – 531.

Benfratello, L., Schiantarelli, L. and Sembenelli, A., 2008, "Banks and Innovation: Microeconometric Evidence on Italian Firms", *Journal of Financial Economics*, Vol. 90, No. 2, pp. 267 – 294.

Berger, E. S. C, Kuckertz, A., 2016, "Female Entrepreneurship in Startup Ecosystems Worldwide", *Journal of Business Research*, Vol. 69, No. 11, pp. 5163 – 5168.

Bergh, P., S. Thorgren and J. Wincent, 2011, "Entrepreneurs Learning Together: The Importance of Building Trust for Learning and Exploiting Business Opportunities", *International Entrepreneurship and Management Journal*, Vol. 7, No. 1, pp. 17 – 37.

Bernardez, M., Mead, M., 2009, "The Power of Entrepreneurial Ecosystems: Extracting Boom from Bust", *PII Review*, Vol. 2, No. 2, pp. 12 – 45.

Best, M. H., 2015, "Greater Boston's Industrial Ecosystem: A Manufactory of Sectors", *Technovation*, Vol. 39, No. 5 – 6, pp. 4 – 13.

Bhagavatula, S., Mudambi, R. and Murmann, J. P., 2019, "Innovation and Entrepreneurship in India: An Overview", *Management and Organization Review*, Vol. 15, No. 3, pp. 467 – 493.

Bhawe, N. and Zahra, S. A., 2019, "Inducing Heterogeneity in Local Entrepreneurial Ecosystems: The Role of MNEs", *Small Business Economics*, Vol. 52, No. 2, pp. 437 – 454.

Bøllingtoft, A. and Ulhøi, J. P., 2005, "The Networked Business Incubator—leveraging Entrepreneurial Agency?", *Journal of business venturing*, Vol. 20, No. 2, pp. 265 – 290.

Blundel, R., Thatcher, M., 2005, "Contrasting Local Responses to Globalization: The Case of Volume Yacht Manufacturing in Europe", *Entrepreneurship & Regional Development*, Vol. 17, No. 6, pp. 405 – 429.

Borgh, M., Cloodt, M., Romme, A., 2012, "Value Creation by Knowledge-based Ecosystems: Evidence from a Field Study", *R&D Management*, Vol. 42, No. 2, pp. 150 – 169.

Bosch-Sijtsema, P. M, Bosch, J., 2015, "Plays Nice with Others? Multiple Ecosystems, Various Roles and Divergent Engagement Models", *Technology Analysis & Strategic Management*, Vol. 27, No. 8, pp. 960 – 974.

Bouchard, M. and Dion, C. B., 2009, "Growers and Facilitators: Probing the Role of Entrepreneurs in the Development of the Cannabis Cultivation Industry", *Journal of Small Business and Entrepreneurship*, Vol. 22, No. 1, pp. 25 – 38.

Bowen, H. P. and De Clercq, D., 2008, "Institutional Context and the Allocation of Entrepreneurial Effort", *Journal of International Business Studies*, Vol. 39, No. 4, pp. 747 – 767.

Bramwell, A. and Wolfe, D. A., 2008, "Universities and Regional Economic Development: The Entrepreneurial University of Waterloo", *Research Policy*, Vol. 37, No. 8, pp. 1175 – 1187.

Brekke, T., 2015, "Entrepreneurship and Path Dependency in Regional Development", *Entrepreneurship & Regional Development*, Vol. 27, No. 3 – 4, pp. 202 – 218.

Brown, J. R., Fazzari, S. M. and Petersen, B. C., 2009, "Financing Innovation and Growth: Cash Flow, External Equity, and the 1990s R&D

Boom", *The Journal of Finance*, Vol. 64, No. 1.

Bruton, G. D., Ahlstrom, D., Obloj, K., 2008, "Entrepreneurship in Emerging Economies: Where are We Today and Where Should the Research Go in the Future", *Entrepreneurship Theory and Practice*, Vol. 32, No1, pp. 1 – 14.

Bruton, G. D., Ahlstrom, D., Singh, K., 2002, "The Impact of the Institutional Environment on the Venture Capital Industry in Singapore", *Venture Capital*, Vol. 4, No. 3, pp. 197 – 218.

Bruton, G. D., Lau, C. &Obloj, K., 2014, "Institutions, Resources and Firm Strategies: A Comparative Analysis of Entrepreneurial Firms in Three Transitional Economies", *European Journal of International Management*, Vol. 8, No. 6, pp. 697 – 720.

Bruton, G. D., Zahra, S. A. and Cai, L., 2018, "Examining Entrepreneurship through Indigenous-lenses", *Entrepreneurship Theory and Practice*, Vol. 42, No. 3, pp. 351 – 361.

Buckley, P. J., Clegg J., Tan, H., 2006, "Cultural Awareness in Knowledge Transfer to China—The Role of Guanxi andMianzi", *Journal of World Business*, Vol. 41, No. 3, pp. 275 – 288.

Buenstorf, G., 2007, "Creation and Pursuit of Entrepreneurial Opportunities: An Evolutionary Economics Perspective", *Small Business Economics*, Vol. 28, No. 4, pp. 323 – 337.

Burns, B. L., Barney, J. B. and R. W. Angus, et al., 2015, "Enrolling Stakeholders under Conditions of Risk and Uncertainty", *Strategic Entrepreneurship Journal*, Vol. 10, No. 1, pp. 97 – 106.

Burt, R. S., Christman, K. P. and Kilburn, H. C., 1980, "Testing a Structural Theory of Corporate Cooptation: Interorganizational Directorate Ties as a Strategy for Avoiding Market Constraints on Profits", *American Sociological Review*, Vol. 45, No. 5, pp. 821 – 841.

Cai, L., Chen, J. Y., Peng, X. Q., et al., 2016, "The Effect of Symbiosis Strategy on Opportunity Creation: Case Study of New Ventures in China",

International Journal of Technology Manage-ment, Vol. 72, No. 1 – 3, pp. 171 – 191.

Cantù, C. , 2017, "Entrepreneurial Knowledge Spillovers: Discovering Opportunities through Understanding Mediated Spatial Relationships", *Industrial Marketing Management*, Vol. 61, No. 2, pp. 30 – 42.

Caro, D. H. J. , 2008, "Deconstructing Symbiotic Dyadic E-health Networks: Transnational and Transgenic Perspectives", *International Journal of Information Management*, Vol. 28, No. 2, pp. 94 – 101.

Carree, M. , Congregado, E. , Golpe, A. , et al. , 2015, "Self-employment and Job Generation in Metropolitan Areas, 1969 – 2009", *Entrepreneurship & Regional Development*, Vol. 27, No. 3 – 4, pp. 181 – 201.

Chalmers, D. , MacKenzie, N. G. , Carter, S. , 2021, "Artificial Intelligence and Entrepreneurship: Implications for Venture Creation in the Fourth Industrial Revolution", *Entrepreneurship Theory and Practice*, Vol. 45, No. 5, pp. 1028 – 1053.

Chen, J. , Cai, L. , Bruton, G. D. , et al. , 2020, Entrepreneurial ecosystems: what we know and where we move as we build an understanding of China, *Entrepreneurship & Regional Development*, Vol. 32, No. 5 – 6, pp. 370 – 388.

Chen, J. , Chang, A. Y. , Bruton, G. D. , 2017, "Microfinance: Where are We Today and Where Should the Research Go in the Future?", *International Small Business Journal: Researching Entrepreneurship*, Vol. 35, No. 7, pp. 793 – 802.

Chen, M. J. , Miller, D. , 2015, "Reconceptualizing Competitive Dynamics: A Multidimensional Framework", *Strategic Management Journal*, Vol. 36, No. 5, pp. 758 – 775.

Chertow, M. & Ehrenfeld, J. , 2012, "Organizing Self-Organizing Systems", *Journal of Industrial Ecology*, Vol. 16, No. 1, pp. 13 – 27.

Choi, Y. R. , D. A. Shepherd, 2004, "Entrepreneurs' Decisions to Exploit Opportunities", *Journal of Management*, Vol. 30, No. 3, pp. 377 – 395.

Chou, T. , Huang, M. , 2012, "Understanding the Roles of Business Ecosystems in Large Public IT Infrastructure Project Development: The Case of M-taipei", *International Journal of Information Management*, Vol. 32, No. 1, pp. 88 – 92.

Chou, Y. K. and Chin, M. S., 2009, "Financial Innovations and Technological Innovations as Twin Engines of Economic Growth", *Working Paper of Department of Economics*, *University of Melbourne*, pp. 1 – 10.

Clark, B. R., 2004, "Delineating the Character of the Entrepreneurial University", *Higher Education Policy*, Vol. 17, No. 4, pp. 355 – 370.

Clarysse, B., Wright, M., Bruneel, J., et al, 2014, "Creating Value in Ecosystems: Crossing the Chasm between Knowledge and Business Ecosystems", *Research Policy*, Vol. 43, No. 7, pp. 1164 – 1176.

Cohen, B., 2006, "Sustainable Valley Entrepreneurial Ecosystems", *Business Strategy and the Environment*, Vol. 15, No. 1, pp. 1 – 14.

Colombelli, A., Paolucci, E., Ughetto, E., 2019, "Hierarchical and Relational Governance and the Life Cycle of Entrepreneurial Ecosystems", *Small Business Economics*, Vol. 52, No. 2, pp. 505 – 521.

Comin, D. and Nanda, R., 2019, "Financial Development and Technology Diffusion", *IMF Economic Review*, Vol. 67, No. 2, pp. 395 – 419.

Companys, Y. E., McMullen, J. S., 2007, "Strategic Entrepreneurs at Work: The Nature, Discovery, and Exploitation of Entrepreneurial Opportunities", *Small Business Economics*, Vol. 28, No. 4, pp. 301 – 322.

Corbett, A. C., Hmieleski, K. M., 2007, "The Conflicting Cognitions of Corporate Entrepreneurs", *Entrepreneurship Theory and Practice*, Vol. 31, No. 1, pp. 103 – 121.

Corbin, J. M., Strauss, A. L., 2014, *Basics of Qualitative Research: Techniques and Procedures for Developing Grounded Theory*, Sage publications.

Cui, V., Yang, H. B. andVertinsky, I., 2018, "Attacking Your Partners: Strategic Alliances and Competition between Partners in Product Markets", *Strategic Management Journal*, Vol. 39, No. 12, pp. 3116 – 3139.

Cumming, D., Johan, S., 2010, "The Differential Impact of the Internet on

Spurring Regional Entrepreneurship", *Entrepreneurship Theory and Practice*, Vol. 34, No. 5, pp. 857 – 883.

Cunningham, J. A., Menter, M., Wirsching, K., 2019, "Entrepreneurial Ecosystem Governance: A Principal Investigator-centered Governance Framework", *Small Business Economics*, Vol. 52, No. 2, pp. 545 – 562.

Dana, L. P, Etemad, H. and Wright, R. W., 2008, "Toward a Paradigm of Symbiotic Entrepreneurship", *International Journal of Entrepreneurship and Small Business*, Vol. 5, No. 5, pp. 109 – 126.

Dane, S., and Jordan, B., 2015, *Measuring an entrepreneurial ecosystem*, Social science electronic publishing.

Davis, J. P., 2016, "The Group Dynamics of Interorganizational Relationships: Collaborating with Multiple Partners in Innovation Ecosystems", *Administrative Science Quarterly*, Vol. 61, No. 4, pp. 621 – 661.

Davis, J. P., Eisenhardt, K. M., 2011, "Rotating Leadership and Collaborative Innovation: Recombination Processes in Symbiotic Relationships", *Administrative Science Quarterly*, Vol. 56, No. 2, pp. 159 – 201.

del-Corte-Lora, V., Vallet-Bellmunt, T., Molina-Morales, F. X., 2015, "Be Creative but Not so much. Decreasing Benefifits of Creativity in Clustered Firms", *Entrepreneurship & Regional Development*, Vol. 27, No. 1 – 2, pp. 1 – 27.

Dimov, D., 2007, "Beyond the Single-person, Single-Insight Attribution in Understanding Entrepreneurial Opportunities", *Entrepreneurship Theory and Practice*, Vol. 31, No. 5, pp. 713 – 731.

Dimov, D., 2010, "Nascent Entrepreneurs and Venture Emergence: Opportunity Confidence, Human Capital, and Early Planning", *Journal of Management Studies*, Vol. 47, No. 6, pp. 1123 – 1153.

Doblinger, C., Surana, K., Anadon, L. D., 2019, "Governments as Partners: The Role of Alliances in US Cleantech Startup Innovation", *Research Policy*, Vol. 48, No. 6, pp. 1458 – 1475.

Dobrev, S. D., Kim, T. Y., 2006, "Positioning among Organizations in a

Population: Moves between Market Segments and the Evolution of Industry Structure", *Administrative Science Quarterly*, Vol. 51, No. 2, pp. 230 – 261.

Dong, L. , Glaister, K. W. , 2006, "Motives and Partner Selection Criteria in International Strategic Alliances: Perspectives of Chinese Firms", *International Business Review*, Vol. 15, No. 6, pp. 577 – 600.

Dong, X. & Ma, R. , 2017, "Analysis on the Symbiosis Stability of Agricultural Equipment Manufacturing Value Network Based on Lotka-Volterra", *International journal of system Assurance Engineering and Management*, Vol. 8, No. S1, pp. 499 – 504.

Drori, I. , Honig, B. A. , 2013, "Process Model of Internal and External Legitimacy", *Organization Studies*, Vol. 34, No. 3, pp. 345 – 376.

Dunn, K. , 2005, "The Entrepreneurship Ecosystem", *MIT Technology Review*, No. 9, pp. 46 – 50.

Dussauge, P. , Garrette, B. and Mitchell, W. , 2000, "Learning from Competing Partners: Outcomes and Durations of Scale and Link Alliances in Europe, North America and Asia", *Strategic Management Journal*, Vol. 21, No. 2, pp. 99 – 126.

Dutta, D. K. , M. M. Crossan, 2005, "The Nature of Entrepreneurial Opportunities: Understanding the Process Using the 4I Organizational Learning Framework", *Entrepreneurship Theory and Practice*, Vol. 29, No. 4, pp. 425 – 449.

Eckhardt, J. T. and S. A. Shane, 2003, "Opportunities and Entrepreneurship", *Journal of Management*, Vol. 29, No. 3, pp. 333 – 349.

Edewor, P. A. , Abimbola, O. H. , Ajayi, M. P. , 2014, "An Exploration of Some Sociological Approaches to Entrepreneurship", *European Journal of Business and Management*, Vol. 6, No. 5, pp. 18 – 24.

Eisenhardt, K. , 1989, "Building Theories from Case Study Research", *The Academy of Management Review*, Vol. 14, No. 4, pp. 532 – 550.

Elia, G. , Margherita, A. , Passiante, G. , et al. , 2020, "Digital Entrepreneurship Ecosystem: How Digital Technologies and Collective Intelligence are

Reshaping the Entrepreneurial Process", *Technological Forecasting and Social Change*, No. 150, pp. 119 – 791.

Eliasson, G., Henrekson, M. and William, J. Baumol, 2004, "An Entrepreneurial Economist on the Economics of Entrepreneurship", *Small Business Economics*, Vol. 23, No. 1, pp. 1 – 7.

Espinoza, C., Mardones, C., Sáez, K., et al, 2019, "Entrepreneurship and Regional Dynamics: The Case of Chile", *Entrepreneurship & Regional Development*, Vol. 31, No. 9 – 10, pp. 755 – 767.

Etemad, H., Wright, R. W. and Dana, L. P., 2001, "Symbiotic International Business Networks: Collaboration between Small and Large Firms", *Thunderbird International Business Review*, Vol. 43, No. 4, pp. 481 – 499.

Etemad, H., Wright, R. W. and Dana, L. P., 2010, "Symbiotic International Business Networks: Collaboration between Small and Large Firms", *Thunderbird International Business Review*, Vol. 43, No. 4, pp. 481 – 499.

Etzkowitz, H., 2004, "The Evolution of the Entrepreneurial University", *International Journal of Technology & Globalisation*, Vol. 1, No. 1, pp. 64 – 77.

Etzkowitz, H., Webster, A., Gebhardt, C., et al., 2000, "The Future of the University and the University of the Future: Evolution of Ivory Tower to Entrepreneurial Paradigm", *Research Policy*, Vol. 29, No. 2, pp. 313 – 330.

Farzanegan, M. R., 2014, "Can Oil-rich Countries Encourage Entrepreneurship?", *Entrepreneurship & Regional Development*, Vol. 26, No. 9 – 10, pp. 706 – 725.

Feldman, M., Lowe, N., 2015, "Triangulating Regional Economies: Realizing the Promise of Digital Data", *Research Policy*, Vol. 44, No. 9, pp. 1785 – 1793.

Fernhaber, S. A., & Li, D. 2010. "The Impact of Interorganizational Imitation on New Venture International Entry and Performance", *Entrepreneurship Theory and Practice*, Vol. 34, No. 1, pp. 1 – 30.

Fini, R., Grimaldi, R., Santoni, S. et al., 2011, "Complementsor Substitutes? The Role of Universities and Local Context in Supporting the Creation of Academic Spin-off", *Research Policy*, Vol. 40, No. 8, pp. 1113 – 1127.

Fisher, G. , 2019, "Online Communities and Firm Advantages", *The Acade My of Management Review*, Vol. 44, No. 2, pp. 279 – 298.

Fletcher, D. E. , 2006, "Entrepreneurial Processes and the Social Construction of opportunity", *Entrepreneurship and Regional Development*, Vol. 18, No. 5, pp. 421 – 440.

Foss, N. J. , J. Lyngsie and S. A. Zahra, 2013, "The Role of External Knowledge Sources and Organizational Design in the Process of Opportunity Exploitation", *Strategic Management Journal*, Vol. 34, No. 12, pp. 1453 – 1471.

Franke, N. , Keinz, P. and Klausberger, K. , 2013, " ' Does This Sound Like a Fair Deal?' : Antecedents and Consequences of Fairness Expectations in the Individual's Decision to Participate in Firm Innovation", *Organization Science*, Vol. 24, No. 5, pp. 1495 – 1516.

Freeman, J. , Hannan, M. T. , 1983, "Niche Width and the Dynamics of Organizational Populations", *American Journal of Sociology*, Vol. 88, No. 6, pp. 1116 – 1145.

Freeman, R. E. , 2010, *Strategic Management: A Stakeholder Approach*, Cambridge University Press.

Galateanu, A. E. , Avasilcai, S. , 2014, "Symbiosis Process in Business Ecosystem", *Advanced Materials Research*, Vol. 3483, No. 1036, pp. 1066 – 1071.

García-Algarra, J. , Galeano, J. , Pastor, J. M. , Iriondo, J. M. , and Ramasco, J. J. , 2014, "Rethinking the logistic approach for population dynamics of mutualistic interactions", *Journal of Theoretical Biology*, Vol. 363, pp. 332 – 343.

Garnsey, E. , Leong, Y. Y. , 2008, "Combining Resource-based and Evolutionary Theory to Explain the Genesis of Bio-networks", *Industry and Innovation*, Vol. 15, No. 6, pp. 669 – 686.

Gatignon, A. , Capron, L. , 2020, "The Firm as an Architect of Polycentric Governance: Building Open Institutional Infrastructure in Emerging Markets", *Strategic Management Journal*, Online.

Gawer, A., Phillips, N., 2013, "Institutional Work as Logics Shift: The Case of Intel's Transformation to Platform Leader", *Organization Studies*, Vol. 34, No. 8, pp. 1035 – 1071.

Glaser B, Strauss A., 1967, *The Discovery of Grounded Theory*, London: We idenfeld and Nicholson.

Gómez-Uranga, M., Miguel, J. C., Zabala-Iturriagagoitia, J. M., 2014, "Epigenetic Economic Dynamics: The Evolution of Big Internet Business Ecosystems, Evidence for Patents", *Technovation*, Vol. 34, No. 3, pp. 177 – 189.

Graham, R., 2014, "Creating University-based Entrepreneurial Ecosystems: Evidence from Emerging World Leaders", Massachusetts Institute of Technology, Vol. 20, No. 4.

Greve, A., J. W. Salaff, 2003, "Social Networks and Entrepreneurship", *Entrepreneurship Theory and Practice*, Vol. 28, No. 1, pp. 1 – 22.

Griffin-El, E. W., Olabisi, J., 2018, "Breaking Boundaries: Exploring the Process of Intersective Market Activity of Immigrant Entrepreneurship in the Context of High Economic Inequality", *Journal of Management Studies*, Vol. 55, No. 3, pp. 457 – 485.

Gulati, R., Sytch, M., 2007, "Dependence Asymmetry and Joint Dependence in Interorganizational Relationships: Effects of Embeddedness on a Manufacturer's Performance in Procurement Relationships", *Administrative Science Quarterly*, MEMO, No. 52, pp. 32 – 69.

Habbershon, T. G., 2006, "Commentary: A Framework for Managing the Familiness and Agency Advantages in Family Firms", *Entrepreneurship Theory and Practice*.

Habersetzer, A., 2016, "Spin-off Dynamics beyond Clusters: Pre-entry Experience and Firm Survival in Peripheral Regions", *Entrepreneurship & Regional Development*, Vol. 28, No. 9 – 10, pp. 791 – 812.

Hannan, M. T., Carroll, G. R., Pólos, L., 2003, "The Organizational Niche", *Sociological Theory*, Vol. 21, No. 4, pp. 309 – 340.

Hansen, M. T., Chesbrough, H. W., Nohria, N., et al., 2000, "Networked Incubators", *Harvard Business Review*, Vol. 78, No. 5, pp. 74 –84.

Harrison, J. S., 2002, "A Stakeholder Perspective of Entrepreneurial Activity", *The Ruffin Series of the Society for Business Ethics*, Vol. 3, pp. 143 –150.

Hartigh, E. D., Tol M, Visscher W., 2006, "The Health Measurement of a Business Ecosystem", *Proceedings of the European Network on Chaos and Complexity Research and Management Practice Meeting.*

Haunschild, P. R., & Miner, A. S. 1997. "Modes of Interorganizational Imitation: The Effects of Outcome Salience and Uncertainty", *Administrative Science Quarterly*, Vol. 42, No. 3, pp. 472 –500.

Haveman, H. A. 1993, "Follow the Leader: Mimetic Isomorphism and Entry into New Markets", *Administrative Science Quarterly*, Vol. 38, No. 4, pp. 593 –624.

Hechavarria, D. M., Ingram, A., 2014, "A Review of the Entrepreneurial Ecosystem and the Entrepreneurial Society in the United States: An Exploration with the Global Entrepreneurship Monitor Dataset", *Journal of Business and Entrepreneurship*, Vol. 26, No. 1, pp. 1 –36.

Heidenreich, M., 2005, "The Renewal of Regional Capabilities: Experimental Regionalism in Germany", *Research Policy*, Vol. 34, No. 5, pp. 739 –757.

Hellmann, T., Perotti, E., 2011, "The Circulation of Ideas in Firms and Markets", *Management Science*, Vol. 57, No. 10, pp. 1813 –1826.

Henrekson, M., 2014, "Entrepreneurship, Innovation, and Human Flourishing", *Small Business Economics*, Vol. 43, No. 3, pp. 511 –528.

Homa, B., Stuart, E., 1995, "Flexible Re-Cycling and High-Technology Entrepreneurship", *California Management Review*, Vol. 37. No. 3, pp. 62 –89.

Hudnurkar, M., Rathod, U. and Jakhar, S. K., 2016, "Multi-criteria Decision Framework for Supplier Classification in Collaborative Supply Chains: Buyer's Perspective", *International Journal of Productivity and Performance Management*, Vol. 65, No. 5, pp. 622 –640.

Huggins, R., Thompson, P., 2014, "Culture, Entrepreneurship and Uneven

Development: A Spatial Analysis", *Entrepreneurship & Regional Development*, Vol. 26, No. 9 – 10, pp. 726 – 752.

Huggins, R., Williams N., 2011, "Entrepreneurship and Regional Competitiveness: The Role and Progression of Policy", *Entrepreneurship & Regional Development*, Vol. 23, No. 9 – 10, pp. 907 – 932.

Hughes, M., Ireland, R. D., Morgan, R. E., 2007, "Stimulating Dynamic Value: Social Capital and Business Incubation as a Pathway to Competitive Success", *Long Range Planning*, Vol. 40, No. 2, pp. 154 – 177.

Iansiti, M. and Levien, R., 2004, "Strategy as Ecology", *Harvard business review*, Vol. 82, No. 3, pp. 68 – 81.

Ihrig, M., Macmill, et al, 2017, "How to Get Ecosystem Buy-in", *Harvard Business Review*, Vol. 95, No. 2, pp. 102 – 107.

Isaksen, A., 2016, "Cluster Emergence: Combining Pre-existing Conditions and Triggering Factors", *Entrepreneurship & Regional Development*, Vol. 28, No. 9 – 10, pp. 704 – 723.

Isenberg, D. J., 2010, "How to Start an Entrepreneurial Revolution", *Harvard Business Review*, Vol. 88, No. 6, pp. 40 – 50.

Isenberg, D. J., 2011, "The Entrepreneurship Ecosystem Strategy as a New Paradigm for Economic Policy: Principles for Cultivating Entrepreneurship", Institute of International and European Affairs.

Isenberg, D. J., 2014, "What an Entrepreneurship Ecosystem Actually Is", *Harvard Business Review*, Vol. 5, No. 1, p. 7.

Isenberg, D. J., 2016, "Applying the Ecosystem Metaphor to Entrepreneurship: Uses and Abuses", *Antitrust bulletin*, Vol. 61, No. 4, pp. 564 – 573.

Jacobides, M. G., Cennamo, C., Gawer, A., 2018, "Towards a Theory of Ecosystems", *Strategic Management Journal*, Vol. 39, No. 8, pp. 2255 – 2270.

Jacobides, M. G., Knudsen, T. and Augier, M., 2006, "Benefiting from Innovation: Value Creation, Value Appropriation and the Role of Industry Architectures", Research Policy, Vol. 35, No. 8, pp. 1200 – 1221.

Kalantaridis, C., Vassilev, I., 2011, "Firm Size and the Nature of International Relationships: The Case of Globally Integrated Small Firms", *Journal of Small Business Management*, Vol. 49, No. 4, pp. 639 – 958.

Kanter, R. M., 2012, "Enriching the Ecosystem", *Harvard Business Review*, Vol. 90, No. 3.

Kapoor, R, Furr, N. R., 2015, "Complementarities and Competition Unpacking the Drivers of Entrants' Technology Choices in the Solar Photovoltaic Industry", *Strategic Management Journal*, Vol. 36, No. 3, pp. 416 – 436.

Kasabov, E., 2015, "Start-up Difficulties in Early-stage Peripheral Clusters: The Case of IT in an Emerging Economy", *Entrepreneurship Theory and Practice*, Vol. 39, No. 4, pp. 727 – 761.

Kazadi, K., Lievens, A., Mahr, D., 2016, "Stakeholder Co-creation During the Innovation Process: Identifying Capabilities for Knowledge Creation among Multiple Stakeholders", *Journal of Business Research*, Vol. 69, No. 2, pp. 525 – 540.

Khanagha, S., Ansari, S., Paroutis, S., et al., 2020, "Mutualism and the Dynamics of New Platform Creation: A Study of Cisco and Fog Computing", *Strategic Management Journal*.

Kim, H., Hoskisson, R. E. and Wan, W. P., 2004, "Power Dependence, Diversification Strategy, and Performance in Keiretsu Member Firms", *Strategic Management Journal*, Vol. 25, No. 7, pp. 613 – 636.

Kim, J. Y. J., & Miner, A. S. 2007. "Vicarious Learning from the Failures and Near-failures of others: Evidence from the US Commercial Banking Industry", *Academy of Management Journal*, Vol. 50, No. 3, pp. 687 – 714.

Kim, Y., Kim, W., Yang, T., 2012, "The Effect of the Triple Helix System and Habitat on Regional Entrepreneurship: Empirical Evidence from the U. S. ", *Research Policy*, Vol. 41, No. 1, pp. 154 – 166.

Korsgaard, S., 2013, "It's Really Out There: A Review of the Critique of the Discovery View of Opportunities", *International Journal of Entrepreneurial Behavior & Research*, Vol. 19, No. 2, pp. 130 – 148.

Lau, C. M., Bruton, G. D., 2008, "FDI in China: What We Know and

What We Need to Study Next", *Academy of Management Proceedings*, Vol. 22, No. 4, pp. 30 – 44.

Laukkanen, M., 2000, "Exploring Alternative Approaches in High-level Entrepreneurship Education: Creating Micromechanisms for Endogenous Regional Growth", *Entrepreneurship & Regional Development*, Vol. 12, No. 1, pp. 25 – 47.

Leong, C., Pan, S., Newell, S. Cui, L., 2016, "The Emergence of Self-organising E-commerce Ecosystems in Remote Villages of China: A Tale of Digital Empowerment for Rural Development", *MIS Quarterly*, Vol. 40, No. 2, pp. 475 – 484.

Li, J., Cai, Z., Zhu, H., et al., 2015, "Symbiotic Venture and Social Capital: The Effects of Market Orientation on Small Entrepreneur Firms in China", *South Asian Journal of Management*, Vol. 19, No. 15, pp. 219 – 240.

Li, J. F., Garnsey, E., 2014, "Policy-driven Ecosystems for New Vaccine Development", *Technovation*, Vol. 34, No. 12, pp. 762 – 772.

Li, Y. R., 2009, "The Technological Road Map of Cisco's Business Ecosystem", *Technovation*, Vol. 29, No. 5, pp. 379 – 386.

Lorenzen, M., 2019, "How Early Entrants Impact Cluster Emergence: MNEs vs. Local Firms in the Bangalore Digital Creative Industries", *Management and Organization Review*, Vol. 15, No. 3, pp. 495 – 531.

Lusch, R. F., Nambisan, S., 2015, "Service Innovation: A Service-dominant Logic Perspective", *MIS Quarterly*, Vol. 39, No. 1, pp. 155 – 175.

Mack, E., Mayer, H., 2016, "The Evolutionary Dynamics of Entrepreneurial Ecosystems", *Urban Studies*, Vol. 53, No. 10.

Malthouse, E. C., Buoye, A., Line, N., et al., 2019, "Beyond Reciprocal: The Role of Platforms in Diffusing Data Value across Multiple Stakeholders", *Journal of Service Management*, Vol. 30, No. 4, pp. 507 – 518.

Marks, D. F., 2011, "Visual Imagery Differences in the Recall of Pictures", *British Journal of Psychology*, Vol. 64, No. 1.

Martinez, R. J., Dacin, M. T., 1999, "Efficiency Motives and Normative

Forces: Combining Transactions Costs and Institutional Logic", *Journal of Management*, *Vol.* 25, No. 1, pp. 75 – 96.

Martin, K., Breznitz, D., Murphree, M., 2013, "Coming Back Home After the Sun Rises: Returnee Entrepreneurs and Growth of High Tech Industries", *Research Policy*, Vol. 42, No. 2, pp. 391 – 407.

Mason, C. and Brown, R., 2014, "Entrepreneurial Ecosystems and Growth Oriented Entrepreneurship", *Final Report to OECD*, Paris.

Mazzanti, M., Montresor, S., Pini, P., 2011, "Outsourcing, Delocalization and Firm Organization: Transaction Costs versus Industrial Relations in a Local Production System of Emilia Romagna", *Entrepreneurship & Regional Development*, Vol. 23, No. 7 – 8, pp. 419 – 447.

McKelvey, M., Zaring, O., Ljungberg, D., 2015, "Creating Innovative Opportunities through Research Collaboration: An Evolutionary Framework and Empirical Illustration in Engineering", *Technovation*, Vol. 39, No. 5 – 6, pp. 26 – 36.

Mendoza-Abarca, K. I., Anokhin, S. and Zamudio, C., 2015, "Uncovering the Influence of Social Venture Creation on Commercial Venture Creation: A Population Ecology Perspective", *Journal of Business Venturing*, Vol. 30, No. 6, pp. 793 – 807.

Meyskens, M., Carsrud, A., & Cardozo, R., 2008, "The impact of resources on social entrepreneurship organizations: The symbiosis of entities in the social engagement network", In United States Association for Small Business and Entrepreneurship. Conference Proceedings (p. 863). United States Association for Small Business and Entrepreneurship.

Meyskens, M., Carsrud, A. L. and Cardozo, R. N., 2010, "The Symbiosis of Entities in the Social Engagement Network: The Role of Social Ventures", *Entrepreneurship & Regional Development*, Vol. 22, No. 5, pp. 425 – 455.

Mitchell, J. R., D. A. Shepherd, 2010, "To Thine Own Self be True: Images of Self, Images of Opportunity, and Entrepreneurial Action", *Journal of Business Venturing*, Vol. 25, No. 1, pp. 138 – 154.

Mitchell, R. K., J. R. Mitchell and J. B. Smith, 2008, "Inside Opportunity Formation: Enterprise Failure, Cognition and the Creation of Opportunities", *Strategic Entrepreneurship Journal*, Vol. 2, No. 3, pp. 225 – 242.

Molina-Morales, F. X., Martínez-Fernández, M. T., 2009, "Too Much Love in the Neighborhood Can Hurt: How an Excess of Intensity and Trust in Relationships May Produce Negative Effects on Firms", *Strategic Management Journal*, Vol. 30, No. 9, pp. 1013 – 1023.

Moore, J. F., 1993, "Predators and Prey: A New Ecology of Competition", *Harvard Business Review*, Vol. 71, No. 3, pp. 75 – 83.

Moore, J. F., 1996, The Death of Competition: Leadership & Strategy in the Age of Business Ecosystems, *Harper Paperbacks Press*.

Motoyama, Y., Knowlton K., 2016, "From Resource Munificence to Ecosystem Integration: The Case of Government Sponsorship in St. Louis", *Entrepreneurship & Regional Development*, Vol. 28, No. 5 – 6, pp. 448 – 470.

Mueller, E. F., Jungwirth. C., 2016, "What Drives the Effectiveness of Industrial Clusters? Exploring the Impact of Contextual, Structural and Functioning Determinants", *Entrepreneurship & Regional Development*, Vol. 28, No. 5 – 6, pp. 424 – 447.

Nadgrodkiewicz, A., 2013, "Building Entrepreneurship Ecosystems", *Economic Reform Features Services*, No. 12, pp. 18 – 21.

Nambisan, S., 2017, "Digital Entrepreneurship: toward a Digital Technology Perspective of Entrepreneurship", *Entrepreneurship Theory and Practice*, Vol. 41, No. 6.

Nambisan, S. & Baron, R. A., 2013, "Entrepreneurship in Innovation Ecosystems: Entrepreneurs' Self-regulatory Processes and Their Implications for New Venture Success", *Entrepreneurship theory and practice*, Vol. 37, No. 5, pp. 1071 – 1097.

Nambisan, S., Sawhney, M., 2009, "Making the Most of the Global Brain for Innovation", *International Commerce Review*, Vol. 8, No. 2, pp. 128 – 135.

Nambisan, S. & Sawhney, M., 2011, "Orchestration Processes in Network-Centric Innovation: Evidence From the Field", *Academy of Management*

Perspectives, Vol. 25, No. 3, pp. 40 – 57.

Naude, W. , Gries, T. , Wood, E, et al. , 2008, "Regional Determinants of Entrepreneurial Start-ups in a Developing Country", *Entrepreneurship & Regional Development*, Vol. 20, No. 2, pp. 111 – 124.

Nguyen, Q. A. , Mort, G. S. , D'Souza, C. , 2015, "Vietnam in Transition: SMEs and the Necessitating Environment for Entrepreneurship Development", *Entrepreneurship & Regional Development*, Vol. 27, No. 3-4, pp. 154 – 180.

Nikolaou, I. E. , Nikolaidou, M. K. &Tsagarakis, K. P. , 2016, "The Response of Small and Medium-sized Enterprises to Potential Water Risks: an Eco-cluster Approach", *Journal of cleaner production*, Vol. 112, pp. 4550 –4557.

North, D. C. , 1990, "Institutions, Institutional Change and Economic Performance", Cambridge, UK: Cambridge University Press.

Oliver, C. , 1990, "Determinants of Interorganizational Relationships: Integration and Future Directions", *Academy of Management Review*, Vol. 15, No. 2, pp. 241 –265.

Overholm, H. , 2015, "Collectively Created Opportunities in Emerging Ecosystems: the Case of Solar Service Ventures", *Technovation*, Vol. 39, No. 5 –6, pp. 14 –25.

Ozgen, E. , R. A. Baron, 2007, "Social Sources of Information in Opportunity Recognition: Effects of Mentors, Industry Networks and Professional Forums", *Journal of Business Venturing*, Vol. 22, No. 2, pp. 174 – 192.

Palmer, A. , 2002, "Cooperative Marketing Associations: An Investigation into the Causes of Effectiveness", *Journal of Strategic Marketing*, Vol. 10, No. 2, pp. 135 – 156.

Pan, J. , Lin, J. , 2019, "Construction of Network Entrepreneurial Platform Leadership Characteristics Model: Based on the Grounded Theory", *Journal of Business Economics and Management*, Vol. 20, No. 5, pp. 958 –978.

Pan, Y. , Huang, P. and Gopal, A. , 2019, "Storm Clouds on the Horizon? New Entry Threats and R&D Investments in the US IT Industry", *Information Systems Research*, Vol. 30, No. 2, pp. 540 – 562.

Parker, R. , 2008, "Governance and the Entrepreneurial Economy: A Comparative Analysis of Three Regions", *Entrepreneurship Theory and Practice*, Vol. 32, No. 5, pp. 833 – 854.

Patel, P. C., Terjesen, S., 2011, "Complementary Effects of Network Range and Tie Strength in Enhancing Transnational Venture Performance", *Strategic Entrepreneurship Journal*, Vol. 5, No. 1, pp. 58 – 80.

Peltoniemi, M., 2006, "Preliminary Theoretical Framework for the Study of Business Ecosystems", *Emergence: Complexity & Organization*, Vol. 8, No. 1, pp. 10 – 19.

Pera, R., Occhiocupo, N., Clarke, J., 2016, "Motives and Resources for Value Co-creation in a Multi-stakeholder Ecosystem: A Managerial Perspective", *Journal of Business Research*, Vol. 69, No. 10, pp. 4033 – 4041.

Pereira, A. A., 2004, "State Entrepreneurship and Regional Development: Singapore's Industrial Parks in Batam and Suzhou", *Entrepreneurship & Regional Development*, Vol. 16, No. 2, pp. 129 – 144.

Pergelova, A., Angulo-Ruiz, F., 2014, "The Impact of Government Financial Support on the Performance of New Firms: The Role of Competitive Advantage as an Intermediate Outcome", *Entrepreneurship & Regional Development*, Vol. 26, No. 9 – 10, pp. 663 – 705.

Perkmann, M. and Salter, A., 2012, "How to Create Productive Partnerships With Universities", *MIT Sloan Management Review*, Vol. 53, No. 4, pp. 79 – 88.

Pfeffer, J., 1972, "Merger as a Response to Organizational Interdependence", *Administrative Science Quarterly*, Vol. 17, No. 3, pp. 382 – 393.

Pfeffer, J., Nowak, P., 1976, "Joint Ventures and Interorganizational Interdependence", *Administrative Science Quarterly*, MEMO, No. 21, pp. 398 – 418.

Pierce, L., 2009, "Big Losses in Ecosystem Niches: How Core Firm Decisions Drive Complementary Product Shakeouts", *Strategic Management Journal*, Vol. 30, No. 3, pp. 323 – 347.

Pilinkienė, V., Mačiulis, P., 2014, "Comparison of Different Ecosystem Analogies: The Main Economic Determinants and Levels of Impact", *Procedia-Social and Behavioral Sciences*, No. 156, pp. 365 – 370.

Pilinkienė V, Mačiulis P, 2014, "Comparison of Different Ecosystem Analogies: the Main Economic Determinants and Levels of Impact", *Procedia-Social and Behavioral Sciences*, No. 156, pp. 365 – 370.

Pinho, J. C., E. S. de Sá, 2013, "Entrepreneurial Performance and Stakeholders' Relationships: A Social Network Analysis Perspective", *International Journal of Entrepreneurship*, Vol. 17, No. 1, pp. 77 – 98.

Pinkse, J., Groot, K., 2015, "Sustainable Entrepreneurship and Corporate Political Activity: Overcoming Market Barriers in the Clean Energy Sector", *Entrepreneurship Theory and Practice*, Vol. 39, No. 3, pp. 633 – 654.

Polidoro, F., Ahuja, G. and Mitchell, W., 2011, "When the Social Structure Overshadows Competitive Incentives: The Effects of Network Embeddedness on Joint Venture Dissolution", *Academy of Management Journal*, MEMO, No. 54, pp. 369 – 392.

Ramachandran, K., S. Ray, 2006, "Networking and New Venture Resource Strategies: A Study of Information Technology Start-ups", *Journal of Entrepreneurship*, Vol. 15, No. 2, pp. 145 – 168.

Redding, G., Witt, M. A., 2015, "Advancing Indigenous Management Theory: Executive Rationale as an Institutional Logic", *Management & Organization Review*, Vol. 11, No. 2, pp. 179 – 203.

Rice, M. P., Fetters, M. L. Greene, P. G., 2014, "University-based Entrepreneurship Ecosystems: A Global Study of Six Educational Institutions", *International Journal of Entrepreneurship and Innovation Management*, Vol. 18, No. 5 – 6, pp. 481 – 501.

Robert, K., Yin, 2014, *Case Study Research Design and Methods*. SAGE.

Rong, K., Lin, Y., Shi, Y. & Yu, J., 2013, "Linking Business Ecosystem Lifecycle with Platform Strategy: A Triple View of Technology, Application and Organisation", *International Journal of Technology Management*, Vol. 62, No. 1, pp. 75 – 94.

Sabeti, H., 2011, "The For-benefit Enterprise", *Harvard Business Review*, Vol. 89, No. 11, pp. 98 – 104.

Salvato, C., Reuer, J. J. and Battigalli, P., 2017, "Cooperation across Disciplines: A Multilevel P-erspective on Cooperative Behavior in Governing Interfirm Relations", *Academy of Manag-ement Annals*, Vol. 11, No. 2, pp. 960 – 1004.

Samila, S., Sorenson, O., 2010. "Venture Capital as a Catalyst to Commercialization", *Research Policy*, Vol. 39, No. 10, pp. 1348 – 1360.

Sarma, S., Sun, S. L., 2016, "The Genesis of Fabless Business Model: Institutional Entrepreneurs in an Adaptive Ecosystem", *Asia Pacific Journal of Management.* Vol. 34, No. 3, pp. 587 – 617.

Saxton, T., C. L. Wesley and M. K. Saxton, 2016, "Venture Advocate Behaviors and the Emerging Enterprise", *Strategic Entrepreneurship Journal*, Vol. 10, No. 1, pp. 107 – 125.

Schinckus, C., 2008, "The Financial Simulacrum: The Consequences of the Symbolization and the Computerization of the Financial Market", *The Journal of Socio-Economics*, Vol. 37, No. 3, pp. 1076 – 1089.

Scholtens, B., 2017, "Why Finance should Care about Ecology", *Trends in Ecology & Evolution*, Vol. 32, No. 7, pp. 500 – 505.

Seidl, I., Schelske, O., Joshi, J., et al., 2003, "Entrepreneurship in Biodiversity Conservation and Regional Development", *Entrepreneurship & Regional Development*, Vol. 15, No. 4, pp. 333 – 350.

Shams, S. M. R., H. R. Kaufmann, 2016, "Entrepreneurial Co-Creation: A Research Vision to Be Materialized", *Management Decision*, Vol. 54, No. 6, pp. 1250 – 1268.

Shane, S. Venkataraman, S., 2000, "The Promise of Entrepreneurship as a Field of Research", *Academy of Management Review*, Vol. 25, No. 1.

Shearmur, R, Doloreux, D., 2016, "How Open Innovation Processes Vary between Urban and Remote Environments: Slow Innovators, Market-sourced Information and Frequency of Interaction", *Entrepreneurship & Regional Development* , Vol. 28, No. 5 – 6, pp. 337 – 357.

Shepherd, D. A., 2015, "Party On! A Call for Entrepreneurship Research That is More Interactive, Activity Based, Cognitively Hot, Compassionate, and Prosocial", *Journal of Business Venturing*, Vol. 30, No. 4, pp. 489 – 507.

Shepherd, D. A. , Zacharakis, A. , 2001, "The Venture Capitalist-entrepreneur Relationship: Control, Trust and Confidence in Co-operative Behaviour", *Venture Capital*, Vol. 3, No. 2, pp. 129 – 149.

Sheriff, M. Muffatto, M. , 2015, "The Present State of Entrepreneurship Ecosystems in Selected Countries in Africa", *African Journal of Economic and Management Studies*, Vol. 6, No. 1, pp. 17 – 54.

Short, J. C. , D. J. Ketchen, C. L. Shook, et al. , 2009, "The Concept of 'Opportunity' in Entrepreneurship Research: Past Accomplishments and Future Challenges", *Journal of Management*, Vol. 36, No. 1, pp. 40 – 65.

Singh, J. V. , 1994, "Organizational Niches and the Dynamics of Organizational Mortality", *American Journal of Sociology*, Vol. 100, No. 2, pp. 483 – 501.

Sirmon, D. G. , M A. Hitt and R. D. Ireland, 2007, "Managing Firm Resources in Dynamic Environments to Create Value: Looking Inside the Black Box", *Academy of Management Review*, Vol. 32, No. 1, pp. 273 – 292.

Skilton, P. F. , Bernardes, E. , 2015, "Competition Network Structure and Product Market Entry", *Strategic Management Journal*, Vol. 36, No. 11, pp. 1688 – 1696.

Soto-Rodríguez E. , 2014, "Entrepreneurial Ecosystems as a Pathway towards Competitiveness: The Case of Puerto Rico. Competition Forum", *American Society for Competitiveness*, Vol. 1, No. 1, pp. 31 – 40.

Spigel, B. , 2017, "The Relational Organization of Entrepreneurial Ecosystems", *Entrepreneurship Theory and Practice*, Vol. 41, No. 1, pp. 49 – 72.

Spigel, B. , Harrison, R. , 2018, "Toward a Process Theory of Entrepreneurial Ecosystems ", *Strategic Entrepreneurship Journal*, *MEMO*, No. 12, pp. 151 – 168.

Stam, E. , 2015, "Entrepreneurial Ecosystems and Regional Policy: A Sympathetic Critique", *European planning studies*, Vol. 23, No. 9, pp. 1759 – 1769.

Stenholm, P. , Acs, Z. J. and Wuebker, R. , 2013, "Exploring Country-level Institutional Arrangements on the Rate and Type of Entrepreneurial Activity", *Journal of Business Venturing*, Vol. 28, No. 1, pp. 176 – 193.

Suddaby, R. , G. D. Bruton and S. X. Si, 2015, "Entrepreneurship through a Qualitative Lens: Insights on the Construction and/or Discovery of Entrepreneurial Opportunity", *Journal of Business Venturing*, Vol. 30, No. 1, pp. 1 – 10.

Sun, S. L., J. Im, 2015, "Cutting Microfinance Interest Rates: An Opportunity Co-Creation Perspective", *Entrepreneurship Theory and Practice*, Vol. 39, No. 1, pp. 101 – 128.

Suresh, J. and Ramraj, R., 2012, "Entrepreneurial Ecosystem: Case Study on the Influence of Environmental Factors onEntrepreneurial Success", *European Journal of Business and Management*, Vol. 4, No. 16, pp. 95 – 101.

Sussan, F., Acs, Z. J., 2017, "The Digital Entrepreneurial Ecosystem", *Small Business Economics*, Vol. 49, No. 1.

Swart, J., S. C. Henneberg, 2007, "Dynamic Knowledge Nets-the 3C Model: Exploratory Findings and Conceptualisation of Entrepreneurial Knowledge Constellations", *Journal of Knowledge Management*, Vol. 11, No. 6, pp. 126 – 141.

Szerb, L., Acs, Z. J., Ortega-Argilés, R., et al., 2015, "The Entrepreneurial Ecosystem: The Regional Entrepreneurship and Development Index", *J. M. Dent*, No. 8, pp. 1 – 30.

Tang, F., Xi, Y., 2006, "Exploring Dynamic Multi-level Linkages in Interorganizational Networks", *Asia Pacific Journal of Management*, Vol. 23, No. 2, pp. 187 – 208.

Tansley, A. G., 1935, "The Use and Abuse of Vegetational Concepts and Terms", *Ecology*, Vol. 16, No. 3, pp. 284 – 307.

Teece, D. J., 2007, "Explicating Dynamic Capabilities: The Nature and Microfoundations of (Sustainable) Enterprise Performance", *Strategic Management Journal*, Vol. 28, No. 13, pp. 1319 – 1350.

Theodoraki, C., Messeghem, K., Rice, M. P., 2018, "A Social Capital Approach to the Development of Sustainable Entrepreneurial Ecosystems: An Explorative Study", *Small Business Economics*, Vol. 51, No. 1, pp. 153 – 170.

Thomas, L. D., Autio, E., 2014, "The Fifth Facet: The Ecosystem as Organizational Field", *DRUID*, *Copenhagen*, *Denmark*, pp. 1 – 34.

Thompson, T. A., Purdy, J. M. and Ventresca, M. J., 2018, "How Entrepreneurial Ecosystems Take Form: Evidence from Social Impact Initiatives in Seattle", *Strategic Entrepreneurship Journal*, Vol. 12, No. 1, pp. 96 – 116.

Tocher, N., S. L. Oswald and D. J. Hall, 2015, "Proposing Social Resources as the Fundamental Catalyst Toward Opportunity Creation", *Strategic Entrepreneurship Journal*, Vol. 9, No. 2, pp. 119 – 135.

Tolstoy, D., H. Agndal, 2010, "Network Resource Combinations in the International Venturing of Small Biotech Firms", *Technovation*, Vol. 30, No. 1, pp. 24 – 36.

Tsui, A. S, 2006, "Contextualization in Chinese Management Research", *Management & Organization Review*, Vol. 2, No. 1, pp. 1 – 13.

Vaghely, I. P., P. A. Julien, 2010, "Are Opportunities Recognized or Constructed? An Information Perspective on Entrepreneurial Opportunity Identification", *Journal of Business Venturing*, Vol. 25, No. 1, pp. 73 – 86.

Vandekerckhove, W., N. A. Dentchev, 2005, "A Network Perspective on Stakeholder Management: Facilitating Entrepreneurs in the Discovery of Opportunities", *Journal of Business Ethics*, Vol. 60, No. 3, pp. 221 – 232.

Varadarajan, P. R. and Rajaratnam, D., 1986, "Symbiotic Marketing Revisited", *Journal of Marketing*, Vol. 50, No. 1.

Venkataraman, S., 2004, "Regional Transformation through Technological Entrepreneurship", *Journal of Business Venturing*, Vol. 19, No. 1, pp. 153 – 167.

Vogel P, 2013, "The Employment Outlook for Youth: Building Entrepreneurship Ecosystems as a Way Forward", Conference Proceedings of the G20 Youth Forum.

Vogel, P., 2017, "From Venture Idea to Venture Opportunity", *Entrepreneurship Theory and Practice*, Vol. 41, No. 6, pp. 943 – 971.

Wareham, J., Fox, P. B. and Giner, J. L. C., 2014, "Technology Ecosystem Governance", *Organization Science*, Vol. 25, No. 4, pp. 1195 – 1215.

Whetten, D. A., 1989, "What Constitutes a Theoretical Contribution?", *Academy of Management Review*, Vol. 14, No. 4, pp. 490 – 495.

Widyasthana, G. N. S., Wibisono, D., Purwanegara, M. S., et al., 2017, "Corporate Venture Capital Strategy for Selecting Start-up Investments in Indonesia Using an Agent-based Model: Cases of a Mobile Application Start-up, Payment Solution Start-up and Digital Advertising Start-up", *Journal of Entrepreneurship Education*, Vol. 20, No. 2, pp. 1 – 22.

Williamson, O. E., 1991, "Comparative Economic Organization: The Analysis of Discrete Structural Alternatives", *Administrative Science Quarterly*, Vol. 36, No. 2, pp. 269 – 296.

Wong, P. K., Ho, Y. P. and Singh, A., 2007, "Towards an 'Entrepreneurial University' Model to Support Knowledge-Based Economic Development: The Case of the National University of Singapore", *World Development*, Vol. 35, No. 6, pp. 941 – 958.

Wood, M. S., A. McKelvie, 2015, "Opportunity Evaluation as Future Focused Cognition: Identifying Conceptual Themes and Empirical Trends", *International Journal of Management Reviews*, Vol. 17, No. 2, pp. 256 – 277.

Wood, M. S., D. W. Williams, 2014, "Opportunity Evaluation as Rule-Based Decision Making", *Journal of Management Studies*, Vol. 51, No. 4, pp. 573 – 602.

Wood, M. S., McKelvie, A., & Haynie, J. M., 2014, "Making it Personal: Opportunity Individuation and the Shaping of Opportunity Beliefs", *Journal of Business Venturing*, Vol. 29, No. 2, pp. 252 – 272.

Wood, M. S., W. McKinley, 2010, "The Production of Entrepreneurial Opportunity: A Constructivist Perspective", *Strategic Entrepreneurship Journal*, Vol. 4, No. 1, pp. 66 – 84.

Xia, J., Ma, X. F., Lu, J. W., et al., 2014, "Outward Foreign Direct Investment by Emerging Market Firms: A Resource Dependence Logic", *Strategic Management Journal*, Vol. 35, No. 9, pp. 1343 – 1363.

Yasuyuki, M., Karren, K., 2017, "Examining the Connections within the Startup Ecosystem: A Case Study of St. Louis", *Entrepreneurship Research*

Journal, Vol. 7, No. 1.

Yin, P. L., Davis, J. P., Muzyrya, Y., 2014, "Entrepreneurial Innovation: Killer Apps in the iphone Ecosystem", *American Economic Review*, Vol. 104, No. 5, pp. 255 – 259.

Yin, R. K., 1984, "Case Study Research: Design and Methods Sage Beverly Hills".

Zacharakis, A. L., Shepherd, D. A., Coombs, J. E., 2003, "The Development of Venture-capital-backed Internet Companies: An Ecosystem Perspective", *Journal of Business Venturing*, Vol. 18, No. 2, pp. 217 – 231.

Zahra, S. A., 2008, "The Virtuous Cycle of Discovery and Creation of Entrepreneurial Opportunities", *Strategic Entrepreneurship Journal*, Vol. 2, No. 3, pp. 243 – 257.

Zahra, S. A., Wright, M., 2016, "Understanding the Social Role of Entrepreneurship", *Journal of Management Studies*, Vol. 53, No. 4, pp. 610 – 629.

Zahra, S., Nambisan, S., 2011, "Entrepreneurship in Global Innovation Ecosystems", *AMS Review*, Vol. 1, No. 1, pp. 4 – 17.

Zahra, S., Nambisan, S., 2012, "Entrepreneurship and Strategic Thinking in Business Ecosystems", *Business Horizons*, Vol. 55, No. 3, pp. 219 – 229.

Zeng, F., Shi, S., Li, J., et al., 2013, "Strategic Symbiotic Alliances and Market Orientation: An Empirical Testing in the Chinese Car Industry", *Asia Pacific Business Review*, Vol. 19, No. 1, pp. 53 – 69.

Zettinig, P., Benson-Rea, M., 2008, "What Becomes of International New Ventures? A Coevolutionary Approach", *European Management Journal*, Vol. 26, No. 6, pp. 354 – 365.

Zhang, J., Zhao, W., Zhang, Y., 2016, "Institutional Transformation and Changing Networking Patterns in China", *Management and Organization Review*, Vol. 12, No. 2, pp. 303 – 331.